Olivier Blanc

OLYMPE DE GOUGES

OLIVIER BLANC

Olympe de Gouges

●

Aus dem Französischen von
Sabine Oppolzer - Ohmacht

PROMEDIA

CIP-Titelaufnahme der Deutschen Bibliothek

Blanc, Olivier:
Olympe de Gouges / Olivier Blanc. Aus d. Franz. von Sabine
Oppolzer-Ohmacht. – Wien : Promedia-Verl.-Ges., 1989
      Einheitssacht.: Olympe de Gouges <dt.>
      ISBN 3-900478-31-7

© 1989 Promedia Druck- und Verlagsgesellschaft m.b.H.
Alle Rechte vorbehalten.
Titel der französischen Originalausgabe:
Olivier Blanc: Olympe de Gouges
© 1981 Editions Syros, Paris
Aus dem Französischen von Sabine Oppolzer-Ohmacht
Umschlaggestaltung: Gisela Scheubmayr
Druck: Fuldaer Verlagsanstalt
Printed in West-Germany
ISBN 3-900478-31-7

VORWORT

Olympe de Gouges ist sicherlich eine der abenteuerlichsten, aber auch eine der legendenumwobensten Existenzen der Zeit der Französischen Revolution. Ihr literarisches Schaffen, das vulkanische Temperament, mit dem sie ihre politischen Stellungnahmen verfaßte, und nicht zuletzt die Gerüchte um ihr Liebesleben, regten die Phantasien an. Freudig trug sie auch selbst dazu bei, daß ihr Leben für Zeitgenossen und Nachwelt ein Mysterium blieb: das kokette Geheimnis, das sie noch vor dem Revolutionstribunal aus ihrem Geburtsdatum machte, blieb noch viele Jahre nach ihrem Tod unentdeckt; auch über ihre Abstammung gibt sie andere Auskünfte als das Geburtenregister. Worüber sie sich zeitlebens ausschwieg, waren ihre Einkünfte, die vermutlich aus ihrem „galanten Leben" stammten. Das wäre zumindest naheliegend, da eine Frau zu jener Zeit kaum direkt über eigenes Geld verfügen konnte und wohl auch selten in der Lage war, mit eigenen Gedanken an die Öffentlichkeit zu treten.

Entdeckt wurde Olympe de Gouges von der Geschichtsschreibung der 2. Hälfte des 19. Jahrhunderts, die annahm, die revolutionäre Tätigkeit einer Frau könne nur darauf zurückzuführen sein, daß sie das „Opfer ihrer nervösen Reizbarkeit" geworden sei, oder daß sie an „Paranoia reformatoria" gelitten haben müsse, wie ein Arzt in seiner Dissertation über sie schrieb.

Diese Einschätzung übernahm stillschweigend die Diffamierungen ihrer Zeitgenossen, die sie mit ihren „unlogischen Interventionen" zur Raserei trieb. Sie konnten nicht hinnehmen, daß Olympe de Gouges in der politischen Landschaft der Revolution nicht eindeutig zuzuordnen war: sie unterstützte keine Partei und keinen Mann, undogmatisch nahm sie zu den einzelnen Ereignissen Stellung, wurde von den einen als Jakobinerin, von den anderen als Royalistin beschimpft. Man behauptete, daß sie zu dumm sei, einer Parteilinie zu folgen, oder sprach ihr sogar die Urheberschaft an ihren Texten ab. So wurde ihr zu guter Letzt aus ihrer Verteidigung von Louis XVI der Strick gedreht, obwohl sie im Gegenteil eher auf politische Klarsicht und hohe Abstraktionsfähigkeit schließen läßt: „Um einen König zu töten, genügt es nicht, seinen Kopf rollen zu lassen, denn er lebt noch lange nach seinem Tod. Tatsächlich tot ist er dann, wenn er seinen Sturz überlebt hat."

Obwohl sie ihre Zeitgenossen nach Kräften behinderten, nahm sie sich das Recht heraus, zu tagespolitischen Ereignissen Stellung zu nehmen. Es war den Frauen zwar schon erlaubt, an den Parlamentsversammlungen teilzunehmen, doch durften sie dort nicht das Wort ergreifen. Nur durch Schreie oder Applaus konnten sie in den Debatten Partei ergreifen.

Oder, wie Olympe de Gouges es tat, durch Schreiben. Sie bombardierte ihre Umwelt mit Offenen Briefen, Dringlichen Mitteilungen, Ratschlägen, Streitschriften, und sie verfaßte Theaterstücke. Ihre literarische Präsenz wurde als unziemlich verurteilt, man unterstellte der Autorin Geltungssucht. Tatsächlich war sie fähig, einem ihrer Verleumder entgegenzuschmettern: „Gemeinhin findet man überall Männer ihrer Sorte, aber lassen sie sich gesagt sein, daß es Jahrhunderte braucht, um Frauen meines Kalibers hervorzubringen". Ohne eine gehörige Portion Dreistigkeit wäre es ihr als Frau wohl niemals gelungen, so großen politischen Einfluß zu nehmen. Vor allem in ihrer Auseinandersetzung mit der Comédie Française, die ihre Stücke aufgrund ihres subversiven Charakters boykottierte, agierte sie mit so ungebremster Heftigkeit, daß ihre Zeitgenossen restlos überfordert waren.

Nachdem sie sich in den Revolutionsjahren zu Themen wie: Sklaverei, Patriotismus, Klerus, Zölibat, Sozialreformen, Ehe, etc. geäußert hatte, veröffentlichte sie 1791 ihr heute bekanntestes Werk: *Erklärung der Rechte der Frau und Bürgerin.* Denn sie gab sich nicht damit zufrieden, daß die „Erklärung der Menschenrechte", die den Aufbruch in ein emanzipatorisches Zeitalter verhieß, nur für die Hälfte der Bevölkerung gelten sollte und verfaßte das Pendant für die Frauen. Sie gilt damit als Ahnfrau des modernen Feminismus.

Olivier Blanc hat eine Fülle von neuem Material ausgegra-

ben: in Montauban, der Geburtsstadt Olympes; in Pariser Notariatsakten, die über ihre Einkünfte und Lieben Auskunft
geben; in den Archiven der Comédie Française, in der ihre
Querelen mit den Schauspielern aufgezeichnet sind, und in
den Bibliotheken der diversen Versammlungen der Revolutionäre, die ihre Petitionen, Streitschriften etc. enthalten.

Mit dieser Biographie eröffnet sich eine zeitgemäße Perspektive auf das Leben von Olympe de Gouges, die das Bild dieser
bisher als überspannt und leicht verrückt geltenden Persönlichkeit korrigiert. Präsentiert wird die Geschichte einer hitzigen
Frau, die den Charme des Unkonventionellen besaß und bereit
war, für ihre Ideen bis zum Letzten zu gehen.

Sabine Oppolzer-Ohmacht

Olympe de Gouges (1748 – 1793)

In seiner südfranzösischen Heimat, zehn Meilen von Toulouse entfernt, wurde im Jahre 1784 einer der gefeiertsten Literaten und angesehensten Bürger seiner Zeit, Jean-Jacques Le Franc, Marquis de Pompignan, zu Grabe getragen. Im selben Jahr erregte eine ebenso schöne wie geistreiche Frau, die vorgab, seine Tochter zu sein, einiges Aufsehen in Pariser Literatenkreisen. Die Sechsundreißigjährige hatte gerade unter dem Namen Olympe de Gouges vier Theaterstücke und ihre Korrespondenz mit der Familie Flaucourt veröffentlicht, hinter der man die Le Franc de Pompignans vermutet. Diese Korrespondenz wurde unter dem Titel *Denkschrift von Madame de Valmont über die Undankbarkeit und Grausamkeit der Familie De Flaucourt** veröffentlicht. Sie erinnert an die *Liaisons dangereuses* von Choderlos de Laclos und beschreibt die Jugendjahre der Autorin. Es ist nichts anderes als eine Anklage von Olympe de Gouges gegen die Familie Le Franc de Pompignan.[1]

Erstmals taucht der Groll von Madame de Valmont im Vorwort dieses Werkes auf, wo von dem Marquis de Flaucourt die Rede ist: „Obwohl alles beweist, daß ich seine Tochter bin, zog ich immer vor, es im Zweifel zu lassen, um ihn nicht auch nur einen Augenblick lang zu bekümmern. Nun aber, da ihn mir der Tod geraubt hat, halte ich mich gegenüber denen, die ihn überlebt haben, nicht mehr zurück. Sie haben zeitlebens nur seine Untat unterstützt, und mein Unglück vergrößert."[2]

Olympe de Gouges wartete den Tod von Le Franc de Pompignan ab, um das Geheimnis ihrer wahren Abstammung zu verraten. Mit der Vorsicht einer Bürgerlichen, die unter dem Ancien Régime eine adelige Familie angreift, tat sie es nur andeutungsweise und benützte ein Pseudonym: Madame de Valmont. Entschlüsselt man die Namen der *Denkschrift*, so erfährt man, daß ein hübsches kleines Bürgermädchen aus Montauban, Anne-Olympe Mouisset, die Geliebte von Jean-

---

* Die französischen Originaltitel der Schriften von Olympe de Gouges sind im Werksverzeichnis zu finden.

Jacques Le Franc de Pompignan wurde. Nach der Geburt eines Kindes wurde sie von ihm verlassen. Es hieß Marie und war die zukünftige Olympe de Gouges.

Als Mutter mehrerer Kinder und zweifach verwitwet verbrachte Anne-Olympe einen düsteren Lebensabend in Armut und wäre wohl dem Elend erlegen, wenn nicht ihre Tochter, die inzwischen „femme galante" in Paris geworden war, ihr ab 1790 eine Rente von 300 Livres hätte zukommen lassen, eine Summe, die ihr immerhin zu überleben erlaubte.

Jean Jacques Le Franc de Pompignan selbst zeigte sich seiner ehemaligen Geliebten gegenüber nicht großzügig. Vielleicht hätte er wohl daran gedacht, doch „zwei vom Fanatismus verhärtete Seelen" hatten ihn davon abgebracht. Es waren dies sein Bruder, der würdige und berühmte Prälat Jean-Georges, und seine eigene Frau, die prüde Marquise de Pompignan.[3] Als feuriger Verteidiger von Privilegien und Frömmigkeit, als eindeutiger Gegner der Aufklärung und jeglicher Bildung, war er bevorzugte Zielscheibe der Philosophen. Voltaire, sein erbittertster Gegner, ließ keine Gelegenheit aus, um ihn herunterzumachen. Ihr Streit war geradezu legendär: Dazu wird in der *Chronique scandaleuse* berichtet, daß, als ein Schlaganfall Le Franc fast ins Grab gebracht hatte, seine Freunde vergeblich bemüht waren, ihn wieder zu sich kommen zu lassen, damit er seine Pflichten gegenüber der Religion erfüllen könne. Vergeblich flüsterten sie ihm Worte wie „Teufel" oder „Hölle" ins Ohr – es ließ ihn erschreckend unberührt. Madame de Pompignan, die für sein Seelenheil bangte, sagte zu ihm:

– Also gut, lieber Gatte, stellen Sie sich vor, daß wenn Sie jetzt nicht Ihre letzte Beichte ablegen, Sie bis in alle Ewigkeit an der Seite dieses Idioten Voltaire schmoren werden!

„Bei diesen Worten hob Le Franc de Pompignan den Kopf und kam wieder zu Kräften, um im Jenseits einen Platz zu erhalten, der weit von dem entfernt sein sollte, den gewisse Leute Voltaire zusprachen."

Seine Berühmtheit war in seiner Begabung als Schriftsteller – heute gänzlich in Vergessenheit – begründet, aber auch in seiner Eigenschaft als sittenstrenger Mann.[4] Über letzteres wachte seine Familie sorgsam und entfernte alles, was den Ruf dieses schätzenswerten Familienoberhauptes hätte beflecken können. Man kann es sich gut vorstellen: Eine schöne junge Frau, bekannt als „femme galante", die stolz eine wenig ruhm-reiche Episode aus dem vorehelichen Leben des Marquis aus-plauderte, hätte das Bild trüben können. Olympe de Gouges hatte ihm wiederholt geschrieben, aber mehr, um ihn für das Schicksal ihrer Mutter zu interessieren, als für ihr eigenes. Ge-drängt von seiner Umgebung, die einen Skandal befürchtete, ignorierte er sie jedoch. Bis zu jenem Tag, als er ihr kategorisch, aber darum nicht weniger zweideutig mitteilte: „Ich glaube Ihnen gerne, und zwar zu meinem großen Unglück, daß Sie mir nicht fremd sind, Sie haben aber kein Recht, mich Ihren Vater zu nennen."

Des Streitens müde, überlegt sich Olympe schließlich, ob sie dem Rat ihrer Freunde, Voltaire um seine Unterstützung zu bitten, folgen sollte. Welch ein gefundenes Fressen für den Philosophen aus Ferney, den „Mann, dessen Oden niemand las" lächerlich zu machen. Doch das Ehrgefühl verbot Olympe einen solchen Schritt: „Der Marquis de Flaucourt (Le Franc de Pompignan) ist mein Vater, ich darf dieses Eingeständnis und seine Zuwendungen nicht mittels seines Feindes erhalten. Wenn er nicht mein Vater ist, so habe ich auch keinerlei Recht auf ihn." [5]

In Wirklichkeit gibt es für sie in dieser Frage keine Zweifel. In ihren Schriften bezieht sich die Literatin und Revolutionä-rin Olympe de Gouges sehr oft auf ihre illegitime Geburt. Als glühende Verehrerin Rousseaus und Anhängerin der natura-listischen Theorien, die in der zweiten Hälfte des 18. Jahrhun-derts sehr en vogue waren, betrachtete Olympe sich als „Kind der Natur". Niemals hörte sie auf, auf die Besonderheit ihres „natürlichen" schriftstellerischen Talents hinzuweisen.

Bernardin de Saint-Pierre, den Schüler Rousseaus zum Beispiel, weist sie in Andeutungen vertrauensvoll darauf hin, als sie ihm 1792 ihre letzten Schriften schickt: „Der geniale Mensch, der aufgeklärte Mensch, verschmäht niemals die li-

terarische Frucht, die das einzigartige Spiel der Natur hervorgebracht hat. Ich darf mich selbst sogar als eines der bevorzugten Kinder der Natur bezeichnen. Sie hat alles für mich
getan . . ." [6]

Ihre uneheliche Herkunft wird ihr tatsächlich nie zum
Nachteil. Es gelingt ihr, sie derart zu sublimieren, daß sie die
Triebkraft für ein originelles, abenteuerliches, aber auch tra-
gisches Leben wird. Es beginnt mit der Geburt ihrer Mutter,
gegen Ende der Herrschaft von Louis XIV, im Languedoc . . .

I. DIE KINDHEIT IM SÜDEN

Ich bin die Tochter eines Mannes, der sowohl wegen seiner Tugenden als auch wegen seiner literarischen Begabung berühmt ist. Er hat in seinem Leben nur einen Fehler begangen, und den beging er gegen mich.

MORALISCHE ABRECHNUNG (1792)

Am 18. Februar 1714 hält ein fünfjähriger Knabe sein Patenkind über das Taufbecken der Kirche Saint-Orens de Montauban. Er heißt Jean-Jacques Le Franc de Caix. Später wird er sich den Titel Marquis de Pompignan zulegen. Das Neugeborene, das er in seinen Armen hält, ist die Tochter eines wohlhabenden Bürgers der Stadt, Jacques Mouisset. Man gibt ihr den edlen Vornamen ihrer Patin, einem Fräulein Anne-Olympe de la Pomaréde. Die, über deren Wiege sich an diesem Tag alles beugt, was in Montauban Rang und Namen hat, wird die Mätresse ihres Paten Jean-Jacques werden und die Mutter von Olympe de Gouges.

Damals, 1714, repräsentieren die Le Franc de Pompignan Macht und Prestige. Seit Generationen erlangt der Erstgeborene der Familie den bedeutenden Posten des ersten Präsidenten des Steuergerichtshofes, einem regionalen Rechnungshof. Seit 1706 sitzt dort Jacques Le Franc von Caix, von Lisle und von Pompignan als Präsident. Er ist mit Marie de Caulet verheiratet, einem Mitglied der Familie der Lehensherren von Graniague, Tournefeuille und Gramond. Dieser hohe Gemeindebeamte, eine der wichtigsten Personen der Stadt, bewohnt mit seinen sieben Kindern eine prächtige Stadtwohnung, in der Rue de l'Ancien-Collège gelegen, der derzeitigen Rue Armand-Cambon, und das Schloß von Pompignan.

Laut Mouisset sind sie ehrenwerte Bürger mit altem montalbanesischen Stammbaum, nach und nach mit der blühenden örtlichen Tuchfabrikation reich geworden. Das Familienoberhaupt, Jacques, ist „Tuchscherer-Meister", obwohl Olympe in ihren Texten von einem „Advokaten" spricht. Ein Titel, der in ihren Augen ansehnlicher wirkt – und der gewissermaßen auch seine Richtigkeit hat: in der Geburtsurkunde einer seiner Töchter, Marguerite, erscheint der Tuchscherer in der Eigenschaft eines „Advokaten an der Börse von Montauban"[7], vergleichbar einer Art zugelassener Parteienvertreter an unseren heutigen Handelsschiedsgerichten.

Mouisset, der der Familie Le Franc de Pompignan treu ergeben ist, wird der erste Hauslehrer des ältesten Sohnes Jean-Jacques. Seine Frau Anne-Marty wird die Amme des jüngsten Sohnes, Jean-Georges. Dieser Milchbruder von Anne-Olympe wird Bischof von Puy, Erzbischof von Vienne, dann Abgeordneter und 1789 Minister.[8] Solche Beziehungen zwischen zwei Familien unterschiedlichen Ranges waren damals nichts Außergewöhnliches. Die Behauptungen von Olympe de Gouges bezüglich ihrer Abstammung scheinen sich also – durch die Übereinstimmung mit urkundlich festgehaltenen Daten – zu erhärten.

Ebenso andeutungsweise wie in ihrer *Denkschrift* hat sie die Erinnerung an die Jugendjahre ihrer Mutter in einem Pamphlet aus der Revolutionszeit wachgerufen. Sie berichtet von einem Vorhaben zu einem Theaterstück und spricht von zwei jungen Leuten, die „gemeinsam aufgezogen wurden" und die, „füreinander seit der Kindheit eine zarte Zuneigung empfanden, die das Alter nur stärker werden ließ".[9] Auf sehr viel direktere Art sollte sich Jean-Jacques Le Franc de Pompignan in sein Patenkind Anne-Olympe verlieben, als sie ein bezauberndes junges Mädchen geworden war.

Das „zarte Gefühl" wurde zu „süßer Sympathie" deren „Stärkerwerden gefährlich war"[10], da sie in der alten und strengen Hugenottenstadt einigen Gerüchten Nahrung gab. Da die Eltern von Jean-Jacques die Auswirkungen einer Schwärmerei, die eine leidenschaftliche Liebe geworden war, fürchteten, entschieden sie sich, ihren Sohn aus der Stadt zu entfernen. Als Vorwand diente seine Abneigung gegen die örtlichen politischen Machthaber: am 27. April 1734 wird er vom König im Anschluß an eine Streitigkeit mit dem Verwalter von Montauban nach Paris gerufen.[11] Zwei Monate sind kaum verstrichen, als das

Stück, das ihn berühmt machen wird, *Didon*, bereits am Théâtre Français gespielt wird. Er ist seit kurzem Lehensherr von Pompignan und hat seit vier Jahren das Amt eines Staatsanwalts inne, obgleich ihn seine Vorlieben schon jetzt eher der Literatur als den Gesetzen geneigt machen . . .

Am 31. Dezember 1737 heiratet die schöne Anne-Olympe in Montauban einen jungen Händler namens Pierre Gouze, der gerade von seinem Vater den Marktstand der familiären Metzgerei geerbt hatte![12] Zur selben Zeit versucht Jean-Jacques le Franc in seine Heimat zurückzukehren. Doch schickt man ihn zu seinem Unglück wieder weg, diesmal nach Aurillac: „Einem der schrecklichsten Orte des Reiches"[13], so beklagt er sich in einem Brief an seinen Freund Thiériot. Ein Jahr später erscheint er wieder in Montauban und schüttet sein Herz neuerlich Thiériot aus: „Welche Prüfung ist mir erspart geblieben? Mein Leben ist ein Netz aus Kümmernissen, härtester Behandlung von seiten meiner Familie und Herzensangelegenheiten, grausamer als man sie sich vorstellen kann . . ."[14] Er war so leidenschaftlich in Anne-Olympe verliebt, daß er sich erst sehr viel später – nachdem jene Witwe geworden war und sich wieder verheiratet hatte – im Alter von 48 Jahren selbst zu einer Ehe entschloß. Unterdessen setzte die Heißgeliebte am 13. Januar 1740 ein erstes Kind, Jean in die Welt; im Laufe der folgenden zehn Jahre gebar sie noch drei Töchter.[15] Sonderbarerweise fehlt die Unterschrift des Gatten Pierre-Gouze auf den Taufscheinen von Jeanne, 1741, und von Marie (Olympe de Gouges), 1748. Aber diese Beobachtung reicht nicht aus, um seine Vaterschaft anzuzweifeln, da die Unterschrift des Vaters auf den Taufscheinen der Gegend von Montauban in der Mitte des 18. Jahrhunderts nicht immer zu finden ist.

1747 läßt sich Jean-Jacques le Franc de Pompignan auf dem Familienbesitz von Montauban nieder, wo er, wie vorher schon sein Vater und sein Großvater, zum Präsidenten des Steuergerichtshofes ernannt wird: „Er kehrte in seine Provinz zurück, wo er," sagt Olympe de Gouges, „die wiederfand, die er geliebt hatte und in die er, obwohl Ehefrau und Mutter mehrerer Kinder, noch immer verliebt war. Ich kam am Tag

15

seiner Rückkehr selbst zur Welt, und die ganze Stadt glaubte, daß meine Geburt eine Folge der Liebe des Marquis sei."[16]

Wesentlich lakonischer verzeichneten die Taufregister von Montauban eine ganz andere Version der Tatsachen: „Marie Gouze, legitime Tochter des Ehepaares dieses Sprengels: Pierre Gouze, Metzger, und Anne-Olympe Mouisset, wurde am 7. Mai 1748 geboren und am nächsten Tag getauft." Der Pate des Kindes war ein Handwerker namens Jean Portié. Und seine Patin war, wie die Quelle Auskunft gibt, Marie Grimal, eine Nichte von Jean-Jacques le Franc de Pompignan. Die kleine Marie Gouze, Tochter des Pierre Gouze, wird sich in der Folge Olympe de Gouges nennen. Obgleich die mutmaßliche Vaterschaft von Le Franc niemals absolut bewiesen wurde, war sie doch allgemein bekannt und stand für viele Zeitgenossen außer Zweifel. Zuallererst für die Montalbaner und unter ihnen für Poncet-Delpech, den späteren Parlamentsabgeordneten, der es als erwiesene Tatsache in seinen Aufzeichnungen über seine berühmte Landsmännin erwähnte.[17] In Paris hielt der Geometer, Journalist und Historiker Dulaure, der sich später in seinen *Mémoiren* ungerecht und hart gegen seine einstige Freundin zeigen sollte, die Hypothese ihrer unehelichen Geburt für glaubhaft genug, um sie in sehr detaillierter Art zu berichten: „Sie rühmte sich nicht, die Tochter ihres vermeintlichen Vaters zu sein, sondern die des Marquis Le Franc de Pompignan. Sie erzählte (...), daß ihre Mutter, eine der schönsten Frauen von Montauban, von dem von Voltaire so wenig geschätzten Mann geliebt worden war. Sodaß dieser ergebene Mensch, um seine Mätresse auf weniger skandalöse Art zu genießen, ihr einen Gatten ihrer Wahl gab, den er ans andere Ende Frankreichs schickte, während die Gattin selbst in Montauban zur Verfügung ihres Liebhabers blieb. Aus dieser Liebe und mehr als ein Jahr nach der Abreise des Gatten, entsproß Madame de Gouges."[18] 1792, als sie mitten in der Revolution vom Club der Jakobiner heftig angegriffen wird, antwortet Olympe auf die beleidigenden Äußerungen von Léonard Bourdon über ihre Herkunft, sie „sei kein uneheliches Kind von Louis XV, sondern die Tochter eines „lorbeergekrönten Kopfes". Den Namen erwähnt sie jedoch entweder aus Taktgefühl oder aus Vorsicht in ihren öffentlichen Erklärungen oder Schriften niemals. „Ich bin," rechtfertigt sie sich vor dem Präsidenten des Konvents, „ die Tochter eines Mannes, der sowohl wegen seiner Tugenden als auch wegen seines literarischen Talents berühmt ist. Er beging in seinem Leben nur einen Fehler, und den beging er gegen mich . . ."[19]

Schließlich sind auch Anspielungen in einem Brief der Madame de Valmont vielsagend. Demnach hätte sich Le Franc de Pompignan eines Tages mit folgenden Worten an seine uneheliche Tochter gerichtet: „. . . . wenn es wahr ist, daß die Natur aus Ihnen spricht und daß meine unklugen Zärtlichkeiten für Sie in Ihrer Kinderheit und das Geständnis Ihrer Mutter Ihnen versichern, daß ich Ihr Vater bin, so tun Sie es mir gleich und beklagen Sie das Schicksal derer, die Ihnen das Leben geschenkt haben . . ."[20] Eine Äußerung, wie sie nicht enthüllender sein kann . . .

Marie Gouze ist zwei Jahre alt, als am 29. August 1750 Pierre Gouze stirbt.[21] Le Franc de Pompignan nimmt die Neuigkeit mit unverholener Befriedigung entgegen, und kaum ist Anne-Olympe vom Friedhof zurückgekehrt, ist er schon bei ihr und zeigt sich besonders an Marie interessiert: „Der Marquis", erinnert sie sich, „trieb seine Zärtlichkeitsbeweise für mich so weit, daß er mich öffentlich seine Tochter nannte, was fast die Grenze des Anstands überschritt. (...) In meiner Kindheit liebte er mich sehr, ich werde seine zarten Liebkosungen nie vergessen. (...) Er wandte alle Mittel an, um zu erreichen, daß meine Mutter mich seiner väterlichen Fürsorge überantwortete. Zweifellos wäre meine Erziehung dann kultivierter gewesen. Aber sie wies diesen Vorschlag zurück, was zwischen den beiden eine Auseinandersetzung verursachte, deren Opfer ich wurde."[22]

Die Tatsachen untermauern das: Anne-Olympe weist die regelmäßigen Besuche des Präsidenten des Steuergerichtshofes zurück und zieht es vor, sich mit einem Mann ihres Standes zu verheiraten. Am 6. Februar 1753 heiratet sie in zweiter Ehe den Sohn eines Händlers aus Esparsac, Dominique-Raymond Cassaigneau, einen örtlichen Polizeibeamten.[23] Enttäuscht zieht sich Le Franc schließlich auf sein Gut in

Pompignan zurück. Vier Jahre später begegnet er dort der äußerst reichen Witwe eines Generalpächters, Marie-Antoinette de Caulaincourt und heiratet sie. Für immer vergißt er die schöne Anne-Olympe und ihre Tochter Marie . . .

Seiner eigenen Ansicht nach ist die Ausbildung des kleinen Mädchens, das in Montauban bleibt, „sehr vernachlässigt".[24] Vielleicht erhält sie jene Ausbildung, die die Ursulinen der Stadt sehr summarisch vermitteln. Man bringt ihr die Grundbegriffe des Schreibens bei, gerade ausreichend, um später ihren Heiratsvertrag in der Kirche – notdürftig – unterzeichnen zu können. Zu jener Zeit sind die meisten Mädchen (dreizehn von zwanzig) in ihrem Sprengel völlige Analphabetinnen. Die Handhabung der Feder ist auch für Marie dermaßen schwierig, daß sie später selbst gerne zugibt, „die Kunstfertigkeit des Schreibens"[25] nicht zu beherrschen. Eine Schwäche, die sie übrigens mit dem Großteil ihrer Zeitgenossen teilt, namhafte und begüterte Privilegierte inbegriffen.

An der Grenze zwischen der Guyenne und des Languedoc geboren, gehört sie tatsächlich zur Sprachkultur Südfrankreichs. Das Französische ist für sie nur eine zweite Sprache, ihre eigentliche Muttersprache aber ihr Heimatdialekt, den sie von ihrer Kindheit bis zu ihrer Eheschließung spricht. Im 18. Jahrhundert hat sich nämlich in diesem Gebiet „das Französische, eine Schriftsprache, noch nicht als umgangssprachliches Ausdrucksmittel durchgesetzt; bei den Bürgern wie bei der Landbevölkerung, bei den gebildeten Männern wie bei den Ungebildeten und bei den Frauen ist es der Dialekt, der die Gedanken umlagert und ganz spontan über die Lippen kommt; das Französische ist eine nachträglich hinzugefügte, der Dialekt die wirklich lebende Sprache".[26]

Auch wenn Dulaure behauptete, daß Olympe unfähig war, „zwei aufeinanderfolgende Sätze in gutem Französisch zu sagen"[27] (was übrigens schlecht mit den Aussagen anderer Zeitgenossen zusammenpaßt), so war es nur Pariser Voreingenommenheit, die er damit zum Ausdruck brachte. Wie auch immer: Die junge Südländerin befand sich, als sie in Paris ankam, in derselben Lage wie weitere sechs Millionen Franzosen[28] die, wenn sie der französischen Sprache nicht völlig unkundig waren, große Schwierigkeiten hatten, eine zusammenhängende Konversation zu führen. „Nichts hat man mir beigebracht. Da ich in einem Land aufwuchs, wo schlechtes Französisch gesprochen wird, kenne ich nicht einmal die Grundregeln der Grammatik."[29] Es war nicht leicht für sie, die Benachteiligung, bedingt durch mangelhafte Sprach- und Schriftkenntnisse, zu überwinden und sich letztlich in Paris unter dem Namen Olympe de Gouges als Literatin zu behaupten.

Am 28. Dezember 1756 heiratet ihre ältere Schwester Jeanne als Fünfzehnjährige einen „Rechenlehrer" aus Montpellier, Pierre Reynard.[30] Nach der Geburt der ersten Tochter, Jeanne-Olympe läßt sich das Paar in Paris nieder, wo in der Folge zwei weitere Kinder geboren werden.[31] Bevor Marie ihrer Schwester dorthin folgt, bleibt sie noch einige Zeit im Elternhaus. Dort wird sie, wie Restif angibt, „Babichon" oder „Babichette" genannt, und die jungen Montalbaner finden sie bereits „sehr anziehend".[32] Als sie sechzehn Jahre alt ist, träumt man schon davon, sie zu verheiraten. In erster Linie vielleicht, um sich eines überflüssigen Essers zu entledigen.

Jedenfalls zeigt sich das junge Mädchen keineswegs begeistert: „Ich war kaum vierzehn (sic), vielleicht erinnern Sie sich daran, als man mich mit einem Mann verheiratete, den ich nicht liebte und der weder reich, noch von guter Herkunft war. Ich wurde ohne einen Grund geopfert, der die Abscheu, die ich für diesen Mann empfand, ausgeglichen hätte. Man lehnte es sogar ab, ich weiß nicht warum, mich einem Mann von hohem Stande zu geben, der mich heiraten wollte: Ich fühlte mich von da an unter meinem Wert verehelicht, und hätte ich die Wahl gehabt, wäre mein Leben weniger abwechslungsreich gewesen und das einzig romaneske wäre meine Geburt geblieben."[33]

Zur Zeit, als Marie sich, nicht mit vierzehn sondern mit sechzehn, verlobt, hat man gerade unter Aufsicht des Herzog von Richelieu, dem Gouverneur von Guyenne, einen neuen Theatersaal in Montauban errichtet.[34] Glaubt man dem romantischen Montalbaner Mary-Lafon, der oft seine Vorstellungsgabe mit den Erzählungen seiner Großmutter, Madame

Maury de Saint-Victor [35] vermischt, so geschah es gerade in diesem Theater, daß sie ihrem zukünftigen Gatten begegnete:

„An einem der strengsten Winterabende, (...) spielte man die ,Didon' von Le Franc de Pompignan. Und alles, was in Montauban Perücke, Schwert oder Feder trug, war gekommen, um dem Werk des Mitbürgers Beifall zu zollen. Es war ein sehr schönes Publikum, das mit Samt, Gold, Stickereien und Diamanten glänzte und mit Anmut und Würde diesen überschäumenden Luxus der Privilegierten trug, den die schreckliche Hand der Revolution bald für immer zerstören sollte. Die hübsch gepuderten jungen Köpfe des Parterres wandten sich oft zu den Logen, um die atemberaubende Toilette der Frau des Intendanten, die Geschmeide der Damen des Steuergerichtshofes oder der Advokatur, die rote Schminke und die Reifröcke der Markgräfinnen und die gewaltigen Perücken des Bürgermeister und der Konsuln zu betrachten. Doch verweilten ihre Augen dort nicht, und bald konzentrierten sich alle Augen auf einen einzigen Punkt, das Ziel aller Lorgnetten.

Zwei Frauen in der zweiten Reihe zogen alle Aufmerksamkeit auf sich. Die eine war groß, wohlgestaltet und noch bezaubernd, obwohl sie die Dreißig bereits überschritten haben mußte, aber die andere war noch kaum fünfzehn, und entsprach perfekt dem Ideal der südländischen Schönheit: Augen, aus denen Funken sprühten, das Feuer des Geistes und der Leidenschaft, wunderbares schwarzes Haar, dessen üppige Lockenpracht unter einem kleinen Spitzenhäubchen hervorquoll. Ein griechisches Profil und eine wunderbar gezeichnete Taille, die von einer Schärpe aus rosa Seide betont wurde . . . Obwohl alle dieses schöne Mädchen betrachteten, so niemand mit größerer Begeisterung als ein sorgfältig gepuderter Greis, der mit einem taubenhalsgrauen Seidenanzug und einer weißen Weste mit Goldblumen bekleidet war. Da er direkt hinter ihnen saß, konnte er alle ihre Bewegungen belauern und als

ein Veilchenstrauß von den höchsten Plätzen aus wahr-
scheinlich zu dem jungen Mädchen geworfen werden
sollte, fing er ihn im Vorübergehen ab und erbat von der
Mutter respektvoll die Erlaubnis, ihn ihr bringen zu
dürfen. Was ihm genehmigt wurde . . .[36]

Im Widerspruch zu dieser Schilderung von Marie-Lafon ist
Louis-Yves Aubry, der zukünftige Gatte, jung, denn um sich zu
verheiraten muß er die schriftliche Zustimmung seiner Eltern
vorlegen.[37] Da die Archive seines Sprengels während des Rat-
hausbrandes von Paris während der Kommune 1871 zerstört
wurden, kennt man weder sein Alter noch seine Herkunft. Zweifellos gehört er zu einer Gasthofsbesitzerfamilie dieses Namens,
die im Quartier Des Halles ansässig ist. Er ist bei einem Adeligen, Alexis de Gourgues im Amt eines „Mundkochs" beschäftigt
und widmet sich speziell der Versorgung mit Lebensmitteln und
der Speisenzubereitung seines Hauses.

Nachdem er „ein kleines Vermögen"[38] zusammengetragen
hat, folgt er 1761 Monsieur de Gourgues nach Languedoc, als
Louis XV diesen zum Verwalter ganz Montaubans macht. Aubry
erlangt durch seine Stellung im herrschaftlichen Hause die
Wertschätzung der montalbanesischen Händler, unter anderem des älteren Bruders von Marie Gouze, Jean, der zu jener
Zeit die Metzgerei der Familie betreibt. Es ist anzunehmen, daß
der Koch des Verwalters die Hand der jüngeren Schwester des
Fleischers auf weniger romantische Art bekam, als Mary-Lafon
sich das vorstellt. Als guter Kunde war er für Marie eine entsprechende Partie und wahrscheinlich wurde sie nicht einmal um
ihre Meinung gefragt. Lange Zeit bewahrte sie eine bittere Erinnerung an diese Verbindung. Vielleicht wäre sie mit dem montalbanesischen Sonderling Valette glücklicher gewesen, einem
Schützling und Prügelknaben Voltaires und – wie leicht zu erkennen ist – Held dessen Stückes *Le Pauvre Diable*, der sie laut
Forestié ebenfalls um ihre Hand gebeten hatte . . .[39]

Am 7. Februar 1765 erscheinen die Verlobten zum ersten
Mal beim Notar Maître Grelleau, um einen Ehevertrag mit Gütertrennung zu unterzeichnen. Louis-Yves gibt ein Vermögen
von 399 Livres und 19 Sols an, und Marie eine Mitgift an Möbeln

und Hausrat im Wert von 800 Livres sowie 600 Livres Bargeld, dessen Nutzungsrecht sich ihre Mutter behält. Wie in den Ländern mit geschriebenem Recht üblich, zu denen Montauban gehörte, finden nur die Güter der Mitgift in die eheliche Gemeinschaft Eingang und scheinen im Ehevertrag auf. Daher ist es leicht möglich, daß Marie noch andere Güter besaß, oder in der Folge erhielt, die ihr Eigentum blieben und deren Existenz und deren Ausmaß uns unbekannt sind. Zumindest nicht in ihrer Gesamtheit bekannt, denn am 4. Oktober, einige Tage vor der kirchlichen Trauung, unterzeichnet Louis-Yves seiner Verlobten einen ersten Schuldschein in der Höhe von 499 Livres und 19 Sols. Am 9. April des folgenden Jahres unterzeichnet er ihr noch einen, diesmal über 1.499 Livres, 19 Sols. Durch diese Notariatsakte bewahrte sich Marie, was immer auch geschehen sollte, alle Rechte auf diese zusätzliche Mitgift, die dem Haushalt einen größeren finanziellen Wohlstand verschaffte.[40]

Am 24. Oktober 1765 findet die kirchliche Trauung schließlich in der Kirche Saint-Jean de Villenouvelle von Montauban statt.

Unmittelbar nach der Hochzeit kündigt Louis-Yves völlig unerwartet seinen Dienst beim Verwalter und läßt sich als Wirt in der Rue Fourchue nieder, in einem Geschäftslokal mit einer Jahresmiete von 200 Livres.[41] Das junge Paar ist somit in die soziale Kategorie wohlhabender Kleinbürger einzureihen. Auch wenn man die 600 Livres Mitgift in Geldwert, die Marie beim Tod ihrer Mutter erhält, nicht in Rechnung stellt, verfügt das Paar zumindest über 2400 Livres, eine Summe, deren Wert man erst dann richtig einschätzen kann, wenn man diesen Heiratsvertrag mit anderen gleichartigen Verträgen vergleicht, die vor demselben Notar (Grelleau) in der Zeit von Februar bis Juli 1765 errichtet wurden: Unter den zwanzig erwähnten Mitgiften ist die von Marie Gouze die drittgrößte (die siebzehn anderen liegen unter 600 Livres). Ebenso sind die von Louis-Yves Aubry angegebenen Güter größer als die der anderen. Jedoch stehen sie in keinem Verhältnis zu dem Vermögen von 60.000 Livres, die er seiner Frau nach seinem Tod vermacht haben soll.

Im April 1766 ist Marie schwanger und vorausschauend –

eine Schwangerschaft war zur damaligen Zeit mit großen Risken verbunden – erstellt sie ein Testament, in dem sie ihr zukünftiges Kind zum Universalerben macht. Sollte es nicht überleben, würde ihr Gatte Universalerbe und ihre Mutter erhielte den „Pflichtteil", also sozusagen ein Drittel des Vermögens.[42] Aber am 29. August schenkt die junge Frau einem Knaben das Leben, der Pierre genannt wird, nach seinem Großvater Gouze . . .[43]

Mitte November verwüstet eine sehr starke Überschwemmung aufgrund heftigen Hochwassers des Tarn, einen Teil Montaubans und verursacht eine wahre Katastrophe. Mindestens 1500 Häuser werden zerstört.[44] Ob nun unmittelbar Opfer dieser Katastrophe oder ihrer Folgen (Seuchen), scheint es, als wäre Louis-Yves Aubry in jener Zeit gestorben. Das Datum und die Umstände seines Todes sind unbekannt, es ist aber anzunehmen, daß er überraschend erfolgte, weniger als ein Jahr nach der Eheschließung. Seine Frau tröstete sich wohl sehr rasch über sein Verschwinden hinweg: Sie hatte sich einem Mann, den sie haßte, „geopfert" gefühlt; als Gefangene einer jämmerlichen Ehe, die ihr, wie sie eingestand, keinerlei Glück gebracht hatte. Die Ehe scheint sie dermaßen unglücklich gemacht zu haben, daß sie nie wieder die Erinnerung an Aubry wachrief und es sogar ablehnte, seinen Namen zu tragen. Die Erfahrung der Ehe war ihr in einem Ausmaß unerquicklich, daß sie entgegen damaliger Gepflogenheiten keinen Wert darauf legte, diese Erfahrung zu wiederholen. Sie zog, wie ihr zukünftiger Freund, der berühmte Schriftsteller Louis-Sébastien Mercier,[45] die wilde Ehe dem vor, was für sie nichts anderes als ein „Grab für die Liebe und das Vertrauen" war.[46]

In den Monaten nach dem Tod ihres Gatten wird Marie Gouze, verwitwete Aubry, „Olympe de Gouges". Der Vorname Olympe, der, wie sie selbst urteilt, etwas „Himmlisches"[47] hat, ist der ihrer geliebten Mutter. Von nun an verwendet sie ihn überall, außer in den Notariatsakten, für die sie den Namen „Marie" behält. Was den Namen „Gouges" betrifft, so ist er, wenn sie ihn nicht von einer Weinhändlerfamilie aus Moissac übernommen hat, eine abgewandelte Form ihres wirklichen Familiennamens. Mitte des 18. Jahrhunderts ist die Schreibweise von Eigennamen nicht immer einheitlich. In ihrer nächsten Familie wird der Name „Gouze" ebensogut als „Gouze", „Gousse", „Gouge" und „Gouges" geschrieben. Sie wählt diese letzte Schreibweise mit einem vorangestellten Partikel. Dies, bei den Frauen ihres Landes durchaus üblich, bedeutete keineswegs die Anmaßung eines Adelstitels, brachte aber den Vorteil mit sich, Klassenunterschiede zu verringern. In gewisser Hinsicht trachtet sie also nach Ähnlichem wie einige ehrgeizige Kleinbürger. Unter ihnen zukünftige Revolutionäre, die sich unter dem Ancien Régime Maximilien de Robespierre, Fouquier de Tinville und auch Georges-Jacques d'Anton nannten . . .

Leicht kann man sich vorstellen, daß die junge und hübsche Witwe in ihrer neugewonnenen Freiheit Gefallen daran findet, sich zu zerstreuen und ihren leidigen Gatten ein wenig zu vergessen.

Von 1767 an ziehen einige Truppen durch das Gebiet und erstaunen die Bevölkerung durch ihre ungewohnten Übungen.[48] Die Garnisonssoldaten in Montauban sind so zahlreich, daß Schwierigkeiten mit der Kasernierung und Lebensmittelversorgung auftreten. Daher erhöht sich in manchen Bereichen die Aktivität militärischer Transportunternehmer beachtlich. Dieses äußerst lukrative Geschäft bildet ein bedeutendes Monopol, das ab 1763 ein gebürtiger Lyoneser, Angeli Biétrix, inne hat. Er ist somit dazu berufen, die Verwaltungstransporte, die ein solcher Menschenzustrom notwendig macht, zu organisieren. Unterstützt wird er von seinen beiden Söhnen Jacques und André. Um die gute Abwicklung der Geschäfte zu gewährleisten, schickt er rasch Jacques, seinen Erstgeborenen nach Montauban . . .

Hier könnten die Aussagen von zwei Zeitgenossen, die zu den bissigsten Verleumdern Olympes zählen, ihre Begründung finden. Die erste, die von Restif de La Bretonne, berichtet ausführlich die sonderbaren Umstände ihrer Abreise nach Paris: ein „reicher" Mann (Jacques Biétrix?), der sich für einige Tage im Hause seiner Eltern aufhielt, hätte sich heftig in sie verliebt. Um sie zu verführen, markierte er den Kranken. Da sich sein Zustand „verschlechtert", erzählt ein Mediziner, Komplize des „Sterbenden", der jungen Frau seltsame Dinge: „Ihr seid es, die das Übel verursacht habt, und Ihr allein könnt ihn heilen. Das Lebenslicht wird in ihm erlöschen; Ihr allein könnt es ihm wiedergeben, wenn Ihr euch des Nachts zu ihm legt, Körper an Körper. Da er Euch liebt, werdet Ihr ihn wiederbeleben. (...)"

Naiv und leichtgläubig legte sie sich nackt zu dem Kranken, der sie umfing und schließlich Besitz von ihr nahm, indem er ihr weismachte, daß diese Annäherung für seine Heilung notwendig sei. „Am nächsten Morgen machte der ‚Genesene' ein beachtliches Geschenk an den Vater und nahm die Tochter mit . . ." [49] Der Pfarrer von Bouyon, ein royalistischer Pamphletist, gab seinerseits in seinem wie üblich scharfen Tonfall an, daß „sie als Tochter eines Wollekardierers einen miesen Wirt geheiratet, anschließend einem reichen Händler aus Toulouse gefallen habe, der sich für sie ruinierte, dann in die Arme eines Weinhändlers flüchtete, dessen Vermögen sie durchbrachte, bis sie nach Paris kam, ein bißchen hier, ein bißchen dort gefiel, die Großen sah und sich mit den Kleinen vergnügte . . ." [50]

Es gibt keinerlei Hinweis auf den „reichen Händler aus Toulouse", aber der „Weinhändler" dessen „Vermögen Olympe durchbrachte" ähnelt Jacques Biétrix de Rozières, der einen wichtigen Platz in ihrem Leben einnehmen sollte. Ziemlich sicher fand ihre Begegnung in Montauban statt. In einer ihrer späteren Schriften bezieht sich Olympe übrigens auf eine „unerfahrene junge Person, die von einem Mann, den sie liebt, verführt wird" und die ihre Eltern verläßt, um ihm zu folgen. Ganz zweifellos freiwillig, da es für sie eine unerhoffte Gelegenheit war, einem Gebiet und einem Milieu zu entkommen, in welchem sie sich als uneheliche Tochter des Marquis de Pompignan nicht zurecht fand. Die „Madame de Valmont" der *Denkschrift* (Olympe) schreibt nichtsdestotrotz, „zur Flucht gezwungen" worden zu sein, von einem Gatten, der ihr „verhaßt" worden sei und fügt hinzu: „. . . von den Ratschlägen einer Schwester und eines Schwagers bedrängt, in die Hauptstadt zu ziehen, habe ich in diesem Schlund des Guten und Bösen dennoch meinen Anstand bewahrt . . ." [51]

Hier behauptet sie, ihre eheliche Wohnung verlassen zu haben. Aber verschiedene andere autobiographische Texte und vor allem die Aussage ihres Enkels zeigen, daß die „schöne Montalbaneserin" ihr Land erst nach dem Tod von Aubry verlassen hatte [52], um für immer den sonnigen Süden gegen den Pariser Dunst einzutauschen . . .

II. DIE GALANTEN JAHRE

Eine Taille wie eine Nymphe, ein vornehmes Auftreten, eine
wohlklingende Stimme, die den Sinnen schmeichelt und das
Herz entzückt, große schwarze Augen, ein rosaroter Lilien-
teint, ein leuchtend roter Mund, ein entzückendes Lächeln
von natürlicher Anmut . . .

DER FREIGEBIGE (1786)

So oft die junge Frau aus der Provinz in Paris auch bei der Familie De Pompignan, besonders bei ihrem „Halbbruder", dem legitimen Sohn des Marquis, vorsprechen mag: Sie erhält keinerlei finanzielle Unterstützung. Ihr verstorbener Gatte Aubry hat auch ihrem Sohn zweifellos kaum etwas hinterlassen.

Obgleich vermögenslos, scheint es, als hätte sie nun auf großem Fuß gelebt. Zumindest erhält Pierre, wie er selbst sagt, eine „sorgfältige und umfassende" Erziehung, seinerzeit eine sehr kostspielige Angelegenheit. Übrigens besitzt er als Erwachsener „passable Fähigkeiten in Mathematik, Zeichnen, Fechten, Exerzieren, Reiten, Geographie und Geschichte".[1] Über Art und Herkunft ihrer Einkünfte gibt Olympe de Gouges in ihren Schriften keinerlei Hinweis. Nur einmal wird auf eine lange Liaison einer „jungen Witwe" mit einem etwa vierzigjährigen Junggesellen angespielt[2], von dem man annehmen kann, daß es sich um den Besitzer eines Militärtransportunternehmens handelte, den sie in Montauban getroffen hatte: Jacques Biétrix de Rozières.

Während dieser Liaison soll ein Kind geboren worden sein. Hatte Olympe tatsächlich noch andere Kinder als den Sohn des Wirtes aus Montauban? Das scheint leicht möglich, wenn man ihre Schriften genau unter die Lupe nimmt: in einem ihrer Theaterstücke *Molière bei Ninon* (1788) schreibt sie, dem Schicksal nur einen einzigen Vorwurf machen zu müssen, nämlich, „sie zur Mutter von rührenderen Kindern als denen der Literatur gemacht zu haben". Auch an anderer Stelle setzt sie sich mit ihrer Nachkommenschaft in Szene: in einem kleinen Stück, das von einer „Madame de Circey" handelt, einer jungen Witwe, Mutter eines Sohnes, der Pierre Aubry sein könnte und eines kleinen Mädchens namens Julie.[3] Ebenso endet in der *Denkschrift der Madame de Valmont* ein Brief von Anne-Olympe Mouisset an ihre Tochter mit den Worten: „Ich liebe Deine Kinder ebenso wie Du". Als sie schließlich zu Tode verurteilt wird, erklärt sie den Gefängnisärzten, „Symptome" zu bemerken, die mit denen am Beginn ihrer ersten beiden Schwangerschaften vergleichbar wären.[4]

Obwohl er nicht ihr einziger Liebhaber war, könnte Jacques Biétrix also sehr gut der Vater eines zweiten, außerehelichen Kindes gewesen sein, das sehr jung, zweifellos noch vor der Revolution, gestorben sein muß. Der Name dieses rätselhaften und zweifellos sehr diskreten Mannes taucht nur ein einziges Mal in der umfangreichen Literatur seiner Mätresse auf. Er wird in einer ihrer politischen Streitschriften erwähnt, in der sie in lebendigen Worten die Entscheidung verurteilt, die vom Kriegsminister Loménie de Brienne getroffen wurde: den Brüdern Biétrix das Monopol auf die Militärtransporte, das beim Tod ihres Vaters auf sie übergegangen war, zu entziehen.[5] Eine Ungerechtigkeit, die Olympe wohl auch wegen ihres Exliebhabers berührte, die sie aber in erster Linie deswegen betraf, weil sie an den Militärtransporten beteiligt war.

Als Jacques Biétrix sie zwanzig Jahre vorher kennenlernte, „mit zahlreichen Vorzügen versehen", aber „vermögenslos", war es die große Leidenschaft. Und Olympe, die nichts als „ein zartes Gefühl" verführen kann, beginnt mit „viel Zurückhaltung", ihr Leben mit ihm zu teilen: „ . . . im Privaten wie mit ihrem Mann und in der Öffentlichkeit wie mit einem Herrn der Gesellschaft". Aber sie ist ebenso jung wie flatterhaft und seit ihrer Ankunft in Paris sehr umschwärmt. Da Olympe eine Ehe ablehnt, verfällt Biétrix auf die Idee, ihr „ein Gut zu kaufen oder eine Summe von 40.000 Francs günstig anzulegen, um die Liaison zu kräftigen".[6] Diese letztere Lösung wird realisiert, und am 12. April 1774 gibt er bei dem Notar Nicolas Armet die schriftliche Erklärung ab, 30.000 Livres von seinem Schützling erhalten zu haben.[7] Eine beachtliche Summe. Am Vorabend der Revolution verdienen Arbeiter z.B. beim Papierhändler Réveillon nicht einmal drei Livres am Tag, die Frauen eine Livre, die Kinder die Hälfte weniger. Und zum weiteren Vergleich kostet die Jahresmiete eines großen Pariser Appartements mit mehr als drei Zimmern ungefähr 500 Livres. Für Olympe ist das tatsächlich „günstig", aber auch illegal, da die zwei Parteien den Vertrag zum Wucherzins von 8 % abschließen, obwohl die maximal zulässige Obergrenze nur 5 % beträgt. Auf dieser Basis bietet Biétrix Olympe - und ihrem Sohne - eine Leibrente von jährlich 2.400 Livres, ein „Geschenk", das sie sowohl in die Illegalität, als auch in eine gewisse Abhängigkeit ihm gegenüber treibt. Zu allererst wegen dieser verbotenen Zinsen, die aus ihr eine Wucherin machen. Aber auch, weil vermutlich die von ihr entrichtete Summe fiktiv ist, und die Erklärung von Biétrix nur ein Mittel, den Artikel 132 der Verordnung von Louis XIII (1629) zu umgehen. Diese Verordnung erklärte jede an eine Konkubine gemachte Schenkungserklärung für null und nichtig . . .

Etwa wie Aktien waren Leibrenten damals eine Art übertragbares Inhaberpapier. Um einen Kauf zu tätigen (oder um ihre Schulden zurückzuzahlen), überläßt Olympe im nächsten Jahr ihre Leibrente einem Pfandleiher, dem Parlamentsadvokaten Lecointe-Delaveau, gegen 6.000 Livres und einen Anteil der Zinsen, die er daraus ziehen würde.[8] Dann, immer in Geldmangel, erreicht sie den Weiterverkauf dieser Rente am 28. April 1778 und bietet sie dem Schatzmeister der Garde von Paris, Herrn Fleury-Gombault, gegen eine Summe von 15.600 Livres an. Eine Summe, von der ein Teil es ihr noch am selben Tag ermöglicht, das Verfahren einzustellen, das einer ihrer Gläubiger, ein ehemaliger Parlaments-Prokurator, Jacques-Etienne Blanchet, gegen sie angestrebt hatte.[9]

Einige Monate später bietet Biétrix ihr – unter der Hand – an, von neuem in die Besitzrechte ihrer Rente einzutreten, von der sie in der Folge einen Teil (300 Livres) an ihre Mutter abtritt, die in Montauban eine sehr unsichere Existenz führt.[10] Diesen Anteil erhält sie 1784 (nach dem Tod von Anne-Olympe?) wieder zurück, und er wird von Biétrix gegen 1.875 Livres getilgt. Am selben Tag kauft er den „möglichen Anspruch" von Pierre Aubry auf die Rente (15.000 Livres) zurück, und er setzt am nächsten Tag zugunsten Olympes zwei neue Leibrenten zu 750 Livres jährlich für ein fiktives Kapital von je 8.500 Livres aus.[11] Von neuem in Geldmangel, erwirkt sie die Einlösung dieser Renten bereits genau ein Jahr später, am 29. Juni 1785.[12]

So hat ihr Liebhaber im Zeitraum von zehn Jahren für Olympe, die nicht einen Sou aufwendete, eine Summe von annähernd 70.000 Livres ausgegeben. Darüberhinaus behält sie einen Teil des Kapitals von ungefähr 25.000 Livres und zwei Leibrenten von je 2.100 und 750 Livres. Als sie angibt, 1788 ein „anständiges Vermögen" von 80.000 Livres, die beweglichen Güter inbegriffen[13], besessen zu haben, entspricht das ganz den Tatsachen und ihr Besitz stellt sie auf eine Stufe mit der „vermögenden" Bourgeoisie ihrer Zeit . . .

Aber in eben diesem Jahr 1788 beginnen die Geschäfte der Familie Biétrix plötzlich zugrunde zu gehen. Ihr Vertrag mit der königlichen Verwaltung, der das Monopol der Militärtransporte zusichert, wird gelöst und einem Günstling von Loménie de Brienne, dem Herrn Baudoin, überantwortet. Jacques Biétrix ist daher nicht mehr fähig, seine Zahlungen zu leisten und noch weniger ist er in der Lage, Olympes Kapital rückzuerstatten. Rasch kommt es zum Streit zwischen dem ehemaligen Liebespaar, dessen freundschaftliches Verhältnis zu diesem Zeitpunkt längst erloschen ist. Olympe läßt Jacques Biétrix gerichtlich vorladen und am 10. März 1792 erkennt ein Versäumnisurteil ihr gutes Recht an, von ihm eine Pauschalsumme von 40.000 Livres als Rückzahlung ihrer Leibrenten und als Entschädigung für seine nichtbezahlte Schuld zu verlangen.[14] Aber sei es, daß sie den günstigen Ausgang eines zweiten Urteils, das die Rückzahlung dieser Summe verfügen sollte, bezweifelte, oder daß sie einen Rest von Zärtlichkeit für Biétrix empfand: Sie stoppte das gegen ihn angestrengte Verfahren und ersuchte ihn, die Vorteile einer gütlichen Regelung in Erwägung zu ziehen. Eine solche käme ihr tatsächlich sehr gelegen, da sie hoch verschuldet ist. 1791 muß sie einige ihrer Schmuckstücke am Mont de Piété [15] verpfänden. Gegen Ende des Monats März 1792 wird sie ins Kommissariat der Sektion Roule vorgeladen, und zwar auf Antrag eines Händlerpaares, das sie wegen ihrer Schulden belangen will. Sie weisen übrigens auch ein Bittgesuch vor, das von den „meisten" ihrer Gläubiger unterzeichnet wurde.[16] Die Angelegenheit endet jedoch mit einer Einstellung des Verfahrens.

Genau zur selben Zeit (Juni 1792) ist die Schwester von Olympe (was für eine Familie!) in einer ähnlichen Situation: Etwa dreißig Gläubiger, vor allem Händler, fordern die amtliche Versiegelung der Familienwohnung, um den Gatten und die drei Kinder zu zwingen, die 3.000 Livres Schulden, die sie beim Krämer, in der Parfümerie, bei der Modistin, beim Kunsttischler etc. offen hat, zu begleichen.[17] Was Olympe betrifft, so war ihre Situation weniger verheerend. Sie kann für ihre eigenen Schulden, speziell bei ihren Druckern und Herausgebern Couret und Xhrouet, mit den Schuldscheinen von Biétrix Gewähr leisten.[18] Letztendlich arrangiert sie sich aber im Jänner 1793 mit Biétrix, indem sie erreicht, daß er ihr 18.600 Livres zurückzahlt – eine Notlösung.[19]

Selbstgefällige Gemüter wiesen oft auf die „unsaubere" (das ist das Wort eines Biographen [20]) Herkunft des Vermögens von Olympe hin. Eine etwas bösartige Einschätzung: Wenn es wahr ist, daß sie die finanzielle Unterstützung von Biétrix genoß, so deshalb, weil er selbst es so wollte, und nichts rechtfertigt zu sagen, daß sie selbst nicht – zumindest eine Zeit lang – ernsthaft in diesen Mann verliebt war. Jedenfalls wurde sie mit Kritik überschüttet, was sie nicht gleichgültig ließ: „Manche Menschen verbreiten unbedacht überall, daß ich Liebhaber gehabt hätte; sicherlich ist diese Bemerkung neu und vor allem nicht unwesentlich . . . Muß man mich noch zwingen, hinzuzufügen, daß ich, mit sechzehn Jahren Witwe und meine eigene Herrin geworden, mehr als jede andere exponiert gewesen bin? . . .“ [21] Und zweifellos war sie es, denn für die Mädchen ihres bescheidenen Standes gab es zu dieser Zeit gewöhnlich keinen anderen

Ausweg als die Ehe, ein arbeitsames Leben – in dem die Liebe keinen Platz hatte – und Mutterschaft am laufenden Band. Es sei denn, wenn sie schön war, die Galanterie.

Die zwanzigjährige hübsche Witwe, die fand, die Freuden der Ehe zur Genüge genossen zu haben und gerade zur rechten Zeit vom gefälligen Biétrix unterhalten wurde, gab sich den „Wirbeln des Lebens" hin. Das war anfangs die Halbwelt mit der luxuriösen Eleganz des Colisée, des kleinen Wauxhall oder der Tuilerien, zu einer Zeit, als rasante Ausschweifungen die nächtlichen Feste des Palais Royal beherrschten, und die Fräuleins vom kürzlich erfolgten und überraschenden Aufstieg einer der ihren träumten, von Jeanne Bécu, die Komtesse Du Barry und gar fast Königin geworden war.

Von ihren Anfängen, die stürmischer waren, als sie zugeben wollte, bewahrte Olympe de Gouges diese züchtige Erinnerung: „mit allem Anstand, der einer Frau gebührt, die auf sich hält, war ich von einem kleinen Freundeskreis umgeben und es wäre überflüssig zu erwähnen, daß ich mich von sinnlichen Vergnügungen fernhielt. Oft rühmte ich mich des Anstands, was meinen Interessen nicht selten schadete . . . Es ist dies eine ehrbare Eigenschaft, doch in Paris keineswegs dazu dienlich, zu Vermögen zu gelangen." [22]

Restif de La Bretonne, dem wir eine gewissenhafte Nomenklatur der Pariser Prostitution verdanken, behauptet, sie sei ein „Mädchen" [23] gewesen. Andere, wie die Bürger ihrer Geburtsstadt Montauban [24] oder die Autoren des *Petit Dictionnaire des Grands Hommes*, erwähnten viel exakter ihren Ruf als Kurtisane. Das macht einen wesentlichen Unterschied. Auch ein Chronist der Revolution rühmte diese „Liebende", der „die Schönheit und ihre Erfolge in ihrer Laufbahn als Schriftstellerin und Kurtisane einen Platz unter den außergewöhnlichen Frauen ihrer Zeit zukommen ließen." [25] Dieser Abschnitt ihres Lebens war tatsächlich ausschweifend, aber weder lautstark noch auffällig: Ihr Name erscheint kaum in den Skandalgeschichten oder Polizeiberichten der Zeit –, ein Unterschied zu gewissen anderen mit ihr wetteifernden Schauspielerinnen oder intriganten Aristokratinnen, deren Tugend ebenso ungewiß war wie ihre Adelstitel. Klug wie sie war, beeilte sie sich, „nachdem sie vorübergehend einen Platz in den Annalen der Venus eingenommen hatte, um einen dauerhafteren Platz in den Annalen der Dichtkunst", der Literatur und des Theaters.[26]

Sie mag zu den Frauen gehört haben, die gemäß der Formulierung Merciers, Autor der *Tableaux de Paris*, „ohne die Unverfrorenheit des Lasters zu haben, auch nicht die ernste Strenge der Tugendhaftigkeit besitzen".[27] So wenig, daß ihr Ruf längst stadtbekannt ist; ein Umstand, der lange Jahre dazu beiträgt, verletzenden Kommentaren ihrer Verleumder Nahrung zu liefern. Ein unveröffentlichtes Portrait von „Marie-Olympe Aubry de Gouges (sic)", datiert auf 1784, wird im Museum Carnavalet aufbewahrt. Berechtigterweise kann man annehmen, daß die auf dieser nicht signierten Zeichnung abgebildete schöne melancholische Frau sehr wohl Olympe de Gouges ist.[28] Wie dem auch sei, die Augenzeugen sind sich einig: Olympe de Gouges ist schön, und sogar „strahlend schön", wenn man den *Mémoires Secrets* [29] glaubt. In einem recht überschwenglichen Gedicht, das ihr der Chevalier de Cubières 1792 widmet, als sie also bereits über vierzig ist, rühmt er noch immer ihre Schönheit.[30] Ein anderer Zeitgenosse, der misogyne Advokat Duveyrier, der spätere Baron d'Empire, den ihre intellektuellen Neigungen erzürnen, hört nicht auf, ihr vorzubeten, daß der Himmel sie geschaffen habe, „um nichts als hübsch zu sein".[31] Im selben Ton versichert Dulaure, daß sie es ihrer Schönheit verdankt, berühmt geworden zu sein.[32] Die Verfasser der *Correspondance* von Grimm zögern nicht, die Person Olympes auf sehr herablassende Art darzustellen: „Mit einem hübschen Gesicht, ihrem einzigen Erbgut geboren, war sie in Paris seit langem für die Gunstbezeugungen bekannt, mit denen sie ihre Mitbürger überschüttete".

In einem anderen Dokument ihrer Zeit, wird sie unter „den hübschesten Frauen von Paris" angeführt. „Davon sind die hübschen Frauen, die mit ihren Reizen Handel treiben, ausgenommen", wird dort jedoch ausdrücklich dargelegt. Erwähnt sind vielmehr die Frauen, die „allgemein als hübsch anerkannt sind". In diesem Punkt zeigen sich die Autoren dieser Liste als „extrem streng". Sie fordern von den Auserwählten „hübsche Brüste, die sehr rund, weiß, fest (...) sind, und feine, schlanke, wohlgeformte Beine, etc.".

Olympe, deren Anatomie diesen Kriterien entspricht, rangiert am 3. Platz dieser Liste, die auch die junge Madame De Lavoisier, Agnès de Bouffon, eine Schwester de Rivarol und Fräulein Lange, eine Schauspielerin enthält.[33] Neben all diesen Schönheitsküren gibt es die Polizeiangaben auf ihrem Passierschein, der es besser erlaubt, sie sich physisch vorzustellen. Sie ist für ihre Zeit groß gewachsen, sodaß auch ihr Sohn als Erwachsener 1,68 m mißt; sie hat ein ovales Gesicht, braune Haare und Augenbrauen, dunkle Augen, eine leicht gebogene schmale Nase, eine offene Stirn, ein volles rundes Kinn und einen unauffälligen Mund. Feine und regelmäßige Züge, wenn man sie mit denen ihrer Dienerin Justine vergleicht, die in demselben Paß mittels ihrer Spitznase, ihres großen Mundes, ihres hochgebogenen Kinns und ihrer mageren Figur erkenntlich gemacht wird.[34] Glaubt man ihrem Feind, dem Schauspieler Fleury, so ist Olympe möglicherweise dünn. Er sieht keinerlei „mondäne Frivolität" aus ihren Brüsten zum Vorschein kommen, die vielmehr durch „ihre bemerkenswerte Knappheit auffallen".[35] Ein anderer Autor hingegen ist entzückt von diesem liebreizenden Körper, dessen „stattliches Aussehen" kaum übersehen werden kann, denn Olympe verbringt „wie fast alle hübschen Frauen" ihre Zeit damit, „ihren Körper zu pflegen und zu parfumieren".[36] Fantasievoll und sinnlich, über die Maßen verschwendungssüchtig, sieht man sie einfallsreich mit den „kleinen Mätressen" rivalisieren. Sie gibt selbst zu, viele Stunden ihrer Toilette zu widmen.[37] Alsdann geht sie mit ihrer wunderbaren braunen Haarpracht „die wie mit Rauhreif gepudert ist", wie es die Mode verlangte, mit einem riesigen federbuschgeschmückten Hut, kokett und schlank in einem rotbraunen oder im Farbton „à la reine" gehaltenen – die Spitze der Eleganz! – leichten Seidenkleid in den Gärten des Arsenals, der Tuilerien oder Luxembourgs spazieren. Manchmal sieht man sie in der Oper, die damals ans Palais Royal angrenzte, wo Jacques Biétrix sich schmeicheln darf, ihr die hochgeschätzten Werke von Gluck oder die melodiöse Stimme von Garat zu enthüllen. Fallweise finden dort auch Bälle statt. Üblicherweise beginnen die Vergnügungen um elf Uhr mit einem Konzert, dann tanzt man von Mitternacht bis sechs Uhr morgens.

Olympe ist bei all diesen Festen anwesend und beobachtet mit Entzückung oder Empörung den Pariser Prunk dieser letzten Regierungsjahre von Louis XV. Ein anderer Anblick, von dem sich die junge Frau angetan zeigt, ist – völlig entgegengesetzt – der der Straße; wie sie Weltreisende, beispielsweise der russische Dichter Karamzine, beschrieben haben:

> Jenseits der Tuilerien, „sehen Sie gerade Straßen, eine schockierende Mischung aus Reichtum und Armut: neben einem schillernden Schmuckgeschäft ein Haufen Äpfel und verfaulte Heringe, überall Schlamm und selbst Blut rinnt in kleinen Rinnsaalen aus den Fleischereien; Sie halten sich die Nase zu, und schließen die Augen, und das Bild der prachtvollen Stadt verdunkelt sich vor Ihren geistigen Augen und es wird Ihnen scheinen, als sammelte sich der Schmutz und Unrat aller Städte der Welt durch unterirdische Leitungen in Paris. Machen Sie noch einen Schritt und unvermutet werden Sie die Düfte des glücklichen Arabiens riechen; mit anderen Worten, Sie befinden sich in der Nähe eines dieser Geschäfte, wo Düfte und Pomade verkauft werden: es gibt deren eine Menge ...“ [38]

Es ist auch das naive und wilde Paris der Schaulustigen, die beobachten, wie am Place de Grève eine siebzehnjährige Dienerin, angeklagt, von ihrer Herrin Schmuck gestohlen zu haben, festgenommen, oder wie ein sechzehnjähriger „Straßenräuber" lebendig gerädert wird.[39] Man geht zum Markt von Saint-Germain, um einen Wilden zu begaffen, den jemand von den Inseln mitgebracht hat, oder einen punschtrinkenden Elefanten. Etwas später bestaunt man in Menilmontant die durch einen Bergrutsch verursachten Verwüstungen, bei dem sieben Personen ums Leben gekommen sind. Man bricht bei den Jahrmarktsspektakeln auf den Boulevards in Entzücken aus, man geht ins Ambigu-Comique lachen oder erschaudert beim Anblick einer „Syrene, die angeblich im Atlantik gefangen worden war. Sie ähnelt, wie die Schlauesten bemerken, einem in den Extremitäten ausgestopften Affen, dem auf sehr geschickte Weise ein Fischschwanz angeklebt worden war".[40] Und dann in Longchamp, das absolute Entzücken vor der Karosse der Herzogin von Valentinois, die von vier Apfelschimmeln gezogen wird; oder bei dem Skandal, der von der Schauspielerin Duthé verursacht wurde, als sie in einer Art perlmuttbelegter Goldschnecke, die von acht federgeschmückten Pferden gezogen wurde, Aufsehen erregte: Bekleidet war sie mit einem fleischfarbenen Trikot und einem durchsichtigen Kleid.

Gewöhnlich füllen sich die Theatersäle um fünf Uhr. Etwas später, wenn es Nacht wird, sieht Louis-Sébastien Mercier die Matrosen, Zimmerleute und Steinmetze „in großer Schar zu den Faubourgs" zurückgehen: „Sie begeben sich zu Bett," bemerkt er, „wenn die Marquisen und Komtessen mit ihrer Toilette beginnen".[41] In dieser Welt, wo der ungewöhnlichste Luxus neben der schrecklichsten Armut existiert, zählt Olympe zu den Privilegierten. Wie für andere die Ordensgemeinschaften, so ist für manche die Galanterie ein Mittel um – zumindest vorübergehend – der Armut zu entkommen.

Die Montalbaneserin, der finanziellen Unterstützung durch Jacques Biétrix sicher, läßt ihren „glühenden und ungestümen Leidenschaften" freien Lauf und zeigt sich in der Wahl ihrer Liebhaber, die „ihren Luxus finanzieren können", anspruchsvoll.[42] Man sieht sie verächtlich die Avancen des heftig um sie bemühten Marquis de Chabrillant zurückweisen, der sich daraufhin sofort beleidigt in die Salons begibt, um sich seiner neuen Eroberung zu rühmen und sich frech geschmeichelt zeigt, wunderbare Momente mit ihr verbracht zu haben. Als sie davon erfährt, droht sie ihm, ihn aus ihrer „Gesellschaft" auszuschließen –, zumindest, wenn er nicht „öffentlich Abbitte leiste". Ganz Marquis, kommt er der Aufforderung nach. „Ich kann mich wohl erinnern," schreibt sie sodann triumphierend, „ihn bei mir gesehen zu haben, demütig knieend, vor einem Kreis von vierzig Personen."[43]

Die hinreißende Südländerin erregt Leidenschaften, sie wird umschwärmt von den besten der Gesellschaft, glühend verehrt und, wie sie selbst sagt, liegen ihr oft „Vermögen und Würden" zu Füßen.[44] Sogar der Pfarrer von Bouyon, der sie offen haßt, muß anerkennen, daß sie „jung und hübsch", sich mit „reichen und ehrenwerten Leuten bester Herkunft" zu umgeben weiß. Er gibt an, gesehen zu haben, daß die „Großen"[45] sie oft besucht haben. Unter diesen zweifellos auch ein Prinz von königlichem Geblüt, der Cousin von Louis XVI, Philippe Herzog von Chartres, später, nach dem Tod seines Vaters d'Orléans, und zuletzt bekannt als Philippe-Egalité.

Auch der Schauspieler Fleury sieht sie mit den Mitgliedern der Familie D'Orléans verkehren. Seiner Auskunft nach soll es die Marquise von Montesson, die morganatische Gattin des Vaters Philippes gewesen sein, die Olympe bei der Comédie Française einführte.[46] Die Marquise war die beste Freundin von Olive-Claire de Gourgues, der Cousine Malesherbes – des zukünftigen Verteidigers von Louis XVI vor dem Nationalkonvent – die durch ihre Heirat eine nahe Verwandte von Alexis de Gourgues[47] geworden war, dem ehemaligen Verwalter von Montauban. Vielleicht geschah es also durch die Vermittlung von Madame de Gourgues, daß die uneheliche Tochter des gefeierten Marquis Le Franc de Pompignan der Prinzenfamilie von Orléans vorgestellt wurde: ein Haus, in dem Olympe „sehr gut aufgenommen wurde", wie Fleury präzisiert.[48] So könnten die „Personen von Hofe"[49] mit denen sie angab, in Kontakt zu stehen, die Verwandten der Marquise von Montesson gewesen sein. Unter ihnen am exponiertesten der junge und temperamentvolle Philippe, Herzog von Chartres.

War sie seine Mätresse? Es ist schwierig, sich hierzu eindeutig zu äußern. Aber alles weist darauf hin, daß sie im Laufe der Jahre 1770 bis 1775 eine der ebenso zahlreichen wie vergänglichen Eroberungen des Prinzen war. In einem ihrer Briefe an die Journalisten von 1793, einer Zeit, als ihre Beziehungen mit Philippe, der inzwischen „Egalité" geworden war, sich sehr verschlechtert hatten, zeigt Olympe das eigenartige Bedürfnis, sich zu rechtfertigen: „Das Publikum möge nicht glauben, daß Madame de Gouges jemals ein intimes Verhältnis mit diesem üblen Menschen gehabt habe, um den Posten zu ergattern, den er meinem Sohn versprochen hatte."[50]

Eine Erklärung, die darauf schließen läßt, daß eine „intime Beziehung" Olympes mit dem Herzog von Orléans zumindest keine unvorstellbare Angelegenheit war. Jedenfalls stand Pierre Aubry schon vor der Revolution in der Liste der Ingenieure der Provinz Champagne, einem Erbe des Hauses Orléans. Diese Anstellung, von der sie behauptete, sie um 1.500 Livres gekauft zu haben, scheint ihrem Sohn vielmehr aus Dank für den Eifer und die Hingabe, die sie erwiesen hatte, angeboten worden zu sein. Bis 1789 rühmte sie die Verdienste des Prinzen – er war damals ihr „Held", wie es Desessarts ausdrückt und „sie hörte nicht auf, seine Tugenden und seine Beliebtheit anzupreisen".[51] Sie verherrlichte seinen Edelmut und seinen Ruhm in einer recht langweiligen Geschichte mit dem Titel *Die belohnte Wohltat* (Mai 1788), widmete ihm die ersten zwei Bände ihrer literarischen Werke und schenkte ihm ihr „gelungenstes" Miniaturportrait, von dem heute jegliche Spur verloren ist.[52]

Aber mit der Revolution änderten sich die Dinge radikal, und das Lob der Bürgerin „Degouges" verwandelte sich in heftige Kritik an Philippe-Egalité. Dennoch verteidigte Philippe sie, als sie 1792 von den Jakobinern verdächtigt wurde: „Ich kenne ihren Charakter besser als Ihr und verbürge mich für die Reinheit ihres Patriotismus".[53]

Was die aufbrausende Olympe nicht daran hinderte, ihn in ihren bissigen Schriften anzuprangern. Ganz besonders, nachdem er für den Tod von Louis XVI gestimmt hatte . . .

Im Alter von dreißig Jahren nimmt Olympe Abstand von der Galanterie, um „sich dem Schöngeistigen zuzuwenden". Aus dem Jahrbuch der „Standespersonen", einer Art Jahrbuch der mondänen Gesellschaft, ist zu ersehen, daß sie gegen Ende des Jahres 1778 ihr Appartement in der Rue Ventadour aufgibt. Sie läßt dort Bewunderer und Verehrer zurück und nimmt sich ein Appartement in der Rue Poissonière[54], damals eine der elegantesten Straßen von Paris. Gleichzeitig erneuert sie auch den Kreis ihrer regelmäßigen Besucher. Von nun an umgibt sie sich mit Journalisten, Dramatikern oder Philosophen: „Ihr großer Ehrgeiz zu dieser Zeit war es", behauptet Desessarts, „ihrem Jahrhundert ein Modell der berühmten Ninon* zu bieten." Diese Muse der Freidenker, die „gebesserte Kokette" des 17. Jahrhunderts, macht sie sogar zur Heldin eines Theaterstückes, das sie 1788 schreibt.

Bei der Nachahmung ihres erlauchten Vorbildes lernt sie sich ihrer „glühenden Vorstellungskraft" zu bedienen, ihres „wendigen Geistes" und ihres „trefflichen Kunstsinns", wodurch es ihr gelingt, „ihren Namen unter den Frauen zu plazieren, die im Betrieb der schönen Künste berühmt sind".[55]

Beginnen wir mit dem Theater und der Oper – ihren bevorzugten Vergnügungen.[56] Sie besucht die Aufführungen regelmäßig, diskutiert die neuen Stücke, verteidigt einen Autor, kritisiert eine Schauspielerin und zweifellos träumt sie bereits heimlich von einer Karriere als Dramatikerin. Sie ist schön, fröhlich, geistreich – man sucht ihre Begleitung. Einmal schickt sie sich gerade in Begleitung von zirka zwanzig Freunden an, die Comédie Française zu betreten, als die junge und elegante Königin Marie-Antoinette vorangeht: „Ihr Aussehen und ihre Eleganz erfreuten die Augen, dennoch wurde leise gemurrt. Ich sagte ganz laut: „Adieu, königliche Hoheit, eines Tages wird diese Königin blutige Tränen für ihren Wankelmut vergießen."[57]

Warnende Bemerkung einer Olympe, die – noch in Begleitung von kleinen Marquisen –, begann, die zweifellos befriedigendere Gegenwart von Intellektuellen vorzuziehen. Ihre Bestrebungen in dieser Richtung irritierten einige Leute sehr, unter anderem den Schauspieler Fleury, der sie sarkastisch als „lüstern nach Geistesblitzen, effektreichen Worten und erhebenden Aussagen" bezeichnete. Er fügte hinzu: „Sie hatte hysterische Anfälle, da sie sich in Gesellschaft nicht von Autoren und Akademikern umgeben sah – nicht weil sie sich von ihnen unterrichten lassen wollte, sondern um sie mit all ihrem Glanz zu

---

*   Ninon de Lenclos

überschütten. . . . sie sprach viel und lange . . . Als Frau aus dem Languedoc war sie lebhaft, mit flinkem Aug' und Ohr, und konnte sich zu Recht einiger pikanter Worte und mehrerer scharfsinniger Antworten rühmen."

So antwortete sie denen, die sie mit ihrem Ruf als „femme galante" necken wollten geistreich, daß es besser sei, offen als Kokette zu gelten, als als eine Prüde – was gewissermaßen dem Unterschied zwischen einem Künstler und einem Dilettanten entspräche . . .

Einer der Literaten mit denen sie verkehrte, war der Autor der berühmten und spannenden *Tableaux de Paris*, Louis-Sébastien Mercier, dem sie ganz besonders zugetan war. Sie ähnelte ihm sehr: sie sei wie er „edelmütig, gutherzig, mitfühlend, und menschlich" gewesen, berichtet Fleury. Das war so auffällig, daß er glaubte, in ihr „den jüngeren Bruder Merciers in Spitzenhäubchen und Unterröcken" zu sehen.[58] Ihre Freundschaft ließ nie nach, nicht einmal während der Revolution, als sie ins Kreuzfeuer der Schreiberlinge beider Seiten gerückt waren. Sodaß der Pfarrer von Bouyon, ein allgemein bekannter Royalist, sich ins Fäustchen lachte, sie „in die Hände von Mercier und eine Menge anderer kleiner Autoren fallen zu sehen": „Sie haben sie so sehr und so lange geprellt", sagte er hinterlistig, „daß sie heute schon ohne Geld und ohne Vernunft dasteht."[59]

Aber das fiel nicht ins Gewicht: In den Augen der jungen Frau stellte Mercier den „perfekt redlichen Mann dar". „Ich liebe und schätze ihn aus mehr als einem Grund", gestand sie nicht ohne Doppeldeutigkeit ein.[60] Er antwortete vorsichtig: „. . . Eine dreißigjährige Frau wird eine wunderbare Freundin, sie schließt sich demjenigen Mann an, den sie schätzt, erweist ihm tausend Gefälligkeiten, gibt ihm und erhält all sein Vertrauen; sie liebt den Ruhm ihres Freundes, verteidigt ihn, nimmt Rücksicht auf seine Schwächen, sie bemerkt alles und läßt ihn an allem was sie hört, teilhaben. (...) Die Freundschaft von Frauen besitzt einen zarteren Reiz als die der Männer, sie ist aktiv, wachsam, sie ist zart, sie ist tugendsam und vor allem, sie ist dauerhaft . . ."[61]

Wie Olympe liebte er Gespräche, er berichtete davon in seinen Schriften. Die Gespräche fanden bei ihm zu Hause statt, bei einer Flasche guten Weines, an schönen Tagen in den Gärten des Palais Royal oder der Tuilerien. Dort ereignete es sich eines Tages – vielleicht weil Olympe ihn für ihre Ideen gewonnen hatte –, daß er in aller Öffentlichkeit behauptete, die Männer hätten die Frauen in einem größeren Ausmaß betrogen, als sie von den Frauen hintergangen worden seien: „Man könnte ein dickes Buch mit dem Unrecht füllen, das wir dem schönen Geschlecht angetan haben, würden wir sämtliche dieser Untaten zusammentragen . . .", wie er versicherte . . .

Für Léon Béclard, seinen Biographen, war er nicht nur ihr „Colorateur", also sozusagen der, dem es zukam, ihre Schriften zu überarbeiten, sondern auch ihr Liebhaber. Seine Annahme wird heute durch den Hinweis auf einen ganzen Stapel von Briefen Merciers – deren Wortlaut unbekannt ist –, die in Olympes Wohnung bei ihrer Festnahme während der Revolution gefunden worden waren, bekräftigt. Louis-Sébastien seinerseits könnte damals die Briefe seiner Freundin aus Vorsicht vernichtet haben.

Wenn schon das Liebesleben von Olympe de Gouges ein Rätsel ist, so ist das von Mercier erst recht in ein Mysterium gehüllt, sieht man von einer späten Ehe – kurz vor seinem Tode, unter napoleonischer Herrschaft – ab. Zweifellos war es aber ungewöhnlich, ebenso wie das seiner andersgläubigen Freunde, von Restif de La Bretonne bis zu Grimod de la Reynière, – um nicht den Advokaten und späteren Redner Girondin Vergniaud und den rätselhaften Cubières auszulassen, – die wegen ihrer Sensibilität oder geistigen Unabhängigkeit zu einer verlängerten Ehelosigkeit neigten, vielleicht auch wegen der damit verbundenen größeren Sittenfreiheit.

Laut Fleury träumte Olympe ebenso wie Mercier „von einer anderen Welt". Als Atheistin hatte sie sich ihre eigene Philosophie des Lebens nach dem Tod zurechtgelegt, in der die Reinkarnation eine große Rolle spielte. Sie glaubte an die Seelenwanderung und behauptete, daß ihr dänischer Hund sehr gut ein ehrgeiziger Mann gewesen sein könnte, der die menschliche Überlegenheit zu sehr geliebt habe und nun dazu verurteilt sei, die demütige Rolle eines Hundes einzunehmen, um für seine Fehler zu büßen. In ihren Augen war jedes Tier einmal eine Berühmtheit vergangener Zeiten gewesen, und sie hatte Hunde, Katzen, Affen, Gimpl und Papageien mit bedeutenden Namen ausstaffiert: „Sie glaubte, gefallenen Größen sowie armen Unglücklichen Asyl zu bieten", wie Fleury es hinterhältig kommentierte. „Als nähme sie die Wissenschaft im Pelz und gefiederte Künste bei sich auf."

Ihre Tierliebe war Anlaß für Witze geworden: Man behauptete, daß es in Paris kein Haus gäbe, das bevölkerter sei als die Wohnung der extravaganten Olympe. Das verletzte sie sehr, und sie antwortete dem Lyriker Sedaine, einem Schüler Diderots, der sich über ihre unmäßige Zuneigung zu Tieren lustig machte, spitz: „Meine Vögel geben mir sehr angenehme Konzerte und ihre Lieder entspannen mich etwas von unserer komischen Oper." Es wird auch behauptet, daß sie den Naturforscher Daubenton mit ihren originellen Ideen entzückte. Diese illustre Persönlichkeit hatte die Angewohnheit, wenn er zu Fuß von der Akademie in den Pflanzengarten ging, etwas in den Arkaden des Théâtre Français, dem heutigen Odéon, Luft zu schnappen, wo Olympe ihm von ihren Fenstern aus auflauerte. Alsdann lief sie zu ihm, um mit ihm lange über das „System der Tierseele" zu diskutieren.[62]

Ihre experimentierfreudige Epoche bot ihr noch zahlreiche andere fesselnde Neuheiten. Zweifellos war sie von ihrem Freund Mercier, der Anhänger der „Physiognomie" von Lavater war, in diese Wissenschaft eingeführt worden. Er hatte entdeckt, wie man den Charakter eines Menschen feststellen konnte, indem man seine Gesichtszüge dechiffrierte. Zur selben Zeit wurde viel über den „Bottich" von Mesmer gesprochen, der behauptete, den „animalischen Magnetismus" entdeckt zu haben, den er als Heilmittel für alle Krankheiten empfahl. Auch das Wunderbare wurde bestaunt und man machte sich Gedanken über das Funktionieren der Automaten von Vaucanson, die Langlebigkeit des Grafen von Saint-Germain oder rätselte über das Geschlecht des Chevalier d'Eon –, eine Persönlichkeit übrigens, die die Neugier Olympes aufs Äußerste weckte. Oft erwähnte sie ihn in ihren Schriften, voll des Lobes, und bewunderte die Kühnheit, immer wieder von seiner Überzeugung zu sprechen, daß er eigentlich eine Frau sei. Natürlich beeilte sie sich, den ersten Warmluftballons Beifall zu spenden, vielleicht auch dem, in welchem der Herzog von Chartres Platz genommen hatte, der immer um sein Image als offener und aufgeklärter Geist besorgt war. Er war es, der England in Mode gebracht und zum neuen Aufschwung der Freimaurerei beigetragen hatte, deren Großmeister er 1773 wurde. Es besteht kein Zweifel, daß Olympe de Gouges, obwohl sie niemals einer Frauenloge angehört hatte, sich für diese noble Institution begeisterte, umso mehr, als die Mehrzahl der ihr nahestehenden Personen darin Mitglieder waren: Gervais Crabère, der Gatte ihrer Nichte Jeanne-Olympe, Mercier, ihre Freunde aus dem Languedoc: Cubières, Cailhava und Delon-Lormières [63], der legitime Sohn von Le Franc de Pompignan, Jacques Biétrix de Rozières und sein Bruder André Biétrix de Saulx, und sogar ein gewisser Antoine-Charles Aubry, ein 1738 geborener Wirt, der mit Louis-Yves, ihrem Gatten, verwandt gewesen sein könnte . . .

Als würdige Tochter von Le Franc de Pompignan und ermuntert von ihren Freunden, ist Olympe alsbald soweit, sich – wie ihr Vater – in der Literatur einen Namen zu machen. Restif de La Bretonne beobachtet, wie sie wegen ihrer ersten Werke der Reihe nach die Schriftsteller Rivarol, La Harpe, Marmontel, Sautereau, Aubert und natürlich Mercier konsultiert, die sie im Laufe der letzten Jahre kennengelernt hat.[64]
Aber die Metamorphose zur Literatin ist nicht einfach. Der bombastische Stil, den sie sucht, mit all der bilderreichen Schwülstigkeit, die der Epoche lieb war, wird mehr als einmal von der südländischen Redseligkeit Olympes verfehlt. Sie brüstet sich mit der Angewohnheit, „wie die großen Herren" – vor allem aber wohl wegen ihrer Schwierigkeiten mit dem Schreiben und wegen ihres starken Akzents – ihre Werke Sekretären zu diktieren. Was den „gesprochenen" Stil und die provinzialischen Spracheigenheiten, die in ihren Schriften immer wieder vorzu-

finden sind, erklärt: „Ich muß Ihre vollkommene Nachsicht für all meine schweren Fehler beanspruchen," bemerkt sie offenherzig, um die Kritik vorwegzunehmen, „Fehler im Französischen, Konstruktionsfehler, Stilfehler, Wissensfehler, Mangel an Bedeutung, Mangel an Geist und Genie . . ." [65]

Sie übertreibt; aber in Wirklichkeit ist es weniger der Stil als die Ideen, die ihr wichtig sind, und die drückt sie zügig aus, indem sie denen, die es hören wollen, versichert, daß jede ihrer Produktionen vom „natürlichen Charakter des Genies" [66], geprägt sei. Eine Anspielung auf das literarische Talent von Le Franc de Pompignan, ihrem Vater, wie sie kaum deutlicher ausfallen könnte und wie sie über eine Gabe der Natur kaum unbescheidener denkbar wäre. Doch rühmt sie sich ganz ernsthaft damit.

Als angehende Schriftstellerin verabsäumt sie es nicht, sich auch im dramatischen Genre mit seinen Dialogen zu versuchen. Ihr sehr kontrastreiches Leben bietet ihr unerschöpfliche Quellen der Inspiration. In beinahe allen ihren Stücken setzt sie sich übrigens unauffällig in Szene, sei es mit den Zügen einer jungen Frau, die unehelich geboren wurde, oder auch mit dem züchtigen und reservierten Gehabe einer Kurtisane, die sich von ihrem bisherigen Leben abgewandt hatte . . .

III. DIE SCHAUSPIELER DES KÖNIGS

Man soll sich nicht lächerlich machen und glauben, meine
Stücke seien Meisterwerke.

MOLIERE BEI NINON (1788)

Im 18. Jahrhundert erlebte das Theater einen großen Aufschwung. Die Foyers der dramatischen Kunst entwickelten sich kontinuierlich auch in den entlegensten Provinzen und zogen ein immer breiteres Publikum an. Die Begeisterung erreichte ihren Höhepunkt, als am 27. April 1784 das Stück von Beaumarchais *Die Hochzeit des Figaro* – nach einigen unerwarteten Zwischenfällen – in Paris aufgeführt wurde und einen beispiellosen Erfolg erlebte. Für die Schauspieler des Théâtre Français war das die blühendste Saison.

In diesem Jahr, 1784 – das Todesjahr von Le Franc – hatte Olympe bereits seit langer Zeit auf Schminke, Schönheitspflästerchen, sowie alle sonstigen Utensilien der Galanterie verzichtet und hoffte, durch ihr ruhmreiches Erbe den Genius der Literatur und des Theaters zu finden. Die *Denkschrift der Madame de Valmont* hatte sie bereits vollendet und auch etwa dreißig – nicht weniger! – Theaterstücke, von denen zehn, wie sie selbst meint, „viel gesunden Menschenverstand" besitzen.[1] Eines davon scheint ihr ganz besonders die Aufmerksamkeit der Schauspieler der Comédie Française zu verdienen. Es scheint ihr auch wert, (wer weiß?), aufgeführt zu werden. Einige ihrer Freunde, wie Mercier, Lonvay de la Saussaye, oder der ebenso wie sie aus dem Süden stammende Caihava – lauter Dramatiker – warnen sie: Es würde ein hartes Unterfangen sein, besonders für eine Frau. Denn die Schauspieler wagen, wie Beaumarchais damals schreibt, „jeden Schritt gegen die Autoren, da sie sich sicher fühlen und gegen isolierte, überall verstreute Individuen vorgehen, die ohne Zusammenhalt und Stütze und machtlos sind."[2]

Noch immer dem Andenken Molières verpflichtet und mit

45

dem Wohlwollen des mächtigen Louis XIV ausgezeichnet, betrachtete die Comédie Française ihre Vorrechte im Laufe der Zeit als ihrem Ruf ganz angemessen. Sie zieht zahlreiche finanzielle Vorteile aus dem königlichen Privileg, das ihr einerseits das Aufführungsmonopol des klassischen Repertoires und andererseits gemeinsam mit der Comédie-Italienne das exklusive Aufführungsrecht für neue Stücke einräumt. Ein umfassendes System von Pensionen und Sonderzuwendungen bringt schließlich die Schauspieler der Comédie Française in die völlige Abhängigkeit vom Thron. Dafür kommen sie in den Genuß von Verordnungen, die ihnen völlig freie Wahl in der Auswahl der neuen Stücke lassen.[3] Ihr Gefühl von Überlegenheit führt dazu, daß sie die Autoren verachten und, was schlimmer ist, dazu, daß sie sich ein Repertoire zurechtlegen, das sich bis auf einzelne Ausnahmen unerfreulicherweise aus manierierten und armseligen Stücken zusammensetzt, die der empfindsamen privilegierten Klasse zur Freude gereichen.

Üblicherweise lastet eine außergewöhnlich strenge Zensur auf den Theatern: Sie verrät die Bedeutung, die ihnen die Machthaber zuerkennen. Die Ausdrucksmöglichkeiten der Bühnenstücke werden stark beschränkt. Auf den meisten Pariser Bühnen sind Gesang sowie das gesprochene Wort verboten, und es darf nur ein einziger Schauspieler pro Rolle auftreten. Manche Schauspieler haben daher ein besonders ausgearbeitetes Repertoire an Grimassen und, sobald es notwendig ist, stoßen sie auch Schreie, Seufzer oder Gemurre aus. Um diese Einschränkungen zu umgehen, greifen die Direktoren auf verschiedene Strategien zurück: Kinder oder Marionetten mimen auf der Bühne, während Erwachsene in den Kulissen deklamieren. Bei dem Eklat von 1789 ist auch niemand erstaunt, daß die Theatersäle der bevorzugte Ort politischer Auseinandersetzungen werden . . .

Da sie dem Empfang, den man ihr bereiten wird, mißtraut, reicht Olympe beim Lektürekomitee der Comédie anonym ein Manuskript mit dem Titel *Zamore und Mirza oder Der glückliche Untergang* ein. Dieses zu ihrer Zeit ungewöhnliche und sogar gewagte Thema handelt von der Verurteilung der Sklaverei;

besser noch, von ihrer Abschaffung: ein Mörder, Negersklave und zum Tode verurteilt, wird begnadigt. Zum ersten Male macht sich bei Olympe die revolutionäre Gesinnung in diesem Stück bemerkbar. Sie spricht sich für die Abschaffung der Sklaverei aus: „Die Erzählung von den Grausamkeiten, die die blutrünstigen Herren verübt hatten, erweckten meine Empfindsamkeit. Das Wohlwollen für die beklagenswerten Opfer der Habgier zu erwecken, zu ihren Gunsten die öffentliche Aufmerksamkeit zu erregen, das war die Pflicht, die ich mir auferlegte . . ."[4]

Sobald den Schauspielern der Name des Autors des Manuskripts bekannt wird, zögern sie ihre Antwort bewußt hinaus. Aber schließlich, auf Empfehlung der einflußreichen Madame de Montesson[5], laden sie Olympe am 28. Juni 1785 ins Théâtre Français (dem heutigen Odéon) zu einer Lektüre vor versammelter Schauspielerschaft ein. Die Bestimmungen sehen vor, daß mit Stimmehrheit beschlossen werden muß, ob das Stück ins Repertoire aufgenommen wird, oder nicht. Molé, ein einflußreiches Mitglied der Truppe, übernimmt die Lektüre und etwas später fällt das Urteil: vier Annahmen, neun Korrekturen, keine Ablehnung. Das Stück wird also zur Korrektur akzeptiert.[6] Ein unverhofftes Resultat –, trägt man dem Thema des Stückes Rechnung. Es ist vermutlich wieder auf die aktive Unterstützung der Marquise de Montesson zurückzuführen, die mit Olympe eine an Unvernunft grenzende Leidenschaft für das Theater teilt. Diese große Dame hatte erst kürzlich ein Privattheater in ihrem großartigen Palais errichten lassen, das, in der Rue de Provence gelegen, durch einen Garten mit dem Palais des alten Herzog von Orléans verbunden war.[7] Bei ihr könnte Olympe ihre ersten Versuche als dramatischer Autor gemacht haben. Madame de Montesson wagte es, eines ihrer eigenen Stücke *La Comtesse de Chazelle*, 1784 auf der Bühne des Théâtre Français spielen zu lassen. Es fiel durch: Das Publikum – es hat sich nicht geändert – zeigte sich in erster Linie durch den weiblichen Autor aufgebracht.

So ist es vermutlich den wohlwollenden Bitten der Marquise von Montesson zu verdanken, daß Olympe sich ein Monat später rühmen kann, ihr erstes Stück im Repertoire der Comédie Française zu haben.[8]

Entzückt von diesem ersten Erfolg, beherrscht sie sich nicht mehr und bedrängt, oder vielmehr, bestürmt Molé mit ihren inständigen Bitten, da sie glaubt, ihre Weihen als Dramatikerin früher erhalten zu können, wenn sich der Schauspieler dafür einsetzt. Dem üblichen Verfahren entsprechend, hätte sie sich gedulden müssen, bis die Stücke der Warteliste aufgeführt worden waren. Doch zweifellos hegte sie die heimliche Hoffnung, vorgezogen zu werden.

Im Laufe der folgenden Woche schenkt sie der Mätresse des Schauspielers blühende Orangenbäumchen, bestellt für seinen Tisch raffinierte Gerichte beim Speisenlieferanten und für seinen Salon eine herrliche Nippesfigur aus Porzellan. Nach ihrem Geschmack brauchen die Dinge zu viel Zeit. In der Zwischenzeit schlägt sie einen neuen Einakter, *Lucinde und Cardénio oder Der Liebestolle*, diesmal den italienischen Komödianten vor.[9] Und die sind daran dermaßen interessiert, daß sie sie bitten, es zu einem Dreiakter auszuweiten . . .

Sofort beginnt sie mit der Arbeit. Aber als Molé von den Schritten erfährt, die sein Schützling bei dem rivalisierenden Theater unternommen hat, schlägt er ihr vor, ihr Stück, so wie es ist, in einem Akt, der Comédie Française zu unterbreiten. Vertrauensvoll nimmt sie den Ratschlag an. Aber am Tag, bevor die Lektüre ihres Manuskriptes stattfinden soll, vergißt sie aus Versehen die üblichen Liebenswürdigkeiten, wie: „den Kulissengöttern vorher einen Besuch abzustatten" und „zu Füßen der Göttinnen einen Kniefall zu machen". Daher sind die Schauspieler verletzt, und das Stück, das ihnen von Molé am 28. August vorgelesen wird, wird in Bausch und Bogen abgelehnt: „Sarkastische Bemerkungen und Spötteleien blieben mir keineswegs erspart. Da ich von den Franzosen abgelehnt war, konnte ich den Italienern nichts mehr anbieten, man beglückwünschte sich zum doppelten Vergnügen, mir gleich von zwei Seiten geschadet zu haben."

Noch am selben Abend versammelt sie ihre Freunde, und mit der ihr eigenen emphatischen Ernsthaftigkeit erläutert sie ihnen ihren Groll. Unter ihnen ist der intrigante und verführerische Chevalier de Cubières, mit einem Hang zum mondänen Leben und als Autor gerade in Mode, der entzückt über das gefundene Fressen gegen Ende des Abends losgeht, um den Schauspielern einige Grobheiten an den Kopf zu werfen. Die Spannungen verschärfen sich, und als Olympe am nächsten Morgen am Arm des dubiosen Cubières spazieren geht, sieht sie der Schauspieler Florence. Er kommt „mit weit ausholenden Schritten" und gefolgt von seiner Hundemeute auf sie zu. Er pflanzt sich plötzlich vor ihnen auf, „mit grausamen Augen wie ein Vertrauter des Nero der Bühne": „Die Comédie", sagt er trocken, „ist über die Äußerungen, die Sie über sie zu tun gewagt haben, unterrichtet. Sie hat sich entschlossen, zukünftig keines Ihrer Stücke mehr anzunehmen und auch das, das sie bereits aufgenommen hat, niemals zu spielen. Was mich betrifft, wenn Sie nicht eine Frau wären ..." Sie unterbricht ihn rechtzeitig: „Schweigen Sie!" [10]

Als sie zu sich nach Hause in die Rue de Condé zurückgekehrt ist, ruft sie einen Sekretär und diktiert ihm diesen Brief an die Schauspieler:

> *„Meine Damen und Herren!*
> *Ich weiß nicht, durch welches Unrecht ich bei Ihnen in Verruf gekommen bin ... Eines Ihrer Mitglieder hat mich im Namen der Comédie beleidigt, er hat Ihre Rechtschaffenheit und Ehrbarkeit aufs Spiel gesetzt. Ich bitte Sie um Erklärungen für Sie und für mich. Dieses Mitglied ist Monsieur Florence. In Gegenwart von Monsieur Cubières hat er mir mitgeteilt, daß Sie beschlossen hätten, keines meiner Stücke mehr anzunehmen und auch das, das Sie bereits aufgenommen haben, niemals zu spielen. Das kann ich von Ihnen nicht glauben. Erlauben Sie mir, ein geflügeltes Wort zu zitieren: ‚Ein schlechtes Pferd kann stolpern, aber kein ganzer Pferdestall'".*

Beim Lesen der „Redewendung" fahren die Schauspieler hoch: Wie? Die Comédie Française ein Pferdestall? Es scheint nicht, als wäre es ihre Absicht gewesen, die Comédie zu beleidigen, aber Florence und einige andere waren überzeugt davon.

Am nächsten Morgen wird Madame de Gouges brieflich davon in Kenntnis gesetzt, daß sich jemand ihres Namens bedient hätte, um „einen ebenso frechen wie unehrenhaften Brief" zu schreiben, den man ihr zurückschicke, damit sie den Autor identifizieren könne. Verdutzt versucht sie diesmal ihre Angelegenheit bei den Schauspielerinnen des Theaters zu vertreten und wiederholt ihre Empörung und ihre Klagen über Florence, der es gewagt hatte, zu behaupten, daß es aufgrund der „Gunstbezeugungen" sei, mit denen sie Molé überhäuft hätte, daß *Zamore und Mirza* ins Repertoire aufgenommen worden war. „Der Brief, den man ‚unehrenhaft' findet," setzt sie fort, „wurde nur aufgrund des miesen Vorfalls geschrieben, der die Integrität der Schauspieler aufs Spiel setzt und beweist, daß bei ihnen alles nur durch Intrige bewerkstelligt wird . . . Wenn die Comédie an dieser Beleidigung nicht Teil hat, fällt die gesamte Schande auf Monsieur Florence." In dieser, und keiner anderen Weise müsse die Wendung: „ein schlechtes Pferd kann stolpern, aber nicht ein ganzer Stall!" verstanden werden.

Diesmal ist der Bogen überspannt und am 7. September 1785 streichen die Truppenmitglieder *Zamore und Mirza* kurzerhand aus dem Repertoire. Hinter den Kulissen des Theaters zieht man über die Affäre her und würzt sie gelegentlich noch, wie die zwei Schauspielerinnen, die Fräuleins Joly und Olivier, mit hinterhältigen Anspielungen über die Art der Beziehung der Madame de Gouges mit dem liebenswerten Molé.[11]
Da sie die Wendung, die die Angelegenheit nehmen würde, als ungünstig einschätzte, wandte sich Olympe zwei Tage vorher an den ersten Hofkavalier des Königs, der speziell mit dem Théâtre Français betraut war, den mächtigen Herzog von Duras, der „Marschall von Frankreich" genannt wurde, ohne jemals eine Armee kommandiert zu haben und der dann zum Akademiker ernannt wurde, ohne jemals etwas geschrieben zu haben. Sie hoffte, daß er ihr eine viertelstündige Audienz gewähren würde, um „diese Schikane der Comédie bewältigen zu können, die für die Autoren nicht neu ist, im Hinblick auf eine Frau aber äußerst ungewöhnlich".[12]
Nur wollte der Herzog sie nicht empfangen und ergriff im Ge-

genteil die Partei der Schauspieler. Alsdann verabredete sie sich mit dem Baron von Breteuil, dem Staatssekretär des Königs, der gerade in diesem Jahr die zu häufige Anwendung königlicher Geheimbefehle durch Verordnungen gesetzlich regelte. Paradoxerweise veranlaßte er, daß Olympe mittels Geheimbefehl zur Bastille gebracht werden sollte: „Ich ging um Euch abzulösen, ich ging, um Euch Gesellschaft zu leisten, Latude, Linguet, Delorge und allen anderen so ungeheuer Schuldigen! Das Spiel war sehr kunstvoll eingefädelt, ein finsteres Gefängnis sollte mich verschlingen. Noch eine kleine Formalität und ich wäre lebendig in dieses Grab gestiegen!"

Mercier war deshalb bei der Publikation seiner *Tableaux de Paris* sehr beunruhigt, – und tatsächlich entging er der Bastille nur knapp. Aber Thiroux de Crosnes, Generalleutnant der Polizei, zu dem Olympe sofort gestürzt war, beurteilte es als ein „entschuldbares kleines Versehen" und beruhigte sie: „Madame, vergessen Sie diese Beleidigung, die Absichten Ihrer Gegner sind ebenso ungerecht wie lächerlich und ich habe meine Pflicht damit getan, indem ich mich mit dieser Sache nicht weiter aufhalte." Er weigerte sich nämlich, sein Ministerium zur Ausführung des königlichen Geheimbefehls zur Verfügung zu stellen. Dennoch versuchte der „gefährliche" Herzog von Duras, als Kopf einer Abordnung der „Schauspielerbande" (der Comédie Française), den Beamten zu überzeugen. Dieser blieb „unnachgiebig".[13] Die Affäre wirbelte so viel Staub auf, daß die *Correspondance secrète* und andere Journale von diesen „der Polizei entgegengebrachten Schikanen" berichteten.[14] Durch die Einstellung des Verfahrens zwar höchst erleichtert, konnte Olympe sich dennoch nicht zurückhalten, einen Gegenangriff zu machen: in einem Rundbrief rief sie alle Dramatiker auf, „sich mit ihr zu verbünden".[15]

Einem dieser Briefe, der für Beaumarchais bestimmt ist, fügt sie ein Postskriptum an, indem sie ihn einlädt, sie zu empfangen.[16] Beaumarchais war unter den Autoren wegen seiner heiklen Beziehungen zu den Schauspielern der Comédie Française bekannt, und er genoß seit dem *Barbier von Sevilla* eine beneidenswerte Bekanntheit. So war er der unbestrittene Vorkämpfer der meisten Dramatiker, die Schikanen und Beleidigungen erduldeten, um zu erreichen, daß ihre Stücke gespielt, und günstigstenfalls auch ihre Rechte respektiert wurden. Aber Olympe, die ihn seit mehr als zehn Jahren kannte [17], hatte unberücksichtigt gelassen, daß er außerhalb des öffentlichen Bereichs Frauen nicht sehr zugeneigt war. Das war auch der Grund, warum er auf ihre Bitte nicht antwortete.

Trotzdem ließ sie sich eines schönen Morgens von einem Droschkenkutscher im Marais beim Haus Amelot de Bisseuil absetzen, dem sogenannten „holländischen Botschafter", einem prachtvollen Gebäude der Rue Vieille du Temple, in welchem Beaumarchais im Juli 1777 die Dramatiker versammelt hatte, um mit ihnen die erste Erklärung der *Autorenrechte* zu verfassen. Olympe ließ sich ankündigen. Aber der Diener von Beaumarchais versicherte ihr, daß sein Herr beschäftigt sei, daß er sie nicht empfangen könne, und sich unglücklicherweise auch nicht in der Lage sähe, sie zu einem anderen Termin zu empfangen. Gekränkt durch diese Unhöflichkeit wandte Olympe sich ab und schwor sich von nun an, die Hilfe und Ratschläge derer „die das Unglück und das Mißgeschick so rasch vergessen haben . . ."[18] zu meiden.

Wenn schon Beaumarchais selbst einige Schwierigkeiten gehabt hatte, solidarischen Schwung in die Autorenschaft zu bringen, so konnte es keineswegs Olympe de Gouges sein – der der Ruf anhaftete, sich zu lautstark bekannt gemacht zu haben[19] – die mit ihrem Namen eine breite Einflußnahme auf die Öffentlichkeit hätte schaffen können. Tatsächlich warfen beinahe alle Autoren, an die sie sich wandte, ihren Brief in den Papierkorb. Von vierzig waren es nur vier, die sie unterstützen: La Harpe, Grouvelle, Cailhava und der Marquis von Bièvre. Zuerst enttäuscht, geriet Olympe schließlich in Wut und beschuldigte Beaumarchais, für dieses jämmerliche Resultat verantwortlich zu sein. Sie begründete ihren Verdacht mit folgender Episode: vor einem Jahr habe sie ihm ein Vorhaben für ein Theaterstück unterbreitet. Nach der Lektüre habe er lediglich geruht, mit spitzen Lippen zu antworten, daß das „moralische Ziel" nicht genügend verfolgt worden sei.[20] Als sie ihm etwas später das Manuskript eines *Die Lieben des Chérubin* genannten Stückes unterbreitete, dessen Handlung *Figaros Hochzeit* folgte, antwortete Beaumarchais ihr in einigen „sehr entgegenkommenden" Briefen, daß sie sich nicht verbessert habe. Aber als sie am 4. November 1784 dieses Manuskript die Künstler der Comédie Italienne[21] lesen ließ, die begeistert waren und das Stück aufführen wollten, brauste Beaumarchais auf, tobte und verkündete überall lautstark, daß das fragliche Stück „unerträglich sei, konzept- und planlos, ohne jedes dramatische Talent" und nur dazu gut, es „ins Feuer zu werfen"[22]. Die Feindseligkeit von Beaumarchais, der wegen der zahllosen Plagiate seines Stückes erzürnt war, verstärkte den Zwang, den die Schauspieler des Théâtre Français ausübten („die Machenschaften der Theater"[23], sagt Olympe), die die Aufführung der *Lieben des Chérubin* am italienischen Theater untersagten, da es der „Hochzeit des Figaro" zum Schaden gereichen könnte.Doch als das Stück im Januar 1786 unter dem Titel *Die unerwartete Hochzeit des Chérubin* veröffentlicht wurde, erhielt es beachtlichen Beifall von seiten der zeitgenössischen Literaturkritik. In einem Ausmaß, daß der Redakteur der *Mémoires Secrets* sich über den „Abenteurer" Beaumarchais erstaunt zeigte, der sich gegenüber Madame de Gouges so „schlecht benommen" hatte, der Autorin eines Stückes „voller Erfindungsreichtum, fröhlichen Zügen und spitzen Anspielungen".[24] Ein anderer Kritiker, Laüs de Boissy, sang ebenfalls ein Loblied auf dieses Werk, das „aus der Vorstellungskraft einer sehr liebenswerten Südländerin entstanden war" in einem „einfachen, leichten" Stil, in welchem er aber „etwas mehr Eleganz" zu finden gehofft hätte.[25]

Schließlich schrieb der bissigste der Kritiker, der gefürchtete La Harpe am 4. März 1786 im *Mercure de France* einen eher anerkennenden Artikel über diese Komödie, die „weder Parodie noch Kritik derjenigen von Beaumarchais" sei, aber an *Figaros Hochzeit* anknüpfe, die selbst wiederum den *Barbier von Sevilla* weiterspinne. Die neue von Olympe erfundene Folge, in der sie aus Chérubin einen großen Herren macht, der sich mit Fanchette, der offiziell anerkannten Tochter des Don Fernand, dem Grande von Spanien, verheiratet, war etwas überraschend. Aber sie gefiel La Harpe: „Sicherlich steckt in dieser Komödie einiges

Talent, die Details kündigen Geist und Fantasie an: Erstaunlicherweise ist im Vorwort zu diesem Werk zu lesen: „Ich überreiche dieses Werk heute dem Publikum noch ganz fehlerhaft, so wie ein in vierundzwanzig Stunden geschaffener Text sein muß, an dem ich nichts geändert habe!"

La Harpe fragt sich: „Was uns so erstaunt: Ist das die große Geschicklichkeit oder Bescheidenheit?" [26]

Olympe brüstet sich oft damit, ihre Romane oder Theaterstücke in einigen Tagen, beziehungsweise einigen Stunden zu verfassen. Eine Prahlerei, die ihre Zeitgenossen schmunzeln läßt, unter anderem die Verfasser des *Petit Almanach des Grandes Femmes*, die zu diesem Thema ironisch bemerken: „. . . Ihre extreme Geschicklichkeit ist so groß, daß sie wettet, ein Drama in vierundzwanzig Stunden zu schreiben, gleich welches Thema man ihr vorschlägt. Witzbolde meinen: Das sei in der Tat noch zu lange. Wir hüten uns wohl davor, ihnen zu glauben." [27] Noch am Beginn ihrer dramatischen Laufbahn, gehört sie zu den Autoren, die an das angeborene Genie glauben und bleibt wie jene überzeugt davon, daß ein Werk, das in kürzerer Zeit geschaffen wurde als die Sonne braucht, um ihren Lauf zu vollenden, ein guter Maßstab eines „natürlichen" Talents sei.

Kraft des Grundsatzes, gemäß dessen „eine kleine Rache auch die sanfteste Frau immer erleichtert", beginnt Olympe Beaumarchais mit einer Streitschrift zu attackieren, die den aufreizenden Titel *Réminiscences* trägt: „Das Gefühl des Grolls, das Sie bei der Lektüre des Manuskriptes *Die unerwartete Hochzeit des Chérubin* hegten, zeigt deutlich Ihr Desinteresse und die Dienstbeflissenheit, die Sie immer darauf verwendet haben, dieses schwache und unglückliche Geschlecht bloßzustellen. Der Ruhm dieses ‚Kindes' kam weder Ihrem Ehrgeiz noch Ihren Interessen gelegen. Mein Chérubin hätte, wäre er von Ihnen beschützt worden, am italienischen Theater aufgeführt werden, oder sogar an die Comédie Française kommen können, um zwischendurch Ihren Figaro etwas zu entspannen, der sich selbst noch mehr strapaziert, als er das Publikum ermüdet (...). Ah! Caron de Beaumarchais, ah! Caron de Beaumarchais, Sie sind wirklich ein Frauenfreund! Erlauben Sie mir, Ihnen zu sagen, daß Sie uns hinters Licht führen, denn nichts ist unwahrer, als daß Sie unserem Geschlecht gewogen sind . . ."[28] Beaumarchais versucht sie über Vermittlung des Chevalier de Cubières davon abzuhalten, diese *Réminiscences* erscheinen zu lassen, aber ohne seine Schuld einzugestehen. Er erhält eine kategorische Absage und als es erschienen ist, wird das kleine Werk, das voller Geist steckt, in den literarischen Salons von Paris herumgereicht . . .

Die Hartnäckigkeit Olympes und ihre Beziehungen, derer sie sich zu bedienen weiß, bringen die Schauspieler in der Zwischenzeit dazu, eine Aussöhnung anzustreben. In der ersten Novemberwoche 1785, kommt der schöne Molé, der einzige der fähig ist, sie zu umgarnen, zu ihrer Wohnung: „Was wollen Sie machen, sich mit der Comédie überwerfen? Bedenken Sie doch, daß sie das erste Theater Europas ist, daß dort Ihr erstes Werk angenommen wurde, daß die meisten unserer besten Autoren einen schlechteren Start hatten als Sie!"[29]

Die stolze Olympe läßt sich überzeugen und ergreift auf Anraten Molés die Initiative, an die Comédie zu schreiben: Sie versichert, ihre Klagen vergessen zu haben, besonders in Hinblick auf den Unruhestifter Florence, aus dem sie nun ihren „Verteidiger" machen will. Mit der Rückpost läßt man ihr diese edelmütige Antwort geben: „Die versammelte Comédie war sehr erfreut zu sehen, daß Sie ihr gegenüber wieder gerechtere Gefühle hegen. Sie wünscht, daß Sie für immer von der Ehrbarkeit und Rechtschaffenheit ihrer Vorgangsweisen überzeugt seien und um Sie in der Bestrebung, die Sie wieder zu ihr zurückgeführt hat zu unterstützen, hat sie angeordnet, um die letzten Spuren des Vergangenen zu beseitigen, daß die Angelegenheiten wieder in den Stand gesetzt werden sollen, wo sie vor der Lektüre des *Cardénio* waren.[30]

Olympe, die glühend und eigensinnig ausschließlich ans

Theater denkt, nur mehr für ihre Stücke lebt, ist erleichtert. Zwischen 1784 und 1789 konzentrieren sich alle ihre Anstrengungen, alle Schritte, die sie unternimmt, nur noch auf dieses eine Ziel: ihr Ansehen als Dramatikerin. Sie widerlegt die, die wie Beaumarchais die Frechheit besitzen zu behaupten, daß sie nicht die Autorin ihrer literarischen Werke sei. Zu diesem Thema gibt es eine Anekdote: Eines Tages, ermüdet von einem Spaziergang, den sie mit ihrem Sohn in der Nähe von Passy gemacht hatte, ruft sie eine Karosse herbei, um in die Hauptstadt zurückzufahren. Einer der Reisenden hatte in der Konversation gerade Madame de Gouges erwähnt. Als sie ihren Namen hört, wendet sie sich ihm verdutzt zu:

„– Sie kennen sie so gut?

– Aber sicher, sie hatte einen Gatten, der war Wirt, doch wollte sie seinen Namen nicht tragen! Ihre Herkunft ist unbekannt. Was ihre Werke betrifft, wie können Sie glauben, daß sie jemals ein Wort davon nur gedacht hätte? Sie kann nicht einmal lesen, jede Zeile wird ihr geschrieben. Man täuscht sogar die Fahrlässigkeit und Fehler ihres Stils nach, um besser glauben zu machen, daß sie von ihr seien.

– Und trotzdem, fährt Olympe fort, habe ich gesehen, wie sie vor mehreren Personen ein Stück verfaßte und damit eine Wette gewann.

– Ah! Madame, das Stück war vorher geschrieben worden und man hatte es ihr auswendig beigebracht.

– Sind sie dessen sicher?

– So sicher, daß ich wetten würde, daß sie das vor mir nicht noch einmal anfangen würde, denn ich selbst habe ihr schon eines geschrieben. Auch sonst spreche ich aus Erfahrung, denn Sie haben einen ihrer vermögenden Anbeter vor sich.“

– Olympe verkneift sich eine Antwort. Aber bevor sie aussteigt, musterte sie den Schwätzer nochmals:

„– Monsieur, ich habe ihrem dummen Gerede mit der Ruhe eines Philosophen, dem Mut eines Mannes und dem Auge eines scharfen Beobachters zugehört. Ich selbst bin diese Olympe de Gouges, die sie niemals kennengelernt haben und die sie auch niemals kennenlernen werden. Lernen sie aus der Lektion, die ich ihnen erteile: Gemeinhin findet man überall

Männer ihrer Sorte, aber lassen sie sich gesagt sein, daß es Jahrhunderte braucht, um Frauen meines Kalibers hervorzubringen."[31]

Dann entfernt sie sich hocherhobenen Hauptes von den vor Staunen erstarrten Anwesenden . . . In solcher Verachtung sah sie „Seelengröße"; aber oft versetzten sie ihre Hitzigkeit und ihr Stolz auch ins Unrecht: „Ich bin mit einem aufbrausenden Charakter geboren und mit einem zu empfindsamen Herzen, von beiden ließ ich mich zu oft fortreißen und beide haben mir oft sehr geschadet . . ."[32] „Die Natur hat mir viel Mut und Vernunft mitgegeben, unabhängig von einem sehr heftigen Ungestüm, das durch die Ungerechtigkeit böser Menschen allzu oft herausgefordert wird, und das ich allein durch Reflexion besiegen kann (...). Durch das Wissen um meine Fehler und die aller anderen Menschen stehe ich über der Lächerlichkeit; ja, ich gehe darüberhinaus, ich gestehe sie auch ein . . ."[33]

Anläßlich der Veröffentlichung von Briefen, Vorwörtern und manchmal auch Nachwörtern ihrer Stücke reservierte sie sich beinahe immer einige Zeilen, um von sich selbst zu sprechen: „Ich verachte falsche Menschen, ich hasse die Boshaften, ich fliehe die Spitzbuben, jage die Schmeichler und daraus kann man entnehmen, daß ich oft alleine bin. Ich langweile mich nicht mit mir selbst, ich fürchte den Wahn nicht. Zweifellos war ich für die Gesellschaft gemacht, doch habe ich mich rechtzeitig aus ihr zurückgezogen, ich habe sie im Glanze meiner Jugend verlassen. Oft sagte man mir, daß ich hübsch gewesen sei: ich weiß nichts davon, ich wollte es nie glauben (...). Ich habe eine fröhliche Natur und lache über das, was mir zustößt. Unkompliziert mit aller Welt, bin ich stolz gegenüber den Großen, da mich Titel und Würden niemals beeindruckt haben . . ."[34]

Diese Bekenntnisse enthüllen eine gewisse Selbstzufriedenheit aber auch eine große Entschlossenheit. Eine Eigenschaft, die für einen unbekannten Autor – obendrein eine Frau – im 18. Jahrhundert sehr wertvoll ist . . .

Ende Dezember 1785 bereitete sie sich darauf vor, neben der

Überraschenden Hochzeit ein anderes, etwas melodramatisches Theaterstück zu veröffentlichen, das von einem – durch seine Banalität und Aktualität beispielhaften – Tagesthema handelte: die Inhaftierung aufgrund von Verschuldung. Unter den zehn Millionen Unglücklichen, die in den Kerkern des Ancien Régime in der Erwartung dahinvegetierten, daß sie von ihren Verwandten ausgelöst wurden, befand sich ein armer Mann namens Clamet [35] aus Rouen, dessen körperbehinderte Frau und ihre in größter Not lebenden Kinder nicht in der Lage gewesen waren, ihn zu befreien. Bewegt von so viel Elend, will Olympe helfend eingreifen und schickt einen Brief und ein Exemplar ihres Stücks *Der Freigebige* an die Komtesse von Genlis, die Gouvernante der Kinder des Herzogs von Orléans und seine offiziell anerkannte Mätresse. Betroffen antwortet diese in den folgenden Tagen, daß die jungen Prinzen und sie selbst sehr berührt seien und gerne bereit, die notwendigen 30 Louis zur Verfügung zu stellen, um den Gefangenen wieder seiner Familie zuzuführen. Olympe ihrerseits engagiert sich öffentlich dafür, indem sie die Einnahmen der ersten sechs Aufführungen des *Freigebigen* dieser Angelegenheit widmet.[36]

Neben der tatsächlichen Hilfsbereitschaft diente ein solches, damals unter den Autoren weit verbreitetes Vorgehen im wesentlichen dazu, sich die Wertschätzung des Publikums zu erwerben und auf diesem Umweg die Schauspieler zu forcieren, ihre Theaterstücke aufzuführen. Das war auch der Fall bei *Coriolan* von La Harpe, einem schwer verdaulichen Stück, das am Tag nach der Aufführung von dem witzigen und bösartigen Champcenetz sehr hart „angeprangert" wurde:

„Für die Armen spielt die Komödie,
eine schwache Tragödie,
leider folgert daraus,
daß Mitleid allein rührt zum Applaus."

Doch Olympe konnte ihre Bitte noch so sehr unter dem Vorwand von Barmherzigkeit präsentieren, die Schauspieler lehnten ihr Stück ab. Obwohl sein theatralischer Wert sich bei der Lektüre als nicht besser oder schlechter erwiesen hatte, als bei hundert Stücken derselben Art, die täglich beim Lektüre-Komitee der Comédie einlangten.

In seinem *Almanach des Grands Hommes* gibt Rivarol diesbezüglich einige wertvolle Hinweise über so manchen literarischen Kometen und schriftstellernden Maniker namens Fenou-
illot de Falbaire de Quingei, Thomas Minau de la Mistringue,
Delormel de la Rotière oder Lévrier de Champrion . . .

Als das zweite Stück von Olympe (heute sicherlich unspiel-
bar) veröffentlicht war, entsprach es dem Geschmack der Zeit
immerhin so sehr, daß es von den Literaturkritikern mit Beifall
aufgenommen wurde: in den *Petites Affiches* von Aubert, im *Almanach des Muses*, im *Courrier Lyrique* und dem *Journal Litte-
raire de Nancy*, wo Laüs de Boissy betonte, daß die literarische
Karriere für Frauen zugänglich gemacht werden sollte: „Die
Zeiten sind längst vergangen, wo der Grieche Thukydides
schrieb, daß die tugendhafteste Frau die sei, von der am wenig-
sten gesprochen würde . . ." [37]

Abgesehen von den Preisen, die die Literaturzeitschriften
verliehen, war eine Karriere als Dramatiker keineswegs lukra-
tiv. Denn damals brachte die Veröffentlichung eines Stückes
und seine – sehr beschränkte – Auflage dem Autor kaum
etwas ein, abgesehen von persönlicher Befriedigung und dem
Ansehen seiner Umgebung. Die wahre Belohnung und der
sichere Ruhm konnten nur von einer Aufführung – vorzugs-
weise am Théâtre Français, nach Möglichkeit erfolgreich –
kommen.

Wenn auch Paris ihren Stücken die kalte Schulter zeigte,
so hoffte Olympe, daß sie sich in der Provinz leichter durchsetzen würde. Im April 1786 bereitet sie sich zur Abreise vor,
um den Versuch einer Aufführung der *Unerwarteten Hochzeit*
und des *Freigebigen* zu wagen. Vielleicht will sie bei dieser Gelegenheit auch mit den Akademien der Provinz in Kontakt
treten, die damals auf regionalem Gebiet zur Entwicklung und
Verbreitung der Kunst und Literatur beitrugen? Denn, was
unter dem Ancien Régime bemerkenswert ist: Diese Akademien öffneten ihre Türen den Frauen freiwillig. Wie die von
Besançon, mit der Madame Roland in Beziehung stand, die
von Arras, die Robespierre 1787 lobend erwähnte, da sie als
Ehrenmitglied Louise de Kéralio, spätere Redakteurin eines

revolutionären Blattes aufgenommen hatte, oder die von Lyon, die Stephanie de Beauharnais zu ihren Mitgliedern zählte. Der Generalsekretär der Akademie von Arras, Ferdinand Dubois de Fosseux interessiert sich für die *Unerwartete Hochzeit* und wendet sich im April 1786 an Olympe de Gouges. Möglicherweise schlägt er ihr vor, ihr Stück in Arras aufführen zu lassen.[38] Sollte sie diesem Vorhaben Folge geleistet haben, sollte sie ein Mitglied der Akademie namens Robespierre getroffen haben? Man weiß es nicht. Jedenfalls hatte sie zu diesem Zeitpunkt vor, für mehrere Monate zu verreisen. Zwischen dem 10. April 1786 und Februar 1787 gibt es in den Archiven von Paris keinerlei Spur ihrer Anwesenheit.

Am Vortag ihrer Abreise erwähnt sie in einem Brief an Dulaure im Ton komplizenhafter Freundschaft einen jungen Mann, einen Schauspieler mit festem Engagement, den mitzunehmen sie große Lust hat. Sie bezieht sich auf einige vorhergehende Erfahrungen, mit denen sie höchst zufrieden war und gibt ihm schamhaft zu verstehen: „... er schien mit mir ebenso zufrieden zu sein, wie ich es mit ihm war ...“; dann schließt sie ihren Brief, indem sie Dulaure fragt, „ob sie wohl fortfahren könne, diesen jungen Mann zu begehren.“[39] Es ist unbekannt, ob er die schöne Olympe schließlich auf den Straßen der Provinz begleitete oder nicht.

Dieser Brief zumindest erlaubt die Annahme, daß Olympe de Gouges die Qualitäten einer Verführerin mit der Zeit nicht verloren hatte. Das reife Alter hatte ihr anscheinend neue Reize verliehen, – im Unterschied zu dem, was andere behauptet hatten. Unter anderem Michelet, der es sich offenbar nicht anders vorstellen konnte, beschrieb sie als vorzeitig gealtert, ab ihrem dreißigsten Jahr von den Leidenschaften und Vergnügungen verbraucht. Im Gegenteil, Liebe und Hunger nach Aktivität hatten sie gut erhalten. 1784 hat sie nichts von ihrer Frische verloren und trägt eine prächtige „à l'antique“ gelockte und geflochtene Frisur – Vorreiter einer Mode, die sich während der Revolution entwickeln sollte –, ihre schwarzen Mandelaugen sind lebendig, und das Gesicht mit den hohen Backenknochen hat all seine Jugendlichkeit bewahrt. Ein Portrait, das zwei Jahre später – sie ist achtunddreißig – in den wenig freundlichen *Mémoires secrets* erscheint, widerlegt diese Aussage keineswegs: Sie ist, wie man liest, eine „noch immer herrlich strahlende Frau, sehr lebendig, voll mitreißendem Schwung. Obwohl sie schon alt wird, noch immer liebenswert und fähig, Leidenschaften zu erwecken." [40]

Daneben muß sie noch etwas Ausgeglichenheit besessen haben, die ihr geholfen haben könnte, einige Enttäuschungen zu überwinden. Nicht zuletzt die, die ihr die Schauspieler der Comédie Française in den kommenden Monaten bereiten sollten...

Die neue Verordnung der Comédie Française vom 18. Mai 1781[41] unterschied drei Kategorien von neuen Stücken (im Unterschied zu den sogenannten Klassikern): die mit vier oder fünf Akten, die Tragödien und die „kurzen Stücke" mit bis zu drei Akten. Sie legte fest, daß jedes neu einlangende Stück in einer der drei Kategorien eingetragen und dann in der chronologischen Reihenfolge gespielt werden sollte. Doch schon, was Olympe de Gouges betrifft, hatten die Schauspieler „zwei kleine Stücke" anderer Autoren der Kategorie von *Zamore und Mirza* vorgezogen. Im Februar 1787 brachte sie sich wieder in Erinnerung, als sie um Erlaubnis bat, ihr Stück veröffentlichen zu dürfen, um, wie sie ausführte, „es der Beurteilung durch die Journalisten auszusetzen und schon im voraus den Publikumsgeschmack zu testen". Denn damals verlangte es der Brauch, daß man ein Stück, das vom Théâtre Français angenommen worden war, zwei Jahre als Manuskript zur Aufführung bereithielt. Nach Ablauf dieser Frist stand es den Autoren frei, darüber zu disponieren und es nach Belieben drucken zu lassen. Aus diesem Grund mußten ihr die Schauspieler die Bitte gewähren. Sie taten dies allerdings mit der Bemerkung, eine Frau begäbe sich in eine „offensichtliche Gefahr", „wenn sie nach Ruhm strebe".[42]

Verärgert erinnert sie sie umgehend an das Beispiel von Sévigné und von Deshoulières und belehrt sie, daß die schönen Künste „geschlechtslos" seien, und daß die Frauen jede erdenkliche Fähigkeit hätten, um „die Laufbahn der Talente zu beschreiten". Dann bringt sie, ohne zu warten, ihr Manuskript zum Drucker. Gerade als man sich anschickt, die ersten Fahnen abzuziehen, wird sie durch eine Nachricht der Comédie davon in Kenntnis gesetzt, daß man jetzt vorhabe, ihr Stück zu spielen, und daß man sich bereits die Verteilung der Rollen überlege. Außer sich vor Freude, bezahlt sie den Drucker, läßt die Fahnen zerstören und macht sich an die – handschriftliche – Abschrift der verschiedenen Rollen. Aber unglücklicherweise wird die Hauptdarstellerin, Mademoiselle Olivier, plötzlich krank und stirbt.[43] Die vorgesehene Aufführung wird annuliert, da die Hauptrollen nicht mehr ersetzt werden, und das Stück wird in die Archive der Comédie abgeschoben. Olympe ist enttäuscht und schreibt an eine der berühmtesten Schauspielerinnen, Louise Contat. Sie bittet sie, zu ihren Gunsten einzuschreiten und zeigt sich im übrigen erstaunt, daß ein neues „kurzes Stück", das nach dem ihren angenommen worden war, *La Maison de Molière* von Mercier, gerade geprobt wurde. Aber Louise Contat, die sich mit einigen anderen Gruppenmitgliedern abgesprochen hat, antwortet ihr nicht ohne Herablassung, daß die Bestimmungen der Comédie keine Willkür kennen würden. „Sie können darin nachschlagen und reklamieren, wenn Sie Ihrer Rechte sicher sind; wie können Sie annehmen, daß der Name Molières das außer Kraft setzt, ohne sich vorzustellen, daß ein solches Urteil über seine Achtbarkeit heftige Regungen auslösen würde . . ."

Indem sie den Namen Molières vorschiebt – der von Olympe nur erwähnt worden war, als sie sich beklagte, daß das Stück von Mercier *La Maison de Molière* vor dem ihren gespielt werde –, verkompliziert Louise Contat die Situation absichtlich. Das ist Olympe eine entrüstete Erwiderung wert: „Niemand wird mich verdächtigen, den Namen Molières herabwürdigen zu wollen, außer lächerliche und charakterlose Menschen. Sie haben das Ziel meines Briefes mißverstanden Mademoiselle, oder ein törichter Verleumder hat bestimmt versucht, es Ihnen zu mißdeuten . . ."

Noch immer unzufrieden, wendet sich Olympe hartnäckig umgehend an eine andere Schauspielerin, Madame Bellecourt, die ihr acht Tage später, am 5. November 1787, sehr unverschämt antwortet:

> *„Ich versichere Ihnen, Madame, daß von den durch-*
> *geistigsten Literaten bis zu den ungebildetsten Tinten-*
> *klecksern niemand, außer Ihnen, die Ehre, die wir*
> *diesem unsterblichen Mann (Molière) erweisen wollten,*
> *ungewöhnlich gefunden hat . . ."*

Olympe fällt aus allen Wolken und ereifert sich über diese
„freche" Antwort:

> *„Ich bin ungebildet und kleckse am Papier, so sehr,*
> *daß Sie es ausdrücklich erwähnen und das – schlimmer*
> *noch – für angebracht halten; es wäre nicht weniger*
> *wahr, wenn Sie mich auf das Schlimmste beschuldigen*
> *wollten, obwohl mein Verhalten, mein Vorgehen, meine*
> *Schriften, das in jeder Hinsicht widerlegten. (...) Wenn*
> *ich in all meinen Briefen betont habe, daß man La*
> *Maison de Molière meinem Stück vorgezogen hat, so be-*
> *klagte ich mich wohlgemerkt einzig und allein über die*
> *Regelwidrigkeit, die das meiner Meinung nach darstellt.*
> *Wie wäre das anders zu verstehen?"[44]*

Die ungestüme Montalbaneserin war jedoch keineswegs
bereit, sich so viel Arroganz und Ungerechtigkeit zu fügen . . .

Zu Beginn des Jahres 1787 verließ sie ihre Wohnung in der
Rue de Condé Nr. 5, die nahe beim Palais Luxembourg lag,
genau neben dem Hotel „Drei Städte", das (nach dem Besuch
des österreichischen Herrschers) „Der Kaiser" hieß und die
Charles-André, dem Bruder von Louis-Sébastien Mercier
gehörte.
Nicht weit von dort richtete sie sich ihr neues Appartement
im dritten Stock eines neuen Gebäudes ein, das an einer Stra-
ßenecke des Platzes des Théâtre Français lag.[45] Dieses Gebäude
war vielleicht sogar das, in dem Camille Desmoulins zu Beginn
der Revolution wohnte. Es gehörte einem gewissen Vandermark
und lag dem Théâtre Français genau gegenüber. Für Olympe

eine ideale Lage, da sie von ihren Fenstern aus jedes Kommen und Gehen der Schauspieler kontrollieren konnte, sie konnte sich dort viel besser über die vorgesehenen Programme am laufenden halten, den Zustrom zu diesem oder jenem Stück besser ermessen, aber sich auch in diesem Jahr noch dreimal darüber empören, daß Stücke – nach dem ihren zur Lektüre angenommen –, bevorzugt ins Programm aufgenommen worden waren.[46] Verärgert schrieb sie schließlich „in einem Traum" ein Stück über den „Vater der Komödie", Molière, das sie *Molière bei Ninon oder Das Jahrhundert der Großen Männer* nannte. Es handelt von einem Mädchen bescheidener Herkunft, das das Elternhaus verläßt. Nicht um einem Verführer zu folgen, sondern um, was weniger üblich war, in die Truppe Molières einzutreten. Moral verpflichtet: Der große Komiker bringt sie davon ab und vermittelt zuvorkommenderweise ihre Heirat. Indem sie ein Stück über Molière schrieb, wie auch Mercier, glaubte Olympe das Wohlwollen der Schauspieler wiedergewinnen zu können. Daher schickte sie ihnen ihr Manuskript zur Lektüre.[47] In diesem Winter 1788 war die Veröffentlichung der ersten beiden Bände der Werke von Madame de Gouges [48] angekündigt, in denen die Verfasser des *Almanach des Muses* „einige glückliche Ideen und eine sehr große Geschicklichkeit" verspürten. Indem sie die Bände dem beliebten Herzog von Orléans widmete, dessen Beziehungen mit Versailles sehr schlecht standen – er war nach Villers-Cotterêts verbannt –, unterstellte sie sich seinem Schutz. Das erlaubte ihr, die Details ihrer abenteuerlichen Beziehungen mit den Schauspielern des Königs in ausführlicher Breite zu berichten. Um eine neuerliche peinliche Publizität zu vermeiden, teilt man ihr mit – diesmal mündlich – daß ihr eine Lektüre des *Molière bei Ninon* gewährt würde, und zwar am 13. Februar um elf Uhr. Zu diesem vereinbarten Termin sieht Olympe, die pünktlich zum Rendevouz gekommen ist, aber niemanden. Nach zwei Stunden vergeblichen Wartens, kehrt sie nach Hause zurück und sieht von ihrem Fenster aus, wie die Schauspieler, einer nach dem anderen, heimlich ins Theater schleichen. Daraufhin kommt es zu einer großen Auseinandersetzung, besonders mit dem Schauspieler Florence, der herablassend erklärt, niemals wieder einer Lektüre der Stücke von

Madame de Gouges beizuwohnen. Der Streit mit Fleury ist noch viel lautstarker. Die erboste Olympe will ihn – halb im Ernst – zum Duell fordern. Sie versucht ihm den „Unterschied zwischen einem Mann von Geblüt und einem Proleten" klar zu machen. Worauf er erwidert, kein Prinz, sondern ein Schauspieler zu sein. „Leider Gottes, Monsieur, ich wußte es nur zu gut!" [49]

Die berühmte Lektüre, die Boilly zu einer seiner Darstellungen[50] inspiriert haben soll, fand also in der darauffolgenden Woche in einem sehr ungemütlichen Klima statt. Es ist nicht erstaunlich, daß dieses Stück, das die Autoren Palissot, Lemierre und Mercier so interessant gefunden hatten, von den Schauspielern schäbigerweise abgelehnt wurde. Wie auch der „Cousin Jacques", Beffroy de Reigny, der einer der beliebtesten Autoren seiner Zeit war, stand Olympe de Gouges auf der Abschlußliste der Comédie Française. Und egal wie gut oder interessant ihre Stücke waren, sie wurden unerbittlich zurückgewiesen. Verdrossen beschloß sie, sich nach London zu begeben, um dort ihr Stück spielen zu lassen[51], kam aber von diesem Projekt wieder ab und begnügte sich damit, *Molière bei Ninon* drucken zu lassen.

Das trug ihr unter anderem eine hervorragende doppelseitige Kritik des *Journal Encyclopédique* ein, das auf dem Gebiet der Literatur eine Autorität darstellte und ungeheures Prestige genoß: „. . . dieses episodenhafte Stück besitzt größte Wahrhaftigkeit; es kennt keinerlei Künstlichkeit. Dieses Produkt eines Naturtalents wurde in aller Kühnheit entworfen. Das Komitee der Comédie Française tat Unrecht daran, dieses Stück zurückzuweisen und versteht es nicht, seine Interessen wahrzunehmen . . ." [52]

Und als im Mai der dritte Band der *Werke* von Madame de Gouges, der diesmal dem Prinzen von Condé gewidmet war, im Verkauf erschienen war, konnte man dort im Vorwort die folgenden scharfen Worte über die Schauspieler der Comédie Française lesen, diese „Wesen ohne Rechtschaffenheit und Verstand, die dramatische Werke beurteilen wollen und darüber verfügen": „Warum ernennt man nicht ein Literaten-Komitee, um die Theaterstücke zu beurteilen und warum verwendet man nicht dieselben Mittel wie in der Oper? (...) Man soll sich nicht lächerlich machen und glauben, daß meine Stücke Meisterwerke seien; doch fordere ich, was mich betrifft, ein Komitee aufgeklärter Männer, um die Theaterstücke zu beurteilen. Zweifellos hätte ich mehr als irgendjemand sonst ihren Geschmack und ihr Urteil zu fürchten..."[53]

Die Wochen vergehen und die Empörung Olympes erreicht ihren Höhepunkt: drei neue Stücke (darunter eines von Cubières), die nach *Zamore und Mirza* angenommen worden waren, sind aufführungsbereit oder schon gespielt worden. Über all diese Bevorzugungen beklagt sie sich in einer Reihe von Briefen, die zwar sehr höflich sind, aber auf ihre wachsende Ungeduld hinweisen. Die Schauspieler antworten ihr, daß es nicht „möglich sei, die Reihenfolge zu ändern, ohne ihre Herren Kollegen zu schädigen."[54]

Wieder einmal haben ihre Bemühungen nicht zum gewünschten Erfolg geführt. Der Auseinandersetzung müde, reist sie Ende September in die Provinz, zweifellos, um noch einmal zu versuchen, eine lokale Truppe für *Molière bei Ninon* zu interessieren. In ihrer Abwesenheit holen die Schauspieler noch einmal zu einem großen Schlag gegen sie aus und betonen den diffamierenden Charakter der Vorwörter ihrer gedruckten Stücke. Sie wenden sich deshalb an ihren juristischen Berater, den berühmten Advokaten Target, für den die Sache eindeutig scheint. Am 18. Oktober 1788 fordert er die Schauspieler auf, eine Klage einzureichen. Sie verzichten aber dennoch darauf, da neben der kirchlichen und fürstlichen auch die königliche Zensur in Person des Chevalier de Gaines gemeint hatte, daß Madame de Gouges in ihren *Werken* immer gewußt hatte „den Ton des Anstands und des Ehrgefühls" zu bewahren.[55]

Der Zwist, der während vier Jahren zwischen Olympe und den Schauspielern der Comédie Française schwelte, war nicht allein auf das Temperament der Protagonisten zurückzuführen. Der tiefere Grund lag im Thema von *Zamore und Mirza*, einem Stück, das ins Repertoire Eingang gefunden hatte, ohne daß die Schauspieler erfaßt hätten, wie subversiv es war. Denn trotz des traditionellen Titels und der romantischen

Intrige hatte es doch die Verurteilung der Sklaverei zum Ziel, eine Quelle beträchtlichen Profites für die Kolonialherren, von denen die meisten aufgrund ihres Namens oder Vermögens privilegiert waren.

Zweifellos waren es die Hofkavaliere des Königs, von denen die Schauspieler abhängig waren, die im Hintergrund die Aufführung des Stückes verhindern wollten. Ganz besonders der Marschall von Duras, der mit seinem aufgeklärten Despotismus 1785 versucht hatte, mittels eines königlichen Geheimbefehls die Inhaftierung Olympes in der Bastille herbeizuführen. Noch immer weist der Druck, der angewandt wird, um dieses Stück – dessen Titel in *Die Sklaverei der Schwarzen* umgewandelt wurde – zu „boykottieren" und dann im darauffolgenden Jahr scheitern zu lassen, deutlich auf die gewaltigen Interessen hin, die durch die Abschaffung der Sklaverei geschädigt würden.

IV. DIE SKLAVEREI DER SCHWARZEN

Die Natur spielte dabei keinerlei Rolle . . . Die ungerechten und gewaltsamen Interessen der Weißen hatten das alles verursacht.

REFLEXIONEN ÜBER DIE
SCHWARZEN MENSCHEN (1788)

So denken also die Menschen, die im Zeitalter der Freiheit leben?! Die Machenschaften einiger Kolonisten und die gauklerische Tyrannei gewinnen die Oberhand über das öffentliche Interesse und über die klarste Gerechtigkeit. Wird sich das erste Jahr der Freiheit mit einer Ungerechtigkeit besudeln, wie sie weder die Unwissenheit noch die Barbarei des Feudalregimes hervorgebracht hätten?

DENKSCHRIFT FÜR
MADAME DE GOUGES (1790)

In den Jahren vor der französischen Revolution wurde in England die Idee geboren, die Sklaverei abzuschaffen. Die jüngst erlangte Unabhängigkeit der englischen Kolonien in Amerika hatte dieses Problem offen gelassen. Es stellte sich aber auch noch wegen der Länder, die die Engländer Westindien und die Franzosen Saint-Domingue[1] und die Antillen nannten. Der Handel mit diesen Kolonien verschaffte letzteren märchenhafte Reichtümer: Die Hälfte des französischen Außenhandels kurz vor der Revolution wurde mit den Kolonien betrieben. Gewaltige Privatvermögen basierten auf der Ausbeutung der Mineralien, der Pflanzen und Menschen. Ein Teil der Aristokratie und die Grundbesitzer Saint-Domingues und Martiniques, sowie die Reeder aus Nantes oder Bordeaux begründeten ihren Reichtum mit dem berühmten Dreieckshandel unter Ausbeutung des „Ebenholzes": der schwarzen Menschen. Der Verkauf von Schwarzen erlaubte den Einkauf von Produkten aus den Kolonien, die im wesentlichen für den städtischen Konsum bestimmt waren. Sie wurden in den atlantischen Häfen weiterverkauft und von dort aus nach Frankreich und Kontinentaleuropa gebracht. Eine Schiffsladung Schwarzer brachte dem Reeder einen Ertrag von dreihundert bis vierhundert Prozent. Aus diesem Handel entstand der Reichtum der Bourgeoisie der Hafenstädte, der Glanz von Nantes und vor allem der von Bordeaux. Es war die Ära der Negerschiffe.[2] Dennoch konnte nichts diesen schrecklichen Handel stören; außer den empörten Beobachtungen von Philosophen oder Reisenden, wie die des Baron von Wimpffen in seinen Reiseerinnerungen: „Der Hahnenschrei: Peitschenschläge, erstickte Schreie, stummes Ächzen der Neger, die das Morgenlicht nur erblicken, um den Tag zu verwünschen, die an ihre Existenz nur durch Empfindungen von Schmerz erinnert werden. Das ersetzt den morgendlichen Hahnenschrei. Durch die Akkorde dieser höllischen Melodie wurde ich in Saint-Domingue aus dem Schlaf gerissen." [3]

Mercier erörterte in Frankreich einen anderen Aspekt desselben Problems: „Ein kleiner Neger mit weißen Zähnen, dicken Lippen und glatter Haut wird mit mehr Liebe überschüttet als ein Wachtelhund und eine Angorakatze. Während das schwarze Kind auf den Knien von Frauen sitzt, die von seiner flachen Nase hingerissen sind, eine weiche und zärtliche Hand mit einem neckischen Klaps seinen Eigensinn bestraft, was bald darauf durch lebhaftes Streicheln wieder gut gemacht wird, wimmert sein Vater unter den Peitschenschlägen eines unerbittlichen Herren. Der Vater bearbeitet mühsam den Zucker, den das Negerkind aus einer Tasse mit seiner lachenden Herrin trinkt." [4]

Brissot bringt aus England die Idee mit, in Paris einen Verein der „Freunde der Schwarzen"[5] zu gründen, um gegen diesen „niederträchtigen Handel" zu kämpfen und zur Abschaffung des Sklavenhandels beizutragen. Mit ihrem Stück zählt auch Olympe zu denen, die als erste für diese Sache eintreten. In ihren *Reflexionen über schwarze Menschen*, die zu Beginn des Jahres 1788 erscheinen, sind mehrere Ideen zu finden die – sieht man sie im damaligen Zusammenhang – tatsächlich ihrer Zeit voraus sind. Vorausgesetzt man hört endlich auf, unseren heutigen Diskurs über die einstige Realität zu stülpen:

„Die Spezies der Neger hat mich immer wegen ihres jämmerlichen Schicksals interessiert. Die, die ich fragen

konnte, befriedigten meine Neugier und meine Überlegungen nicht. Sie behandelten diese Leute wie Tiere, wie Wesen, die der Himmel verwunschen hatte. Aber mit zunehmendem Alter sah ich, daß es eindeutig die Gewalt und das Vorurteil waren, die sie zu dieser entsetzlichen Versklavung verurteilt hatten, daß die Natur dabei keinerlei Rolle spielte und daß es das ungerechte und gewaltsame Interesse der Weißen war, das das alles verursacht hatte (...).

Wann endlich wird man das Schicksal der Neger ändern oder zumindest mildern?

Der Mensch ist überall gleich. Die Europäer, gierig nach Blut und dem Metall, daß die Habgier Gold genannt hat, haben in die Natur dieses glücklichen Erdteils eingegriffen. Die Besiegten wurden wie Rinder am Markt verkauft. Was sage ich? Es ist ein Handel in die vier Himmelsrichtungen geworden: Menschenhandel! Großer Gott! Und die Natur erschaudert nicht!

Wenn sie Tiere sind, sind wir es dann nicht auch? Und worin unterscheiden sich die Weißen von dieser Spezies? In der Farbe. Warum also sollte die fade Blonde nicht der Brünetten vorgezogen werden, die ihrerseits wiederum dem Mulatten zugetan ist? Diese Anziehungskraft ist ebenso auffällig wie die des Negers auf den Mulatten. Die Farbe des Menschen ist ebenso nuanciert wie bei allen Tieren, die die Natur hervorgebracht hat, ebenso wie bei den Pflanzen und Mineralien.

Warum streitet der Tag nicht mit der Nacht, die Sonne mit dem Mond und die Sterne mit dem Firmament? Ein jedes ist verschieden, und darin liegt die Schönheit der Natur. Warum also ihr Werkzeug zerstören? Erscheint es den Europäern, die sich durch ihre Betriebsamkeit eine namhafte Heimat geschaffen haben, nicht grausam, diese Unglücklichen von morgens bis abends krumm und lahm zu schlagen, die ihre fruchtbaren Felder nicht weniger bearbeiten würden, wenn sie mehr Freiheit hätten und Milde erführen. Ist ihr Schicksal nicht grausam, ihre Arbeit nicht mühsam genug,

ohne daß man ihnen für den kleinsten Fehler die
schrecklichsten Strafen angedeihen läßt . . . "

Diese ersten philanthropischen Bewegungen begannen die
Eigentümer der Kolonien, die mehrheitlich in Frankreich lebten,
ernsthaft zu beunruhigen. 1789 schlossen sie sich zusammen,
um sich den Bemühungen der „Freunde der Schwarzen" in den
Weg zu stellen; der bedeutendste ihrer Clubs ließ sich in Paris
im Hause Massiacs nieder. Sehr rasch attackierte diese Bastion
der Reaktionäre mit den Köpfen Gouy d'Arcy, Arthur Dillon, oder
Durfort de Duras mit Parolen und Schriften Brissot und den
Pfarrer Grégoire, die zwei eifrigsten Repräsentanten der
„Freunde der Schwarzen". Zusammen mit den Mitgliedern eines
Kolonialistenclubs, der im Cafe de Valois im Palais-Royal ansäs-
sig war, hörten sie nicht auf, die „hinterhältigen Absichten" von
Barnave anzuprangern und bezeichneten Condorcet, Brissot
und ihre Freunde, die Elite der französischen Intellektuellen, als
„Don Quichottes der Farbigen".
Olympe ist kein Mitglied der „Freunde der Schwarzen" aber
unterstützt ihr Anliegen eifrig. Grégoire, der 1808 eine seiner
Schriften „allen mutigen Männern" widmete, „die die Sache
der unglücklichen Schwarzen und Mulatten verteidigt hatten
– sei es durch ihre Werke, sei es durch ihre Reden in politischen Versammlungen, durch ihren Einsatz in zur Abschaffung des Sklavenhandels fest begründeten Gesellschaften"[6] –
setzte den Namen einer einzigen Frau, Olympe de Gouges, auf
seine Liste . . .

1789 mußte sie endgültig feststellen, daß all ihre Bemühungen, ihre Geduld und ihr guter Willen effektlos geblieben
waren, daß die Schauspieler das Aufführungsdatum ihres
Stückes zugunsten der schwarzen Sklaven auf den „St. Nim-
merleinstag" verschoben hatten. Olympe träumt davon, sie gerichtlich zu belangen: „Ich kann mir das Ansehen nicht erbet-
teln", schreibt sie an einen ihrer Freunde, „ich kann nur
Gerechtigkeit verlangen und die erwarte ich von allen ehrbaren Menschen . . ."[7] Versöhnlich bis zum Schluß, warnt sie
die Schauspieler noch am 9. März: „ . . . Nur eine umgehende

Antwort der Comédie, kann mich dazu bewegen, die Auswirkungen eines Prozesses im Keim zum ersticken, der Ihnen vielleicht mehr schaden wird als sie vermuten mögen . . .". Keine Reaktion. Olympe schreitet zur Tat, und sie erhalten zwei Wochen später eine Vorladung, binnen der nächsten acht Tage zur Zivilverhandlung in Châtelet zu erscheinen, „um den Umstand zu untersuchen, zu verkünden und darüber zu verfügen, daß gegen und wider die Vorschriften, die die besagte Comédie betreffen, das *Zamore und Mirza* genannte Stück der Klägerin, Drama in drei Akten, von der Comédie gelesen und angenommen im Jahre 1785 keineswegs zu seiner Zeit aufgeführt worden war, daß besagten Schauspielern verboten wird, sich zu erlauben, die Aufführung besagter Stücke dermaßen hinauszuzögern und andere denen, die sie bereits zugelassen und angenommen haben, vorzuziehen. Es soll ebenfalls gesagt und angewiesen werden, daß binnen vierundzwanzig Stunden nach Bekanntgabe des Urteils die Schauspieler dazu angehalten werden, besagtes Stück einzustudieren, sowie zu erklären, wann und zu welcher Zeit sie beabsichtigen es aufzuführen, ansonsten . . .".

Bei der Aussicht auf einen Prozeß und seine unsicheren Folgen so kurz vor der Revolution setzen sich die Schauspieler in Bewegung. Sie beginnen mit den Proben des Stücks. Olympe bringt einige Änderungen an, vor allem die des Titels *Die Sklaverei der Schwarzen* und schickt ein Exemplar an die Nationalversammlung: „Selbst wenn dieses Werk ohne Talent geschrieben worden sein sollte," teilt sie mit, „so hat es zweifellos den glücklichen Verdienst, Europa einige Jahre im voraus auf die Sklaverei aufmerksam gemacht zu haben." Dann schreibt sie dem Bürgermeister von Paris, Bailly, um ihm das Stück zu unterbreiten. Als die Schauspieler durch ihn die unumgängliche Autorisation der Gemeinde in Händen halten, schlagen sie vor, die Premiere für den 28. Dezember festzulegen.

In diesem Jahr 1789 standen die Schauspieler des Théâtre Français nicht nur dem unbeugsamen Willen Olympes gegenüber. Seit einigen Wochen erregte ein anderes Stück, *Charles IX*, die Pariser Öffentlichkeit. Sein Autor, Marie-Joseph Chénier, hatte ihnen am 19. Juli, nachdem die Zensur aufgehoben worden war, vorgeschlagen, dieses patriotische Stück zu inszenieren. Sein Thema, das Massaker der Pariser Bluthochzeit, war eine unverhüllte Attacke gegen das Königstum. Der Konflikt, der im Inneren der Comédie Française entstanden war, gelangte an die Öffentlichkeit, da sich die Schauspieler weder der Autorität der Nationalversammlung, noch der der Gemeinde von Paris fügen wollten und sich weigerten *Charles IX* zu spielen. Sie wollten keinerlei Befehle, außer vom König oder seinen Hofkavalieren, von denen sie ökonomisch abhängig waren, annehmen.

Diese Auseinandersetzung, in der die aristokratischen Parteien den progressiven Parteien gegenüberstanden, dauerte mehrere Monate und endete schließlich mit der triumphalen Aufführung des Stückes im Oktober 1789. Und dann, nach einer Unterbrechung wurde es 1790 wieder aufgenommen. Diese Ereignisse enthüllten die Haltung vieler, vor allem der Schauspieler selbst, von denen einige Revolutionsanhänger (unter anderem die Damen Vestris und Talma) von ihren Kollegen verfolgt wurden. In einem Artikel, der am 15. Oktober 1789 im *Patriote Français* erschien – als die Bastille bereits genommen und die Privilegien abgeschafft worden waren –, bemerkte Brissot nicht ohne Grund: „Wenn das Theater frei wäre, könnten die Schauspieler der Comédie Française nicht so vermessen sein. Ihr Haus wäre alsbald zugunsten patriotischer Theater, die dann entstehen könnten, verlassen (...). Dem Theater die Freiheit wiederzugeben, ist also das einzige Mittel, um das Publikum, Monsieur Talma und Madame de Gouges für all die Ungerechtigkeiten zu rächen, die sie ertragen mußten und die ihnen in Erinnerung bleiben werden." Olympe selbst wollte die Schauspieler nicht mehr anschuldigen, da sie doch damit befaßt waren, ihr Stück mit mehr oder weniger Inspiration zu proben. Sie bot sich sogar am 24. Oktober an, ihnen als Mittlerin in ihrem Konflikt mit Chénier bei der Nationalversammlung zu dienen.[8] Doch überließ man ihr dieses Amt nicht . . .

Diese Absage betrübte sie kaum, da sie nun nach mehreren Jahren des Kampfes ihr Stück, das ihr „in den Klippen und konträren Stürmen der Autorität" entkommen war, sich von nun an „frei in Richtung Bühne" bewegen sah.[9] Doch war die Angelegenheit noch lange nicht gewonnen. Die Macht der Kolonialeigentümer war noch immer intakt, und die großen aristokratischen Familien, wie die Ségur oder die Noailles versuchten ihre Interessen im Handel mit den Farbigen zu wahren. Sie waren nicht dazu bereit, diese Interessen für etwas aufzugeben, das sie „die Utopie der Philantrophen"[10] nannten. Ihre diesbezügliche Ansicht wurde täglich auf sehr deutliche Art in den konservativen Journalen ausgedrückt: „. . . All diese Freunde der Schwarzen sind nichts als Feinde der Weißen. Ihr erstes Anliegen war es, in Frankreich Lärm zu schlagen, statt im Senegal Gutes zu tun. (...) Ohne nun untersuchen zu wollen, ob die Schwarzen in Amerika nicht weniger unglücklich sind als die in Afrika, scheint es mir doch wirklich ungewöhnlich, daß kaltblütige Dreckskerle, Geometer, wie die Herren Duport und Condorcet, uns davon überzeugen wollen, daß sie die Tränen der Neger berechnet hätten und daß deren Schicksal sie daran hindere, die Augen zu schließen. Spricht man in der Politik von Empfindsamkeit? Treibt man das humanitäre Prinzip bis zum Äußersten, so dürfte man nichts Lebendiges essen, müßte die Pferde in Freiheit entlassen und wie die Brahmanen die Wege vor sich kehren, aus Angst, ein Insekt zertreten zu können. Bewahren wir doch unsere Tränen für uns selbst . . ."[11]

Unmerklich wurde der Ton zwischen den Mitgliedern des Pariser Kolonialkomitees und den Freunden der Schwarzen heftiger. Olympe, die kein Hehl aus ihrer Meinung machte, signierte am 19. Dezember 1789 einen Artikel in der *Chronique de Paris*, in dem sie nachdrücklich hervorhob:

> *„Es ist nun das neunte Jahr (sic), daß ich versuche, in einem Drama all die Härte der Sklaverei der Schwarzen zu veranschaulichen. Bisher stand es noch keineswegs zur Debatte, ihr Schicksal zu erleichtern und ihre Freiheit vorzubereiten. Nun erhob ich meine Stimme zugunsten dieser so unglücklichen und so verleumdeten Menschen (...). Wenn ich nicht die Schwäche meines*

Talents und die Macht meiner Feinde fürchtete, so schiene mir der derzeit aufflammende Ruf nach Freiheit einige Nachsicht für ein Werk zu verheißen, das sie verteidigt. ... Aber ich bin noch immer diesen Verteidigern und Verfechtern des amerikanischen Despotismus ausgesetzt (also sozusagen dessen der Kolonien). Es ist bekannt, daß sie gerade eine blutige Schmähschrift gegen die Gesellschaft der Freunde der Schwarzen veröffentlicht haben, doch haben sie sich davor gehütet, die Herren La Fayette, den Herzog de la Rochefoucauld, etc. ... zu erwähnen, die mittlerweile die Ehre haben, sich zu den Freunden der Schwarzen zu zählen ..."

Die Ankündigung der bevorstehenden Aufführung eines Theaterstückes über ein so heikles Thema wie die Sklaverei beunruhigt die Kolonialisten, wie eine anonyme Streitschrift mit dem Titel *Brief an Madame de Gouges* bezeugt, die am 25. Dezember in Paris verbreitet wird:

„Seit man sich in Frankreich nicht mehr schlägt, Madame, sondern mordet, ist es vielleicht besser, die nicht zu provozieren, die einen Dolch tragen (...). Ich glaube Ihnen im Namen aller Kolonialisten sagen zu müssen, daß es sie seit langem in den Händen juckt, sich jeder einen Freund der Schwarzen zu packen. Und daß mehrere von ihnen bereits sehr bekannte Mitglieder dieser Gruppe offen provoziert haben, unter anderem die Herren De Pontécoulant, De Crillon, De Lafeuillade und De Lameth (...). Daß die Freunde der Schwarzen endlich aus ihren Höhlen kommen mögen, wo sie unentwegt unseren Ruin und unsere Zerstörung anzetteln, daß sie ihre Dolche und ihre Mäntel wegwerfen mögen, um sich mit einem von einem nackten Arm über einer entblößten Brust geführten Degen zu bewaffnen, und wir werden Euch mit Vergnügen zeigen, wer wir sind. Wir schlagen daher den Herrn Freunden der Schwarzen vor, und zwar durch Sie Madame, die Sie sich auf so ehrenwerte Art vor sie gestellt haben (...), sich in die Ebene

von Grenelle oder die von Sablons zu begeben, dort
Gruben graben zu lassen und uns totzuschlagen. ..."

Aber Olympe übergeht auf Anraten ihrer Freunde diese
Provokationen. Das hindert sie aber nicht daran, drei Wochen
später, am 18. Januar 1790, ihre geistreiche und bissige
Antwort an den amerikanischen Streiter zu veröffentlichen,
wovon sie dreihundert Exemplare zusammen mit ihren gesammelten Werken an die Mitglieder der Pariser Kommune
schickt.[12] Doch ist es ihr momentan wichtiger, die Geister zu
beruhigen, was sie am 27. Dezember mit einem Friedensap-
pell, der von verschiedenen Journalen abgedruckt wird, versucht: „In dem Moment, wo ich im Begriff bin, gespielt zu
werden, erfahre ich, daß sich gegen mein Stück eine fürchtenswerte Partei formiert. Die französischen Korrespondenten
unserer Kolonien sind durch den Titel *Sklaverei der Schwarzen* alarmiert und fürchten, daß das Stück nichts als Aufstand predige und die Geister zur Revolte aufrufe. Doch habe
ich in meinem Drama keineswegs aufrührerische Prinzipien
entfaltet, die dazu geeignet wären, Frankreich gegen die Kolonien zu rüsten."[13] Am Morgen der Premiere, am 28. Dezember,
läßt die Ankündigung des konservativen Journals *Les Actes
des Apôtre*s das Schlimmste für die *Sklaverei der Schwarzen*
vermuten: „ . . . es heißt, daß man am Théâtre de La Nation
‚Neger' spielen wird und daß ein Frauenzimmer, das Paris
noch nie verlassen und einige schlechte Romane gelesen hat,
uns eine Rhapsodie auf den Kongo singen wird. Ich geh' nie
ins Theater, aber zum Henker! diesmal werde ich die Aufführung nicht versäumen, um beim Auspfeifen dabei zu sein. Ich
wette auch, daß diese Schurken sich rühmen, ein Mittel gefunden zu haben, ohne Schiffe Handel zu treiben und auf die
königliche Marine zu verzichten; aber sie seien gewarnt, ich
erwarte sie; ihre Rechnung wird sich sehen lassen können.
Jean, Mathurin und Benjamin bürgen mir dafür . . ."
Es besteht kein Zweifel, daß – was übrigens eine übliche
Praxis war – gedungene Radaubrüder von der mächtigen
Anti-Abolitionistischen Koalition verpflichtet worden waren.
Die Schauspieler ließen sich nicht zweimal bitten, mittelmä-

ßig zu spielen und den Mißerfolg des Stückes voranzutreiben[14].

Am Montag, den 28. Dezember gegen 17.00 Uhr, drängen sich fast tausend Menschen, angetrieben von einem heftigen Regen, in das Parterre und die Logen des umbenannten „Théâtre de la Nation". Die Atmosphäre ist aufgeheizt, die Aufregung angestachelt durch die Agitatoren: „Es gab wenige Aufführungen, die so ungestüm wie die dieses Dramas verliefen, berichtete ein Zeuge. Immer wieder hätte das Geschrei der streitenden Parteien die Aufführung fast unterbrochen. Noch bevor der Vorhang sich hob, war der Saal in Aufruhr. Sah man die Hitzigkeit, mit der man sich von beiden Seiten anstachelte, hätte man glauben können, daß die große Sache der Sklaverei oder der Freiheit der Neger hier von den Parteien entschieden werden sollte. Als ob ihre unterschiedlichen Interessen angetan sein könnten, sie abzuschaffen oder zu erhalten. Man schrie, man hielt Ansprachen vor dem Publikum, man lachte, man murmelte, man pfiff: das Resultat war viel Lärm und eine tumultreiche Aufführung . . . „Es muß auch bemerkt werden, daß sich zu Beginn des ersten Aktes jemand erhoben hatte, um zu verkünden, daß der Autor eine Frau sei, und daß das Publikum deshalb nicht nachsichtiger war".

Mehr als einmal äußerten sich die Anhänger des Stückes durch rasenden Applaus. Aber bis zum Ende des Stücks und vor allem während der Schlußszene war der Lärm unerträglich geworden. Die Aufführung wurde so häufig unterbrochen, daß „ein Witzbold die Bemerkung machte, daß nur in den Pausen gepfiffen werden sollte..." [15]

Die Zeitschrift *Le Moniteur* gibt am nächsten Tag die folgende Analyse der Aufführung:

„Die Sklaverei der Neger oder der glückliche Untergang . . . *ist eine der abenteuerlichsten Produktionen, die bisher auf der Bühne zu sehen war; Zamore und Mirza, entlaufene Neger, treffen auf einer verlassenen Insel, wo sie Unterschlupf gesucht haben, Franzosen, die nach einem Unwetter und Schiffbruch dort angeschwemmt* worden waren. Zamore hat sich am Mord eines Weißen schuldig gemacht, der Zamoras Geliebte entführen wollte. Die beiden flüchten, werden aber alsbald erwischt, in Ketten gelegt und in die Stadt geführt, in der der Gouverneur residiert. Die Hinrichtung dieses Sklaven wird als notwendiges Beispiel für alle Neger erachtet, von denen schon einige aufständisch geworden und Schrecken verbreiten. Vergeblich spricht sich der Gouverneur in seiner Empfindsamkeit für Zamore aus, den er schon seit seiner Kindheit kennt. Umsonst vereinigen sich die Frau des Gouverneurs, die Franzosen, denen Zamora das Leben gerettet hat und einige andere Personen, um für ihn zu bitten. Doch das Urteil lautet: Zamore und Mirza werden zusammen sterben. Schließlich kommt die Frau eines der Franzosen, den der Neger gerettet hat, im Augenblick der schicksalhaften Vollstreckung selbst, um Gnade für ihren Wohltäter zu erbitten. Der Gouverneur erkennt in ihr eine Tochter aus einer heimlichen Ehe, die er in Frankreich gehabt hatte, und deren Schicksal ihm unbekannt geblieben war. Die Tränen dieser einnehmenden Person, die der Gattin des Gouverneurs, die Bitten der anderen Sklaven, alle vereinen sich für Zamore, dem vergeben wird, und der der Gatte von Mirza wird."

Dann erhebt sich unerbittlich die Kritik in der reaktionären Presse:

„Man sieht wie lasterhaft ein solcher Tatbestand ist: Es ist höchst unmoralisch, einen Mörder zum Helden der Handlung zu machen, der keinerlei Anteilnahme wecken kann. Trotz der Umstände, mit denen man sein Verbrechen verdecken will, gebührt ihm nicht weniger die ganze Rache der Gesetze.

Der Autor dieses Werkes ist Madame de Gouges. Ohne Rücksicht auf das schöne Geschlecht pfiff das Publikum unerbittlich. Eine Frau muß, um sich das Recht auf Ritterlichkeit zu bewahren, sich dies persönlich verdienen. Der Zuschauer, der ihr Richter geworden ist,

sieht sich von jeglicher Galanterie befreit. Er vergißt
durch solche Anmaßungen, die ihre Anmut auslöschen,
ohne ihre Schwächen vergessen zu lassen, daß sie zum
liebenswerten Geschlecht gehört. "[16]

Im *Mercure de France* nimmt Marmontel Anstoß daran, daß
Olympe einen Mörder zum Helden ihres Stückes gemacht hat:
„Zamore ist schuldig, einen Menschen getötet zu haben. Das ist
Menschenmord. Auch wenn das von der Natur entschuldigt
wird, verlangt die öffentliche Sicherheit, daß es durch das
Gesetz bestraft wird. Jeder Mensch, ob Inder, Franzose, frei oder
Sklave, wird zu Tode verurteilt, wenn er einen anderen tötet; und
wenn die Umstände sehr für ihn sprechen und man ihm dafür
das Leben läßt, so ist das keineswegs Gerechtigkeit, sondern
Gnade." In einem anderen Blatt trompetet ein Journalist plump:
„ . . . wir schließen uns hier Piron an, der meint, daß man einen
Bart am Kinn braucht, um ein gutes dramatisches Werk zu
schreiben."[17] Ebenso unwiderruflich wird das Stück von der
Correspondance Grimms verurteilt, ohne daß die verheerenden
Bedingungen, unter denen das Stück gespielt worden war, in
Betracht gezogen werden: „Alle Situationen, alle romanhaften
Wiedererkennungsszenen, aus denen dieses Werk besteht, sind
so ungeschickt ausgeführt, die Intrigen so kompliziert, der Stil
so simpel und flach, daß es nicht notwendig ist, auf eine ameri-
kanische Geheimlehre zurückzugreifen um zu erklären, warum
es nicht erfolgreicher war."[18] Einzig der *Modérateur* meint, daß
es „für Madame de Gouges spräche, schon vor drei Jahren das
zugunsten der Neger gesagt zu haben, was zur Zeit alle aufgeklärten Geister vertreten."

Olympe beugt sich dieser Kritik und beginnt sofort die Pas-
sagen, die mißfallen haben, zu modifizieren. Sie beauftragt die
Schauspieler, das Datum der zweiten Aufführung der Vor-
schrift entsprechend zu verschieben. Doch – fast hat sie es erwartet – die Schauspieler weigern sich: am 31. Dezember
spielen sie es vor zirka 227 Zuschauern.

Wenn die Erträge eines Stückes nach drei Aufführungen
eine gewisse Mindesthöhe nicht erreicht hatten, wurde es end-

gültig aus dem Repertoire genommen und ging ins Eigentum des Theaters über.[19] Das wußten und fürchteten die Dramatiker. Zum Beispiel Marie-Joseph Chénier, der zur selben Zeit fürchtete, mit seinem eigenen Stück ein ebensolches Mißgeschick erleben zu können: „*Charles IX*," schrieb er, „war noch nicht in dieser Lage, aber was nicht ist, das könnte Dank des guten Willens der Schauspieler, die in diesem Punkt eine bewundernswerte Kunstfertigkeit besitzen, noch werden."[20] Tatsächlich konnten sie einen Teil ihrer Einkünfte verheimlichen, da nirgends in den Bestimmungen geschrieben stand, daß sie verpflichtet wären, den Autoren Einblick in ihre Bücher zu geben. So war die Offenlegung der Eintrittsgelder ihrem guten Willen überlassen. Sie zogen von den Einkünften wohl die erwachsenen Kosten ab, zählten aber die Erträge der Jahreslogen nicht dazu: „. . . mir ist die Höhe der Einkünfte eindeutig bekannt, schrieb ihnen später Olympe, und egal welche Mittel auch immer man anwenden mag, die Wahrheit kommt gewiß ans Tageslicht . . "[21] Trotz ihres ausdrücklichen Widerstandes fand eine dritte Aufführung der *Sklaverei der Schwarzen* am 2. Januar 1790 statt. Die Folge: Laut Berechnung der Schauspieler lagen die Einkünfte unter 600 Livres, betrugen also sozusagen die Hälfte weniger als das geforderte Minimum. Das Stück „fiel unter die Bestimmungen" und wurde von Amts wegen aus der Ankündigung genommen, um Eigentum des Théâtre Français zu werden. Damit war es dem Autor automatisch verboten, es an irgend einem anderen Theater aufführen zu lassen.

Fünfmal schreibt Olympe in den folgenden Wochen an die Schauspieler und fordert sie vergeblich auf, ihre Entscheidung zu überdenken. Durch ihr Drängen ermüdet, ziehen diese es schließlich vor, die Lösung des Konflikts der Gemeinde von Paris – der sie unterstellt sind – zu überlassen. Genauer gesagt dem wankelmütigen Bürgermeister Jean-Sylvain Bailly. Olympe ihrerseits schickt ihm einen Brief, in dem sie ihm die „Sünden und Ungerechtigkeiten" der Comédie erläutert.

Nach Ablauf von zwei Wochen lädt man sie endlich vor: „. . . das Schweigen des Bürgermeisters, erklärt ihr der Funktionär, der damit beauftragt ist, sie zu empfangen, muß Sie davon überzeugen, daß es ihm unmöglich ist, in der Angelegenheit als Richter oder Vermittler einzuschreiten".

Ungläubig verlangt sie von dem Statthalter des Bürgermeisters, der mit den öffentlichen Einrichtungen betraut ist, empfangen zu werden, dem Schriftsteller Brousse des Faucherets. Dieser zeigt sich erstaunt über ihr Drängen und enthüllt ihr, daß ihr der Bürgermeister in jedem Punkt unrecht gäbe, und daß er die Affäre bereits ad acta gelegt hätte. Fassungslos wendet sie sich diesmal an Bailly selbst, der ihr den „aufrührerischen" Charakter ihres Stückes vorwirft, das ohne weiteres einen „Aufstand in den Kolonien provozieren" könne:

– Ich habe Sie keineswegs verurteilt, fügt er hinzu. Aber ich sah mich im Recht, meine Art darüber zu denken, den Beamten mitzuteilen, die mit dieser Affäre betraut sind.

– Nein Monsieur! antwortet sie gerade heraus, ein unparteiischer Richter, der wie Sie eine Angelegenheit neutral begonnen hat, muß sich selbst das größte Schweigen auferlegen und den ihm untergebenen Richter nach seinem Gewissen handeln lassen. Denn dieser könnte, da er fürchtet, seinem Vorgesetzten zu mißfallen oder seinen Ruf zu gefährden, oft Willkür und Ungerechtigkeit walten lassen und einen Unschuldigen verurteilen.

Bailly beendet die Unterhaltung mit „einigen Drohungen", die ihn nach Meinung Olympes zu seinem eigenen Unglück eher als „einen despotischen Minister, denn einen Bürgermeister von Paris" entlarven.

Brousse des Faucherets übernahm es schließlich, die Streitgespräche am 21. Februar 1790 zu beenden. Er lud Olympe vor, um sie mit dem Repräsentanten des Théâtre Français, Naudet, der die neuen Ideen gänzlich ablehnte, gegenüber zu stellen. Dieser machte in seiner Erklärung speziell auf die Existenz von ca. 40 Logen aufmerksam, die die Kolonialisten in der Comédie Française gemietet hatten, und die sie drohten aufzugeben, falls die Aufführungen eines solchen Stückes fortgesetzt werden sollten. Er gab zu, daß die Schauspieler diesem Druck nachgegeben hatten, da sie nicht wegen Madame de Gouges ihr „Brot verlieren"[22] wollten. Es handelte sich um Logen, die übers ganze

Jahr zu einem erhöhten Preis vermietet waren: eine „Loge im 4. Rang" kostete 1788 1.664 Livres pro Jahr, also 1981 ungefähr 10.000 FF.[23] Diese Situation brachte die Schauspieler natürlich in Abhängigkeit von ihren vermögendsten Zuschauern. Trotz der Geständnisse von Naudet und der lebhaften Proteste Olympes, faßte ein Urteil des magistratischen Polizeitribunals einige Tage später den Entschluß, daß die Aufführungen der *Sklaverei der Schwarzen* nicht wieder aufgenommen werden sollten . . .

Bei dieser Neuigkeit befällt Olympe schreckliche Hoffnungslosigkeit. In letzter Auflehnung schickt sie eilig einige ihrer Anhänger ins Theater, um die Wiederaufnahme des Stückes zu fordern[24], dann ruft sie die Schriftsteller und Journalisten in einem *Brief an die französischen Literaten* zur Solidarität auf. Darüber wird in mehreren Zeitschriften, wie dem *Fouet National*[25] und dem *Courrier de Gorsas*[26] wohlwollend berichtet. Gleichzeitig sendet sie den Mitgliedern des Parlaments einen *Brief an die Repräsentanten* zusammen mit der Broschüre *Denkschrift für Madame de Gouges gegen die Comédie Française*. Aber die Abgeordneten haben andere Dinge im Kopf und reagieren nicht . . .

Es ist offensichtlich, daß die Schauspieler der Comédie Française trotz der Abschaffung der Privilegien hinterlistig und hartnäckig an einer sehr kurzsichtigen Politik festhielten. Wie die kleinen Grundbesitzer verteidigen sie Zentimeter für Zentimeter die alten Rechte einer sozialen Klasse, mit der sie sich identifizieren zu können glaubten. Ihre Verantwortlichkeit sollte jedoch den richtigen Stellenwert erhalten: Lange Zeit spielten sie die Tyrannen auf dem ihnen eigenen Terrain, dem der Kreation, und haben nach und nach Lesage, Marivaux, Sedaine, Mercier und viele andere vom Theater ferngehalten. Anfänger wie Olympe haben sie entmutigt und auch die meisten anderen Schriftsteller abgeschreckt. Aus Habgier versäumten sie dann während der Revolution die ihnen gebotene Gelegenheit, ihr Image wieder herzustellen, sodaß die Autoren 1790 einen Prozeß gegen sie anstrengten, dessen Ausgang für sie verheerend sein sollte, da er für lange Zeit den

Vorrang des Schriftstellers gegenüber den Schauspielern festlegte . . .

Im August schließen sich die Literaten zusammen, um eine Änderung der sie betreffenden Statuten des Théâtre Français zu fordern. Am 29. dieses Monats erscheint La Harpe begleitet von Ducis, Lemierre, Chamfort, Mercier, Florian und Chénier vor der Nationalversammlung, um dort ein von ihm verfaßtes Gesuch zu verlesen. Er bittet darin, – sich auf die neuen Ideen berufend – im Namen seiner von den Schauspielern unterdrückten Kollegen, um gerechtere Bestimmungen. Sie sollten den seit so langer Zeit verkannten Dramatikern ihre Rechte verschaffen und gleichzeitig die Freiheit der Theater sichern. Eigenartigerweise scheint die Unterschrift Olympes auf diesem Gesuch nicht auf, übrigens auch nicht die Unterschrift einer anderen Autorin. Fürchtete man vielleicht, daß der Name einer Frau die Wirkung geschmälert hätte?

Wie dem auch sei, das Gesuch wird von der Mehrzahl der Deputierten wohlwollend angenommen und zum Gegenstand eines Berichtes von Le Chapelier, der dann in der Sitzung vom 13. Januar 1791 verlesen wird. Trotz des Widerstandes des Pfarrers Maury erläßt die Nationalversammlung noch am selben Tag ein Dekret, dessen erste drei Artikel so formuliert sind:

> *I: Jeder Bürger hat das Recht, ein öffentliches Theater zu betreiben und dort Stücke aller Art aufzuführen, wenn er es vor der Niederlassung beim Magistrat anmeldet.*
>
> *II: Die Werke von Autoren, die seit fünf oder mehr Jahren tot sind, sind öffentliches Eigentum und können ungeachtet aller alten Privilegien, die hiermit abgeschafft sind, von allen Theatern ohne Unterschied aufgeführt werden.* (Dieser Artikel richtete sich speziell gegen die Comédie Française, die vorgab, daß die Stücke von Corneille, Racine, Molière, Voltaire, etc . . . ihr gehörten).
>
> *III: Die Werke lebender Autoren können in ganz Frankreich in keinem öffentlichen Theater ohne die förmliche und schriftliche Zustimmung der Autoren auf-*

geführt werden, und zwar unter Androhung der Konfis-
kation der Gesamterträge der Aufführungen zugunsten
des Autors. "[27]

Als der Bürgermeister von Paris, Bailly, sieht, daß die Sympathie der Öffentlichkeit unerwarteterweise den Autoren gilt,
tut es ihm leid, den Streit zwischen Olympe und den Schauspielern so hastig und zu Olympes Ungunsten unterbrochen
zu haben. Er besinnt sich und lädt die letzteren mit gespielter
Betroffenheit ein, ihm die Motive mitzuteilen, die die Wiederaufnahme der Aufführungen *der Sklaverei der Schwarzen* verboten hätten.[28]

Zu spät. Olympe, restlos entmutigt, will von einer Wiederaufnahme ihres Stücks in der Comédie nichts mehr hören. Wie im
Frühjahr 1788 beabsichtigt sie sogar, das Land zu verlassen.
„Ich gehe zu den Engländern, um zu sehen, ob sich die Kolonia-
listenpartei, die Zuckerhändler, dort auch der Aufführung
meines Dramas über die Sklaverei der Schwarzen widersetzen
wird und ob die freien Männer auch auf die privaten und wirtschaftlichen Interessen einer ungerechten, unterdrückerischen
und inhumanen Partei Rücksicht nehmen. Dieses Stück wird,
wenn es in London übersetzt und einstudiert wird, dort vielleicht
besser aufgenommen als in Frankreich." [29]

Doch wird sie dieses Vorhaben nicht ausführen, denn
bereits seit 18 Monaten engagiert sie sich in einem anderen
Kampf, für eine andere Sache – die der Revolution.

V. PATRIOTISCHE SCHRIFTEN

Nur ein Anfall von Enthusiasmus könnte den Staat retten.
DRINGENDE MITTEILUNG ODER ANTWORT
AN MEINE VERLEUMDER (1789)

Wie viele von denen, die sich in der Revolution einen Namen gemacht haben, ist Olympe de Gouges seit langem von der Idee angetan, die alten Institutionen zu stürzen. Außerdem ersehnt sie sich einen gesellschaftlichen Wandel, der den Frauen einen verantwortungsvollen Platz in der Gesellschaft einräumen sollte und träumt von der Gleichheit aller Menschen, die für sie mit der Abschaffung der Sklaverei anfinge. Sie entdeckt durch die Zensoren des Théâtre Français die Wichtigkeit der freien Meinungsäußerung – die sie übrigens bis ins Gefängnis verteidigen wird. Im Streit mit den Kolonialisten erkennt sie die nicht geringere Bedeutung der Macht des Geldes, die alle humanitären Ideale auslöscht.

Das allgemeine Elend, die täglichen Skandale, die Schwäche des Königs inmitten eines degenerierten Hofes, rufen bei ihr so heftige Entrüstung hervor, daß sogar die Verbitterung über ihre unglückliche Karriere als Dramatikerin in den Hintergrund gedrängt wird. „Wenn ich die Komitees, Schiebereien, Rollen, Stücke, Schauspieler und Schauspielerinnen beiseite lasse, sehe ich nur mehr Pläne für die öffentliche Wohlfahrt!"[1] Auch der Chevalier de Cubières nimmt diese Veränderung wahr und beschreibt sie in einem Gedicht, in dem er die „Schöne Marie-Olympe" feiert:

„Die Vaterlandsliebe folgt der Liebe,
ja, der Patriotismus hat über deine Gefühle
dieselbe Herrschaft, wie vorher die Buhler . . ."[2]

Am 6. November 1788 kündigt das *Journal Général de France* mitten auf der ersten Seite das Erscheinen der ersten politischen Propagandaschrift von Olympe de Gouges an. Sie heißt *Brief einer Bürgerin an das Volk oder Projekt einer Vaterlandskasse* und erörtert ein Mittel gegen das Defizit der Staatskasse. Diese Schrift ist auf der Umschlagseite sehr auffällig mit einer von Desrais gezeichneten Grafik illustriert, die die von allen Ständen der Nation bezahlte „freiwillige Steuer" darstellt. Es ist schwer zu ermessen, welchen Anklang diese Initiative fand, doch blieb sie sicher nicht unbemerkt. Denn erstaunlicherweise erwähnte sogar der royalistische *Petit Almanach de nos Grandes Femmes* den „berühmten" *Brief an das Volk*. Obwohl das Projekt auf den ersten Blick idealistisch und undurchführbar zu sein scheint, wird es im darauffolgenden Jahr tatsächlich realisiert. Die patriotischen Steuern werden als Natural- oder Geldgaben an die Nationalversammlung eingezahlt. Die eingezahlten Summen zeigen, wie populär diese Form der Besteuerung wird. Neben diesem Vorschlag einer freiwilligen Steuer, findet man in der Schrift von Olympe de Gouges sonderbare Betrachtungen über den Lebensstil des Königs. Sie verteidigt ihn gegen jeglichen Angriff, da ihr der Glanz des Hofes notwendig erscheint, um das Ausland bezüglich der finanziellen Ressourcen Frankreichs zu blenden.

Man muß sagen, daß es der Hofgesellschaft etwas an Voraussicht und Logik mangelte, wenn sie vorgab, auf diese Art Europa Sand in die Augen streuen zu können. Olympe wagte es indessen wenigstens, die Souveräne öffentlich zu warnen, indem sie das französische Volk als Zeugen anrief: „Und Ihr unglückliche Bürger, seht mit welchem Mut ich mich exponiere, um dem Monarchen die erschreckenden Bilder Eurer tristen Situation vorzuhalten. Ja, ich wage zu hoffen, daß er davon berührt sein wird und daß die üble Lage, in die Euch sein irregeleiteter Glaube gebracht hat, ihn für immer über Euer Los aufklären wird (...). Allmächtige Königin und Ihr, König der Franzosen, man hat Euch einen schwachen Bericht über die Misere Eurer Völker gegeben. Man hat Euch ihre Qualen, ihre Nöte in viel zu günstigen Farben gemalt, da man Sie nicht betrüben will; aber um Eure Belange zu erleichtern, müssen wir uns über ihre Nöte grämen . . .". [3]

Dann, am 15. Dezember, vor dem schrecklichen Winter 1788/89, veröffentlicht sie ihre *Patriotischen Bemerkungen*, ein breit gefächertes Programm sozialer Reformen, das – wie es scheint –, die „reichen Privatpersonen und den Hof" erschreckt. Obwohl Olympe in diesem Aufsatz, der ebenfalls auf der ersten Seite des *Journal Général de France*[4] erscheint, klug und bescheiden bleibt und die Monarchie schont – die Bastille steht noch – formuliert sie reale Kritik gegen die Privilegierten, wie zum Beispiel, gegen den „unbarmherzigen Reichen," der „sein Vermögen" verbirgt, ein „unproduktives Kapital", das eine weitaus bessere Verwendung in den Staatskassen fände. Gegen die Spekulateure und Hamsterer aller Arten fordert sie „abschreckende Maßnahmen". Empört vom „erbärmlichen Zustand des Volkes" schlägt sie die Schaffung von Herbergen vor, wo alte Menschen, verlassene Kinder und Mütter, deren Gatten Opfer von Arbeitsunfällen geworden waren, Unterschlupf finden könnten. „Oft sind sie schwanger, wenn man ihnen ihren Gatten auf einer Tragbahre bringt, und die unglücklichen Witwen bleiben danach ohne Hilfe; auch ohne Brot, wenn ihre Kinder ihnen die Arme entgegenstrecken und laut schreiend danach verlangen . . ."

Es folgen weitere Überlegungen des praktischen Humanitarismus und was bemerkenswert ist, sie spricht schon von staatlicher Fürsorge, Gesundheits- und Wohlfahrtseinrichtungen. In ihrem Text finden sich auch damals wenig gebräuchliche Worte wie Sanierung und Hygiene. Ihren theoretischen Überlegungen fügt sie ein ergreifendes Bild des Asyls von Saint-Denis bei. Sie beklagt die Notwendigkeit der Bettelei und entwirft ein Projekt öffentlicher Werkstätten für arbeitslose Arbeiter, die erst 1848 als nationale Werkstätten realisiert werden sollten.

Sie geht noch weiter und nimmt die Thesen von Morelly [5] auf, indem sie ein agrarkommunistisches Projekt skizziert: „Die Regierung sollte alles Brachland des Reiches an Gesellschaften verteilen, oder jedem Privatmann die Fläche geben, die er bewirtschaften kann."

Sie predigt außerdem eine Art von staatlichem Sozialismus. Die von ihr vorgeschlagenen Formen sind manchmal noch heute aktuell. So zum Beispiel die, die die Besteuerung der Statussymbole betrifft. Sie verlangt eine „ordentliche Steuer auf diesen maßlosen Luxus", der natürlich nur die Reichen unterworfen wären. Besteuert werden sollten Schmuck, Pferdewagen, aber auch die Dienstboten. „Eine ebenso nützliche wie kluge Steuer wäre die, die man für die Knechtschaft schaffen könnte: Je mehr ein Herr Diener hätte, desto höher wäre seine Steuer. Man müßte auch die Pferde, die Wagen, den Umsatz und die Garderoben besteuern."

Und dann, ihrer Zeit um ein Jahrhundert voraus, schlägt sie die systematische Besteuerung der Einkünfte von Spielhallen vor, da sie den immensen Profit erkennt, den der Staat daraus ziehen könnte. Sie spricht auch davon, den Instituten und Akademien, und wohlgemerkt auch den Eigentümern privater, vornehmer Häuser oder Palais, Steuern aufzuerlegen. Zum Abschluß: „Eine Steuer auf die Malerei und Bildhauerei wäre nicht unangebracht: Das Volk läßt sich weder malen, noch in Stein hauen und auch nicht seine Appartements dekorieren."

Diesen energischen *Patriotischen Bemerkungen*, in denen Olympe den Beschwerden der Armen so viel Platz einräumt und den Ruf nach einer klassenlosen Gesellschaft so dringlich widerhallen läßt, folgt der utopische Text *Träume des Autors*. Er erinnert an *L'An 2440, ou Rêve s'il en fut jamais* von Mercier, ein Stück aus einer Anthologie der utopischen Literatur des 18. Jahrhunderts. Dort ist auch die Rede von der Polizei, der Sauberkeit der Straßen, dem Verkehr, der Verteilung der Nahrungsmittel, den Fleischkontrollen etc.; von einem reorganisierten und sanierten Paris, das ein neues goldenes Zeitalter sehen würde. Es sind somit die Generalstände und mit ihnen die Revolution, die in diesem Traum auf sehr prophetische Art genannt werden: „Die Tuilerien waren hell erleuchtet. Männer von ungewöhnlicher Größe, einheitlich gekleidet, trugen anstelle von Hüten eine Art roter Mützen. In der einen Hand hielten sie gewaltige Fackeln und nahmen mit der anderen die Aufsätze und Manuskripte entgegen.

– Ich konnte nicht umhin zu fragen, wer diese Riesen waren, sagte Olympe. Ein „Weiser" der da stand, antwortete:

– Sie haben wirklich die Generalstände nicht erkannt? Diese Manuskripte sind Ideen des Volkes . . .

Die Generalstände, die repräsentative Versammlung der

drei Stände der Nation (Klerus, Adel und Dritter Stand) waren seit 1614 nicht mehr zusammengekommen. Bis Louis der XVI sich, der finanziellen Not des Landes bewußt, entschied, sie am 1. Mai 1789 in Versailles zusammenzurufen. Zu diesem Zeitpunkt wurde Olympe plötzlich von ungeheurem Tatendrang gepackt, einem brennenden Bedürfnis, sich den Angelegenheiten des Volkes zu widmen, aber wohl auch dem, sich hervorzutun. Wie von einem „patriotischen Magneten"[6] nach Versailles gezogen, wählte sie sich ein Domizil im „Pavillon de Sigoll", am Boulevard du Roy Nummer 4.

Die offizielle Eröffnung der Ständeversammlung findet am 5. Mai im Saal Des Menus Plaisirs statt. In den vordersten Logen – noch als Beobachterin – bereitet sich Olympe darauf vor, im geeigneten Moment die Bühne dieses für sie völlig neuen Theaters zu betreten.

Als sie von der Ankunft des Abgeordneten Poncet-Delpech aus Montauban erfährt, bietet sie sich an, ihn zu beherbergen und ermutigt ihn in seiner Mission: „Beweisen Sie, daß die kleine Stadt Montauban große Männer und auch einige ansehnliche Frauen hervorgebracht hat."[7] Am folgenden Tag läßt sie ihm noch einen anderen Brief[8] zukommen, in dem sie ihm ihre Ideen aufgeregt erläutert. Dem Brief legt sie ihre neue Propagandaschrift *Der Aufschrei eines Weisen von einer Frau* bei, in der sie die Tagesereignisse kommentiert und sich speziell über die Kontroverse der Repräsentanten in der Frage der Abstimmung nach Köpfen oder nach Ständen beunruhigt zeigt. In einer anderen Schrift, die den Titel *Um das Vaterland zu retten* trägt, und die in den folgenden Tagen in großen Mengen in Versailles und in Paris verbreitet wird, regt sie an, daß diese schwierige Entscheidung vom Los getroffen werden sollte. Viele kritisieren ihre Interventionen, die sie für unangebracht und unpassend halten. Ihre Eitelkeit leidet zwar darunter, doch ihre Schlagfertigkeit verliert sie nicht: „Die allzu modisch gekleideten Damen des Hofes nannten es gewagt und meinten, daß es mehr wert sei, wenn ich Liebe statt Bücher machte. Ich hätte ihnen wohl glauben wollen, wenn sie in der Lage gewesen wären, mich zu überzeugen . . ."[9]

Voll wacher Sorge wegen der Auseinandersetzungen der Abgeordneten wollte sie beweisen, wie sehr ihr daran läge, ihnen helfen zu können. Sie griff wieder zur Feder, schrieb zahlreiche Empfehlungen, verkündete ihre Ansichten und verteilte Ratschläge. Unter anderem den, die Generalstände sollten ihre Beratungen vorübergehend einstellen, um „den erhitzten Köpfen zu erlauben, sich zu beruhigen, den Deputierten, den Frieden zu verkünden, sowie den Provinzen, ihre Beschwerdelisten von neuem zu schicken." Sie ist sich nicht nur der Schwierigkeiten bewußt, sondern auch des großartigen Einsatzes, den die Deputierten der Generalständeversammlung leisten, und feurig proklamiert sie: „Nur ein Anfall von Enthusiasmus könnte den Staat retten!"[10]

Sie erklärt ihren Freunden, daß ihre Liebe zum Vaterland sie dreist gemacht hätte. Denn sie sieht wohl, daß man sie in Versailles nicht braucht, daß ihre Mitarbeit an den kommenden Ereignissen niemanden interessiert. So läßt sie sich, um sich Gehör zu verschaffen, ein neues Projekt einfallen. Nämlich eine Zeitschrift zu gründen:

„– Ich eine Zeitschrift machen! Sie wäre zu wahr, zu ernst, sie würde nicht ankommen.

– Ich versichere Ihnen, antwortet ein Freund, daß sie großen Einfluß hätte, und daß Sie damit nicht nur für das Wohl Ihres Landes arbeiten, sondern auch viel Geld verdienen würden.

– Das Geld, erwidert sie, obwohl ich kaum welches besitze, kümmert mich wenig. Würde ich eine Zeitschrift machen, bewiese ich mein Desinteresse daran, indem ich nur meine Unkosten ersetzte.

Jemand schlägt ihr einen Titel vor . . .

– *Der Ungeduldige* unterbricht sie. Das ist der einzige Titel, der dem Autor entspräche: *Der Ungeduldige* von Madame de Gouges."[11]

Ohne Zeit zu verlieren schreibt sie am 13. Mai 1789 an den Leiter der Bücherei, Maissemy, um die Erlaubnis zur Gründung ihrer Zeitschrift[12] zu erhalten. Da er sich taub stellt, schickt sie ihm am 12. Juni einen Erinnerungsbrief, in welchem sie ihn um seine „Anstrengungen" und seine „patriotischen Bemühungen" bittet. Und als das noch immer keinen Effekt zeigt, widmet sie

ihm am 4. Juli eine „Epistel", wieder zum Thema ihrer Zeitschrift, die sie diesmal auf *Volkszeitschrift* umgetauft hat[13]. Sie
erhält die Bewilligung nicht, und als im August die Zensur aufgehoben wird, ist sie bereits von ihren journalistischen Projekten abgekommen ...

Am 17. Juni erklärt sich der Dritte Stand zur „Nationalversammlung". Der König erwidert diesen Angriff auf seine Autorität, indem er den Saal Des Menus Plaisirs, den Versammlungs-
ort der Abgeordneten in Versailles, schließen läßt. Als diese die
Tür verschlossen finden, verschanzen sie sich am 20. Juni im
Saal des Jeu de Paume. Dort schwören sie auf Anraten Mou-
niers, nicht mehr auseinanderzugehen, bevor sie dem Reich
eine Verfassung gegeben hätten. Nach neuerlichen Wider-
standsversuchen befiehlt der König bald dem Klerus und dem
Adel, sich wieder dem Dritten Stand anzuschließen. Olympe, die
ein Monat vorher acht Seiten unter dem Titel *Um das Vaterland
zu retten, müssen die drei Stände erhalten bleiben, dies ist das
einzige Mittel der Einigung, das uns bleibt,* verfaßt hatte, brüste-
te sich sofort mit dem Text *Meine Wünsche haben sich erfüllt,* zu
ihrer Wiedervereinigung beigetragen zu haben. Sie ergreift diese
Gelegenheit, um an ihre Idee der patriotischen Kasse zu erinnern, und ersucht die Nationalversammlung, sofort Maßnahmen zu treffen, um das Schicksal der ausgelaugten Arbeiter und
Bauern zu erleichtern. „Weite Landstriche sind verlassen. Der
unglückliche Bauer kann in seiner dürftigen Hütte nicht mehr
überleben. In letzter Zeit ist das Schweinefutter seine Nahrung
geworden. Das, was man jüngst noch an die Tiere verschwende-
te, teilen sich heute die Menschen mit dem Vieh. Das Volk verlangt nichts als Brot. Es ist auch bereit, es im Schweiße seines
Angesichts zu erarbeiten, aber es sollte es wenigstens essen
können, ohne es vorher in seinen Tränen getränkt zu haben."[14]

Die allgemeine Not berührt sie. Niemals verliert sie das
alltägliche Drama des kleinen Mannes von 1789 aus den
Augen. Zum Beispiel das eines armen Dieners, der kurz
bevor er sich eine Kugel in den Kopf schießt, seiner Hoffnungslosigkeit auf den Mauern seines Dachzimmers Ausdruck verleiht:

„Wenn man nichts ist und keine Hoffnung hat, ist das Leben eine Schande und der Tod eine Pflicht."[15]

Im selben Moment spielt Marie-Antoinette in Versailles – während Louis der XVI zur Jagd reitet –, geschützt unter den Fliedern des Trianon, im Schäferspiel die „Bäuerin" . . .

Am 9. Juli 1789 vereinigen sich die Stände unter dem Namen Verfassunggebende Nationalversammlung. Der König reagiert nicht. Verärgert über seine Lethargie widmet ihm Olympe eine *Epistel*, in der sie ihn auffordert, die Nationalversammlung zu nötigen, die Verfassung so rasch als möglich zu vollenden. „Wer außer Ihnen, Sire, könnte sich besser dieser Verhandlungen annehmen. Das erwarten alle Ihre guten Untertanen von Ihrer zärtlichen Liebe und zwar im Namen dieser väterlichen Liebe, die Sie dem Volk für immer geschworen haben."[16] Der Satz gibt die fast kindliche Zuneigung wieder, die Olympe dem Monarchen, dem „Vater der Nation" entgegenbringt. Diese Anhänglichkeit, die sie auch später nie dementieren wird, mäßigt ihre revolutionäre Hitze. Wie viele ihrer Zeitgenossen projizierte sie unbewußt auf den König das symbolische Bild ihres Vaters und belud ihn mit stark gefühlsmäßigen Inhalten.

Einige Wochen vor dem Sturm der Bastille ging das Gerücht um, daß „Straßenräuber" die Bevölkerung bedrohten. Die wütende Hungersnot erweckte den Eindruck, daß die Aristokraten das Volk aushungern wollten. Die Konzentration der königlichen Truppen in der Nähe von Versailles und die Entlassung Neckers am 12. Juli stachelten die Erregung nur weiter an. Bereits zwei Tage später fällt die Bastille in die Hände der Patrioten. In „einem Traum, der vielleicht der Realität nahe kommt", verfaßt Olympe die Streitschrift *Königliche Sitzung*, in welcher sie Louis XVI rät, vom Thron zurückzutreten und einem Regenten Platz zu machen. Da sie ihm persönlich ein Exemplar ihres Aufsatzes überreichen will, geht sie zum Schloß und verlangt, in seine Gemächer eingelassen zu werden. „Vergeblich", sagt sie, „habe ich diese Schrift im Palais verbreitet. Umsonst wurden 3.000 Exemplare in Versailles verteilt; ich bin überzeugt, daß kein einziges in das Zimmer des Monarchen gelangt ist."

Diese Initiative erscheint vielen unpassend und die Reaktion läßt nicht auf sich warten. Die erste Überraschung wird von Empörung, ja Gezeter abgelöst. „Als ich ihm die Krone absprach, erhoben sich beide Gruppen (Aristokraten und Demokraten) gegen meine Schriften. Sie schmähten sie als extravagant, verrückt und unverschämt." Der vorübergehende Rücktritt des Königs erschien ihr zu dieser Stunde ein exzellenter Ausweg zu sein: „Wenn der König die Zügel der Staatsführung abgäbe, würde er sich vor allen Verlockungen schützen, würde die Feinde des Vaterlandes verwirren und erhöbe sich über den Thron; und die Nation, von dieser Vorgangsweise beeindruckt, spräche dem Monarchen die Macht zu, die dem König der Franzosen gebührt."[17]

Mit dieser Haltung, leistete sie bewußt oder unbewußt den Absichten des Cousins des Königs, Philippe d'Orléans, Vorschub, der den Thron übernehmen wollte. Übrigens gab sie zu, „ganz peripher" an einer „Verschwörung" beteiligt gewesen zu sein.[18] Ohne Zweifel an der des orléanistischen Komitees von Montrouge, das Philippe im selben Moment wie Mirabeau riet, von Louis XVI die Position des Reichsverwesers zu verlangen.

Die Streitschrift Olympes wird beschlagnahmt, und sie bekommt es mit der Angst zu tun.[19] Um sich von den Orléanisten abzugrenzen, veröffentlicht sie einige Tage später einen Antrag an Monseigneur den Herzog von Orléans, in dem sie sich als Verfasserin der anonymen Streitschrift Brief an Monseigneur den Herzog von Orléans bekennt, die zwei Wochen vorher in Umlauf gewesen war. Neben einigen banalen Freundlichkeiten beinhaltet dieser Brief eine Bemerkung ganz anderen Tonfalls: „Man könnte sagen, daß ein unter den Franzosen versteckter Cromwell die Gemüter erhitzt und zur Revolution treibt, um sich schließlich vor unseren Augen allmächtig zu geben."

Die Anspielung sitzt. Einige Tage später erfährt Olympe mit Entsetzen, daß ihr Sohn aus der Liste der Ingenieure des Herzogs von Orléans gestrichen worden war und seine Arbeit verlieren würde. Diese Sanktion trifft sie hart und steht am Anfang einer tiefen und dauerhaften Abneigung, die sie in Zukunft gegen Philippe zeigen wird.

Aber ohne nachzugeben, verfolgt sie leidenschaftlich und zügellos ihre Tätigkeit als Verfasserin von Streitschriften. Sie äußert sich der Reihe nach über Mirabeau, Bailly, La Fayette, Calonne und die Komtesse de Lamotte, die abenteuerliche Heldin der Affäre des „Colliers der Königin" [20]. Auch schreibt sie über die verschiedensten Themen wie die Scheidung, die Ausländer in Frankreich [21], die Pressefreiheit oder die Emigration. In diesem letzten Punkt spricht sie den Bruder des Königs in einer *Die nationale Ordnung oder der von Mentor inspirierte Graf d'Artois* genannten Schrift an. Sie beschwört ihn, sein Exil zu beenden und die Emigration unter Kontrolle zu bringen. Die beunruhigend zahlreichen Emigrationen verursachen den Ruin der Bauern und die Arbeitslosigkeit von Hauspersonal und Arbeitern der Privilegierten.

Wie viele Schreiberlinge des Jahres 1789 schickte sie ihre kurzen Schriften an die Nationalversammlung, die sie sehr verehrte. Heimlich hoffte sie, daß die Abgeordneten sie bemerken und ihren brennenden Patriotismus zu würdigen wissen würden. Wenn sich ihre Schriften durch ihre Bedachtsamkeit und durch eine gewisse Ehrerbietung im Ton auszeichneten, so deshalb, weil bis zum August 1789 auch der kürzeste Text der strengen Kontrolle der königlichen Zensur unterworfen war. Außerdem waren die Literaten mißtrauisch: 1789 war noch jederzeit eine brutale Umkehr der politischen Situation möglich, und zu progressive Schriften hätten sie zu den ersten Opfern einer königlichen Säuberungsaktion gemacht. Eine Revolutionszeitschrift formulierte es hart: „Le patrouillotisme veut tuer le patriotisme"*. Tatsächlich war die Zensur – oder Selbstzensur – sehr streng. Sogar nach der *Erklärung der Menschenrechte*, als es das Prinzip der Pressefreiheit schon gab, wurden die diesbezüglich Kühnsten Opfer der eingeengten Auffassung, die die Pariser Gemeindeverwaltung von dieser Freiheit hatte. Meinungsdelikte wurden paradoxerweise weiter geahndet. So

---

* Wortspiel, nicht übersetzbar, sinngemäß: Die Vaterländische Sicherheit tötet das Vaterland

war auch Marat monatelang das Ziel gerichtlicher Verfolgungen, da seine Schriften als aufrührerisch galten.

Olympe de Gouges jedenfalls fällt auf politischem Gebiet sehr bald durch ihre gemäßigte Haltung auf. Sie gefällt sich darin, die Lächerlichkeiten der Extremisten beider großen rivalisierende Richtungen in einer geistreichen und scharfsinnigen Komödie *Die Aristokraten und die Demokraten* hervorzuheben. Sie wird nicht aufgeführt, aber publiziert. In dem Stück kommt eine alte Aristokratin vor, die über den Ruinen der alten Privilegien weint, sowie ein Wappenforscher, der genealogische Bäume züchtet und sich beklagt, daß nur mehr Freiheitsbäume gezüchtet würden. Ein blinder Patriot findet im Zeichen des Kreuzes die Definition der Verfassung: Der Vater, das ist der König. Der Sohn, das ist das Volk. Und der heilige Geist, das ist das Gesetz . . .

Über ihre politische Meinung befragt, die vielen zwiespältig zu sein scheint, antwortet sie: „Die einen wollen, daß ich Aristokratin sei; die Aristokraten behaupten, ich sei Demokratin. Ich fühle mich wie der arme Sterbende, der schon in den letzten Zügen lag, als ihn ein strenger Priester fragte:

– Sind sie Molinist, oder Jansenist? *

– Ach . . , antwortet der arme Sterbende, ich bin Kunsttischler.

Als solcher kenne ich keine Parteien. Die einzige, die mich lebhaft interessiert, ist die meines Vaterlandes Frankreich, meiner Heimat also." [22]

Mit großem Interesse empfängt am 7. September 1789 die Nationalversammlung eine Delegation von Bürgerinnen aus Paris. Es sind Frauen oder Töchter von Künstlern, die von Madame Moitte angeführt werden, der Frau eines berühmten Bildhauers. Die Delegation hat das Ziel, die Einzahlung von Schmuck, Besteck oder Mobiliar in die patriotische Kasse anzuregen. Keineswegs vergeblich, der Impuls ist gegeben, und

---

* Christliche Tugendlehren

andere Gruppen werden folgen. Bald schon greift die Bewegung weit um sich und von überall strömen die patriotischen Gaben nach Paris. Olympe will diese Gelegenheit nicht verstreichen lassen, um ihr Vertrauen in die Revolution auszudrücken und läßt der Nationalversammlung diskret ein Viertel ihrer Einkünfte zukommen, „um nicht nur fromme Wünsche für das Glück Frankreichs abzugeben".

Gleichzeitig versucht sie die patriotischen Frauen dafür zu gewinnen, ihrem Beispiel zu folgen: „Sollten Sie den Egoismus dieser berechnenden Kapitalisten nachahmen, die sich weigern, ihre Schätze zu offenbaren? Überlassen Sie es den niedrigen Seelen – die übrigens die Schande unseres Geschlechts sind –, ihren verruchten Schmuck auszubreiten, den sie um den Preis ihrer Ehre gekauft haben, und der nichts dazu beiträgt, das Strahlen ihrer Schönheit zur Geltung zu bringen." [23] Denen, die sich als erste großzügig ihres „eitlen und luxuriösen Schmucks" entledigt haben, zollt sie in der zwölften Broschüre des Jahres, die sie suggestiv *Heldentat einer Französin oder Die Rettung Frankreichs durch die Frauen* nannte, Anerkennung. Wie üblich, läßt sie ein Exemplar davon schleunigst der Nationalversammlung zukommen, und zwar dem Präsidenten, Stanislas de Clermont-Tonnerre. Das folgende hastig verfaßte Begleitschreiben legt sie bei: „Elf gute Bürgerinnen haben die Frucht ihrer Sparsamkeit als Geschenk dargebracht. Ich selbst kann der Nationalversammlung nur die Früchte meiner jüngsten Arbeit anbieten. Ich habe der Reihe nach elf meiner schwachen Produktionen der Nationalversammlung zukommen lassen. Ich hoffe, Sie nehmen auch die zwölfte an, um sie an Ihre ehrenwerten Mitglieder zu verteilen." [24]

Mirabeau, für den es „solange die Frauen nicht im Spiel sind, keine wirkliche Revolution gibt", ist bestochen von der Dynamik Olympes und ermutigt sie am 12. September mit den folgenden Worten: „Ich bin von dem Werk, das Sie Madame, so freundlich waren, mir zu schicken, sehr angetan. Bisher hatte ich geglaubt, daß sich die Grazien nur mit Blumen schmückten, aber eine leichte Auffassung und ein rebellischer Kopf haben Ihre Ideen und Ihren Weg verändert, und zwar im selben Tempo wie die Revolution. Und mit ebensolchen Erfolgen gekrönt."[25]

Die Ereignisse überschlugen sich: Schon gegen Ende August wurden die „Patrioten" unzufrieden, als sie sahen, daß der König die letzten Erlässe ebensowenig anerkannte wie die *Erklärung der Menschenrechte*. Darüberhinaus waren sie beunruhigt durch die Ankunft des flandrischen Regiments in Versailles und träumten davon, einen Marsch der Pariser zum Schloß zu organisieren. Das Klima war günstig für einen neuerlichen Aufstand. Die wirtschaftlichen Schwierigkeiten und die Hungersnot, die in Paris herrschte, verschärften die allgemeine Erregung, die unter der Hand von hingebungsvollen Anhängern des Herzog von Orléans wie Choderlos de Laclos oder dem Abgeordneten Sillery (seinem Vertrauten und Waffengefährten) geschürt wurden. Die beiden versuchten geschickt, Louis XVI zum Verlassen von Versailles zu bewegen.

Am 5. Oktober dringt eine Gruppe von Fanatikern mit Gewalt in die Wohnung Olympes in Versailles ein, bedroht sie, und stößt die schlimmsten Beleidigungen über den Herzog von Orléans aus. Glücklicherweise ist sie gerade in Gesellschaft und ihre „Mörder" verschwinden bald wieder, ohne daß sie Zeit gehabt hätte herauszufinden, von wem sie geschickt worden waren. „Meine Verdächtigungen", schrieb sie später an den Herzog, „schwankten zwischen Deiner Partei und der des Hofes. Louis XVI hatte ich in einem Werk, das ich *Königliche Sitzung* nannte, geraten, von der Krone zurückzutreten, wenn er sie für seine Kinder bewahren wolle. Mit einem Wort hatte ich gesagt, er solle die verfassunggebende Versammlung um Rat fragen und die Bürde der Krone ablegen. Der Hof glaubte mich daher auf Deiner Seite und so wurde ich nun zur Zielscheibe zweier Mörderparteien, die bereits sehr viel Blut haben fließen lassen, ohne das zu zählen, was noch fließen wird."[26] Sie hatte sich vom Clan der Orléanisten distanziert, nachdem ihre Propagandaschrift beschlagnahmt worden war. Hielten sie diese „Geheimboten" – möglicherweise des Hofes – nun noch immer für eine leidenschaftliche Anhängerin des Herzog von Orléans? Es wäre möglich, obwohl sie diesen Verdacht neuerlich in ihrem *Brief an die Repräsentanten* von sich wies. Darin schrieb sie, daß sie die dramatischen Episoden der Tage um den 6. Oktober, die ihrer Meinung nach vom Herzog von Orléans inszeniert worden waren, zutiefst erschreckt hätten: sie mißbillige die Gewalt und verurteile heftig die „Mörder, die die Königin bis in ihr Bett verfolgt hatten".[27] Die Ausschweifungen dieser grausamen und ausgelassenen Tage beunruhigten sie; sie fürchtete, daß sie nichts als das Vorspiel für ein außer Rand und Band geratenes Volk seien. Ein Auslöser von Ereignissen beispielloser Brutalität, die der Ungerechtigkeit entsprechen würden, die sie provoziert hatten. Aber niemandem war zu jener Zeit nach ihren feinsinnigen Formulierungen und ihrer Unentschlossenheit – vor allem nicht den Royalisten. Die Redakteure des *Petit Dictionnaire des Grands Hommes* nahmen sie zur Zielscheibe: „Diese Frau, schreiben sie, würde sich in zwei teilen, um der leisesten Kritik zu entgehen (...). Obwohl sie Witwe ist, schenkt sie der Nation kleine Bürger. Unglücklicherweise müssen die, die sie vor der Revolution zur Welt gebracht hat, Aristokraten sein, da einige von ihnen aus dem Stall von Orléans kommen. So wird ihr niemand ihren Wert als aktive Bürgerin streitig machen. Ja sie ist aktiv, sogar sehr aktiv." [28] „Eine Serie von Gemeinheiten" beschränkt sie sich zu antworten. Bezüglich der Anspielung auf die Pferdeställe des Herzogs von Orléans erinnert sie: „mein Sohn hat gerade seine Anstellung im Hause dieses Prinzen verloren."[29] Ihre Freunde rieten zur Vorsicht: „Als Monsieur Mercier sah, wie ich mich auf diesen gefährlichen Pfad begab, auf dem bereits so viele Männer gestrauchelt waren, zitterte er für mich und gab mir den Rat, den Rückzug anzutreten, solange noch Zeit dafür wäre. Aber stolz und kühn wie Jean-Jacques (Rousseau aber auch Le Franc, ihr Vater) betrieb ich deshalb meine Unternehmungen nicht mit geringerem Elan." [30] Tatsächlich wich sie nie furchtsam zurück und gab sich manchmal sogar der Lächerlichkeit oder Gewalttätigkeiten preis, da sie immer für ihre Ideen einstand. Ebenso wie sie während des ganzen Winters 1789 bis 1790 ihr Stück über die Sklaverei gegen die Kolonialisten, die Schauspieler der Comédie Française und sogar gegen den Magistrat von Paris verteidigte. Sie hatte keine Mitkämpfer unter den Autoren. Nicht einmal Marie-Joseph Chénier, dessen

Entschlossenheit sie anerkannte und bewunderte: „Der Autor von *Charles IX* ist ein großartiger Mann. Er ist der einzige, der es gewagt hätte, gegen die Unterdrückung der Schauspieler anzukämpfen." [31] Sie muß aber mit Bitterkeit feststellen, daß die Solidarität der Literaten mit einer Kollegin sehr schwach wird, sobald es darum geht, sie öffentlich zu manifestieren.

Im April 1790 ist eine neue Streitschrift von Olympe zum Preis von 12 Sous im Verkauf. Sie trägt den sonderbaren Titel *Abreise von Monsieur Necker und Madame de Gouges oder Die Verabschiedung von Madame de Gouges von den Franzosen und von Monsieur Necker.* [32]

Zu diesem Zeitpunkt hat sie die feste Absicht, Frankreich zu verlassen, um ihr Stück über die Sklaverei in London aufführen zu lassen. Doch kann sie sich nicht entschließen, Paris in diesen ersten verheißungsvollen Jahren der Revolution zu verlassen. In dem Aufsatz zieht sie eine Art Parallele zwischen dem Verhalten Neckers und dem ihren und erläutert lebhaft ihre Ähnlichkeiten und Unterschiede. Dann erklärt sie ihr Verhalten der letzten Monate: „Was habe ich den Kolonisten gesagt? Ich habe sie ermahnt, ihre Sklaven zarter und mit mehr Großzügigkeit zu behandeln. Ihnen geht es aber allein darum, nicht den geringfügigsten Teil ihrer Einkünfte zu verlieren. Das ist der Grund für ihre Befürchtungen, ihre Raserei und ihre Barbarei. Genauso verhält es sich heute mit den kraftlosen Kämpfen des Klerus. Wenn er vorher die 400 Millionen angeboten hätte, die er jetzt zur Verfügung stellen will, wären seine Güter ohne Zweifel unangetastet geblieben. Und auch der König: Wenn er freimütig, ohne Zögern, ohne List, ohne Hintergedanken und meinen Ansichten folgend die Konzessionen, die man von ihm wünschte, gemacht hätte, wäre er nicht in seiner augenblicklichen miserablen Lage."

Sie fährt fort, indem sie sich zu aktuellen Fragen äußert. Sie empört sich über die skandalöse Exekution des Marquis de Favras (angeklagt, ein Komplott gegen Louis den XVI. organisiert zu haben) und hält eine etwas naive Lobrede auf den Exminister Calonne, den „Newton von Frankreich", den sie Necker gegenüberstellt und regt Neckers Exilierung an. Sie verherrlicht La Fayette als „edelmütigen Krieger" und bekennt ihre Abneigung für Malesherbes, diese „Kreatur", der verantwortlich für den Ruin ihres ehemaligen Liebhabers Jacques Biétrix ist. Und dann beschuldigt sie natürlich den Herzog von Orléans und seine „unheilvolle Gesellschaft". Vor allem den Marquis von Sillery und seine Frau, Madame de Genlis, die sie als „schuldige Höflinge" bezeichnet.

Schließlich skizziert sie mit beißender Ironie ein Portrait von Moreton de Chabrillant, einem ihrer einstigen Liebhaber und derzeit Verwalter der Kommune; erst kürzlich hatte sie in ihrem Streit gegen die Schauspieler der Comédie wieder mit ihm zu tun gehabt. Er nahm das zum Anlaß, sie verbissen weiter zu verleumden.

Ihre sehr ungewöhnliche Persönlichkeit war dem männlichen Feingefühl der Epoche ein Dorn im Auge. So schreibt ein Literaturkritiker: „Einige Schmähreden gegen die körperlichen und sittlichen Eigenschaften eines Mannes wollen wir gar nicht erwähnen. Von seiten eines anderen Mannes hätte er sie vielleicht nicht gleichgültig aufgenommen. Da sie aber von seiten einer Frau kommen, die etwas rachsüchtig zu sein scheint, egal was sie auch sagt, kann er sie wohl vernachlässigen." [33]

Wie einige andere Frauen erscheint Olympe erst regelmäßig, dann ständig, als Publikum der Jakobiner und in den Zuschauertribünen der Nationalversammlung. Sie lehnt es ab, eine bestimmte Partei oder einen bestimmten Mann zu unterstützen, sondern zieht es vor, für sich selbst die neuen Themen der Polemik zusammenzutragen, um damit dann ihre patriotischen Schriften zu bereichern. Man sieht sie auch in den Gelehrtengesellschaften, besonders im Lyzeum, ein den Frauen vorbehaltener berühmter Schauplatz der bürgerlichen Kultur. Sicherlich hält sie sich auch in den Modecafés auf, wo die Männer der Revolution zusammentreffen; im Zoppi und vorher im Procope. Ins Procope stürzt sie einmal ungehalten, um sich mit denen zu streiten, die verbreiten, daß sie nicht die Autorin ihrer politischen Streitschriften sei. [34] Zweifellos auch im Corazza, in der Galerie Montpensier im Palais Royal, ein Cafe, das Collot d'Herbois, zukünftiges Mitglied des Wohlfahrtsausschusses und ehemaliger Verfasser von Theaterstücken, besuchte. Von ihm sagte man, daß er 1793 ihren Kopf verlangt habe; unter dem Vorwand, daß ihr Stück über die Sklaverei dem seinigen geschadet hätte. Sein Stück hatte nämlich drei Wochen vorher am Théâtre de La Nation einen gewaltigen Mißerfolg gehabt.[35]

Natürlich fühlte sich Olympe auch von den Clubs angezogen, die überall aus dem Boden schossen. Girault de Saint-Fargeau glaubte zu wissen, daß sie einen „hübschen Pavillon" in der Rue du Mail Nr. 13 bezogen hätte, und daß sie „eine populäre Frauengesellschaft, die nur sehr kurz existierte", ins Leben gerufen habe. Doch gibt es in den heutigen Archiven keinerlei Spur von einer Anwesenheit Olympes in der Rue du Mail, ebensowenig wie von irgendeiner Frauengesellschaft, deren Gründerin sie gewesen sein könnte.

Hingegen muß sie einige Male bei den „Freunden der Verfassung" erschienen sein und mit noch größerer Sicherheit im „Cercle Social", der im Palais Royal zusammentraf. Auch Frauen waren zu diesem Club zugelassen, der nach freimaurerischem Vorbild und auf Anregung von Nicolas de Bonneville und dem Pfarrer Fauchet gegründet worden war. Er verwandelte sich bald danach in eine „föderalistische Vereinigung der Freunde der Wahrheit", deren feministische Ausrichtung im März 1791 zur Schaffung einer „patriotischen Wohlfahrtsgesellschaft der Freunde der Freiheit" führte. Die Präsidentin, die Holländerin Etta Lubina Johanna Desista Palm, die sich nach dem Tod ihres Mannes Baronin von Aëlders nannte, lebte seit mehreren Jahren in Paris und wurde während der Revolution die Mätresse des Abgeordneten Claude Basire. Sie war nicht nur wegen ihrer Taillienweite aufgefallen, sondern vor allem wegen ihrer lebhaften Reden und der Artikel, die sie zugunsten der Frauen im „Bouche de Fer", dem Organ des „Cercle Social", veröffentlicht hatte. Es kann sein, daß Olympe die Bewegung von Etta Palm d'Aëlders unterstützt hat und vielleicht war sie selbst sogar Mitglied ihrer patriotischen Gesellschaft. Doch wird dies durch nichts bewiesen. Es gibt nur einen vagen Hinweis in einem Werk, das nach der Revolution erschienen ist, wonach Olympe in einem Frauenclub das Wort ergriffen haben soll. Dem

Autor soll Basire die Authentizität dieser Aussage garantiert haben.[36] Etta Palm und Olympe trafen sich zumindest einmal, um Seite an Seite am 14. Juli 1792 unter den spöttischen Blicken der Menge am Kopf einer Gruppe von Frauen aufzumarschieren. Die „Freunde der Wahrheit" zerstreuten sich aber noch im September desselben Jahres. Etta Palm, die verdächtigt wurde, im Dienste des Auslands zu stehen, verschwand klugerweise Anfang 1793 von der politischen Szene.

Vor Publikum lebte Olympe auf. Sie beteiligte sich oft und gern an den diversen Debatten. Charles Nodier, der damals noch ganz jung war, zeigte sich erstaunt über „den Elan ihrer Improvisationen und die Fruchtbarkeit ihrer Gedanken".[37] Prudhomme, Redakteur der *Révolutions de Paris* gibt an, sie „mit den gefeiertsten Rednern der verfassunggebenden Versammlung rivalisieren" gesehen zu haben.[38]

Ernsthaft vom Dämon der Politik besessen, adressiert sie am 26. Mai ein *Projekt zur Schaffung eines höchsten Volksgerichts für Kriminalfälle* an die Nationalversammlung, in welchem sie die Einrichtung einer Jury fordert. Und „nach Vorbild der Kriegsräte" schlägt sie die Errichtung von „Volksräten" vor: So könnte jeder Missetäter von seinesgleichen gerichtet werden. Er hätte acht oder 15 Tage Zeit, um seine Verteidigungsrede vorzubereiten und würde mit Stimmenmehrheit verurteilt oder freigesprochen."[39] Besessen von Gerechtigkeit wollte sie dieses Gericht dem Volk vorbehalten wissen und die gewöhnlichen Gerichte den „höheren Klassen" überlassen. Olympe hätte sich erwartet, daß man ihr die Rolle eines Pioniers in der Entwicklung der Reformen zuerkenne. Da man ihr aber nicht das gewünschte Gehör schenkte, grämte sie sich: „Ich biete zehn nützliche Projekte an: Man nimmt sie wohl entgegen; da ich aber eine Frau bin, werden sie nicht berücksichtigt."[40] Sicherlich war ihre Eigenschaft als Frau ein Hindernis für ihre Durchsetzungsfähigkeit. Aber auch ihre Nervosität, ihr impulsiver Charakter und ihr Mangel an Methode gereichten ihr nicht zum Vorteil: „Wenn diese Frau nicht Raketen im Kopf hätte, könnte sie uns manchmal hervorragende Dinge sagen!", gestanden ihre Zeitgenossen ein.

So wurden ihre Vorschläge – zumindest offiziell – nicht wahrgenommen, erfreuten aber jene, die sie nach genauerer Reflexion auf ihr eigenes Konto verbuchten. Es war ihr bewußt, daß sie nicht genug Kunstfertigkeit anwandte, um ihre kaum entworfenen, aber im Grunde hervorragenden Ideen auszuführen, sodaß andere die Sorgfalt aufwandten, sie zu polieren und auszuschmücken und sie sich schließlich selbst zuschrieben. Sie verglich ihre Vorschläge mit ungeschliffenen Diamanten: „aller Glanz und alle Ehre gehen an die Schleifer meiner Edelsteine" [41] sagte sie voller Verdruß. Als Mirabeau vorgab, sie hätte die ganze Verfassung alleine gemacht, übertrieb er natürlich; aber als er einmal sagte: „. . . große Entdeckungen verdanken wir einer ungebildeten Frau" – war das zweifellos eine richtige Einschätzung.

Ende 1790 oder Anfang 1791 beschloß Olympe nach Auteuil zu ziehen, in ein Haus mit pilasterartigen Verzierungen, Maskaronen und Girlanden, die noch von dem ehemals herrschaftlichen Stadthaus übriggeblieben waren. Es ist in der heutigen Rue du Buis, Nummer 4, zu finden. Niemals zögerte sie, ihr Domizil zu wechseln, wenn es ihr gerade Spaß machte oder wenn es ihre Interessen verlangten. So hatte sie seit ihrer Ankunft in Paris eine erkleckliche Anzahl von Wohnungen: die erste bekannte in der Rue des Saussaies (1774); dann in der Rue des Marets (1775), heute Rue Visconti, später in der Rue Ventadour (1777), Rue Poisonnière (1778), Rue de Courcelles (1780), Rue Molière, der jetzigen Rue Corneille (1782), 5, Rue de Condé (1784), Straße und Platz des Théâtre Français, derzeit Place de L'Odéon (1787), Rue de Vaugirard Nummer 83 (Dezember 1788), Boulevard du Roi in Versailles (Mai 1789), Rue des Fossoyeurs Nummer 20, bei ihrer Schwester, derzeit Rue Servandoni (1789), Platz Vendôme, Nummer 12 (1790), Rue de la Grange-Batelière Nummer 38, Rue du Buis in Auteuil, Nummer 16 (1791), Rue Saint-Honoré, Nummer 253 (1792) und zuletzt wohnte sie in der Rue de Harlay (1793). Diese Mobilität (mehr als 15 verschiedene Domizile in 20 Jahren) scheint erstaunlich zu sein, wenn einem nicht einige der Adressen als Pensionen (für 50 Livres im Monat) bekannt wären, die ihr nur provisorisch als Wohnung dienten.[42] Eine der wichtigsten Funktionen des

Wohnens lag für Olympe in ihrem strategischen Interesse, wie diese Liste zeigt. Das war der Fall bei ihren Wohnungen um das Théâtre Français, auch bei Versailles war es die Anziehungskraft, die die Versammlung der Generalstände ausübte, in Auteuil die philosophische und literarische Gesellschaft; eine Pension in der Rue Saint-Honoré im folgenden Jahr, ein Absteigequartier in Paris, nahe der Nationalversammlung, dem Club der Jakobiner und der *Brüderlichen Gesellschaft beider Geschlechter*; ein Appartement in der Rue de Harlay neben dem Justizpalast, also dem Revolutionstribunal und zum Schluß ein Anwesen an den Ufern der Loire, in der Nähe der Ortschaft Luyne, die sie zu Beginn der Schreckensherrschaft kaufte.

Ihre alten Neigungen – gemeint sind die literarischen – führen sie nach Auteuil, dem Konzentrationspunkt der intellektuellen Avantgarde. Der reaktionäre und frauenfeindliche Pfarrer von Bouyon schätzt ihre Anwesenheit dort so ein: „Sie ist noch weniger als die Hexe Helvétius darauf erpicht etwas zu lernen, die, wie jeder weiß, ihren Sabbat in eben dieser Gegend abhält." [43] Der Gatte von Helvétius, einer der ideologischen Vordenker der französischen Revolution, empfing seit mehreren Jahren Gelehrte und nahmhafte Literaten. Das trug zum Ansehen dessen bei, was die „Gesellschaft von Auteuil" genannt wurde. Zu Beginn der Revolution erlebte die Beliebtheit solcher Salons großen Aufschwung, obwohl ihre soziale Bedeutung sank. Sicher ist, daß Olympe diese Gesellschaft besuchte, ebenso wie die exzentrische Fanny de Beauharnais, deren Stück *La fausse Inconstance* am Théâtre Français noch vor dem dritten Akt abgebrochen werden mußte. Sie war die Mätresse Cubières und konnte sich, dank einer bedeutenden Pension von seiten des Königs den Luxus leisten, das Haus des Herzogs von Brancas in der Rue de Turnon zu mieten. Dort trug es sich auch zu, daß an einem Abend im November 1788 Marie-Joseph-Chénier Talma bat, *Charles IX.* zu lesen.

Unter den Mitgliedern dieser Gesellschaft sah man Mirabeau und Madame Lejay, seine Buchhändlerin und Freundin, die in vorgerücktem Alter Doulcet de Pontécoulant heiraten sollte, Rivarol und seine Schwester Françoise, in Begleitung von Dumouriez und seiner Geliebten, Mercier, Cazotte, Champcenetz und seine sehr hübsche Frau, den deutschen Baron Clootz, einen hitzigen Verfechter der neuen Ideen, und auch andere, weniger bekannte Personen wie Laüs de Boissy, den ritterlichen Kritiker der literarischen Erstlingswerke Olympes.

Vermutlich zeigte sie sich auch bei Suard, wo Marmontel, Sedaine, La Harpe, Fontanes, Garat, etc. – alle offiziellen Prunkstücke der Literatur der Epoche – hinkamen.

Vielleicht verkehrte sie auch bei Sophie de Condorcet, der schönen und intelligenten Frau des Mathematikers und Philosophen, der damals wegen seiner mutigen Äußerungen zugunsten der Sklavenbefreiung und der Emanzipation der Frauen bekannt war. Die hitzige Olympe, entzückt von dem ernsten Marquis, könnte seit 1789 in den Kreis der regelmäßigen Gäste des Salons der Condorcets eingeführt worden sein. In diesem Haus hatte sie Gelegenheit ebenso verschiedenartige wie originelle Persönlichkeiten kennenzulernen, sowie viele Ausländer wie Thomas Paine oder Franklin.

Wie standen Olympe und Condorcet zueinander? Das ist schwer zu sagen, aber es ist unleugbar, daß sich diese beiden großen Vordenker gegenseitig schätzten. Mehrmals wurden ihre Namen in der damaligen Presse zusammen erwähnt. Nicht nur in der Frage der Schwarzen waren sie einer Meinung; ihre wichtigsten feministischen Manifeste veröffentlichten sie im Zeitabstand eines Jahres: Condorcet im Juli 1790, und Olympe im September 1791.

Das Jahr 1790 war ein wichtiges Datum für die moderne feministische Gesinnung: Théodore von Hippel veröffentlichte in Deutschland *Über die Verbesserung des Frauenschicksals hinsichtlich des Bürgerrechts* und Mary Woolstonecraft die *Vindication of the Rights of Women*. Das Werk von Woolstonecraft wurde 1792 ins Französische übersetzt, was sehr erstaunlich ist, bedenkt man das eisige Schweigen, das die Revolutionäre für die Forderungen zugunsten der Frauen übrig hatten.

Die bürgerliche Gesellschaft, in der Olympe de Gouges verkehrte, trug zumindest in den Ideen und Parolen ein progressives und revolutionäres Element in sich. Einige ihrer Mitglieder gründeten eine Gesellschaft, die gleichzeitig politisch, künstlerisch und literarisch tätig war und die sich am 6. Jänner 1790 im Panthéon einrichten sollte. Es ist der „Club der Revolution" den der Royalist und Geistliche Rivarol in den „Actes des Apôtres" in eigenartigen Farben beschreibt. Heiter und leicht durchschaubar schildert er einige der exponiertesten Persönlichkeiten der damaligen Zeit:

Das Panthéon sah seit einiger Zeit seine Bischöfe fliehen, wenn sie ihren Weihrauch entzünden wollten. Der Herzog von Aiguillon und der Chevalier von L . . . applaudierten dazu. Ersterer befand sich gerade im Circus, als der Herr Marquis von Condorcet das edle Projekt ins Leben rief, daraus einen Tempel der Freiheit zu machen, und zwar unter dem Namen ‚Club der Revolution' oder ‚Französisches Glücksspiel'. Aus diesem Foyer soll nun das geheiligte Feuer kommen, das die beiden Welten umschließt. Madame de Gouges, allseits bekannt für ihren Untergang (Anspielung auf ‚Die Sklaverei der Schwarzen' oder ‚Der Glückliche Untergang'), wird die Priesterin sein, der es zur Verwahrung anvertraut wird.

Die Eröffnung fand am Dreikönigstag mit aller den Umständen entsprechender Feierlichkeit statt. Ungefähr 500 der eifrigsten Volksverteidiger glänzten in dieser sehr ehrwürdigen Versammlung um die Wette, und der Pfarrer Siéyès hatte den Vorsitz.

Eine ebenso große Anzahl von Personen des schönen Geschlechts, feurige Liebhaberinnen der Menschenrechte, waren für würdig befunden worden, dort mit einbezogen zu werden. Fräulein Théroigne de Méricourt war zur Präsidentin ihrer Mitbürgerinnen gewählt worden; sie wurde sofort in Amt und Würden gesetzt.

Und nun kommen wir schließlich zu den Charaktertänzen, die die Aufmerksamkeit der Zuschauer fesselten; ihre Auswahl befriedigte sowohl die Augen, als auch das Herz und den Geist (...).

*Ein allgemeiner Auftritt von vier Quadrillen nach Art
der Wilden eröffneten den Ball. Der Eröffnung folgte das
höfische Menuett; unter großem Applaus wurde es vom
Herzog von Aiguillon und dem Chevalier von L . . . getanzt.
Ersterer war als Königin von Ungarn, der zweite als König
von Preussen (...) verkleidet. Dem folgte ein nationaler Kon-
tertanz; man erkannte Monsieur von Clermont-Tonnerre
trotz seiner Eisenmaske. Monsieur de Champcenetz der
Jüngere, hielt die Hand einer Dame, die als Venus verkleidet war. Sie zeigte nur ihr Gesicht und das Orchester
spielte den hübschen Refrain: ‚Hören sie doch auf, lieber
Vater ...'* (Anspielung auf den Haß von Champcenetz für
seinen Vater). *Monsieur Guillotin, politischer Arzt, und Mademoiselle Samson (sic) tanzten mit würdevollem Schritt
das Menuett von Exaudet. Dieses veraltete aristokratische
Gehabe ließ Monsieur Robespierre, der als Chorknabe verkleidet war, vorschlagen, stattdessen einen Stricktanz
einzuschieben (...).*

*Ein Vierertanz wurde von vier Freiheitsspringern
getanzt. Der eine als königlicher Tiger mit einer Pariser
Schlammaske verkleidet, wurde als Graf von Mirabeau
erkannt; der zweite als irrender Jude gekleidet, war
Monsieur Brissot de Warville. Madame de Gouges, verkleidet als junge Inderin, und Madame de Condorcet,
kostümiert als Prinzregentin von Zamora, vervollstän-
digten den Vierertanz, mit dem das Kongomenuett her-
vorragend ausgeführt wurde . . .".*

Zur Zeit der Revolution rivalisierten Karikaturisten und
Schmähschriftschreiber mit fantastischen Einfällen und ver-
steckten unter dem Witz, der sich manchmal in Obszönität
verwandelte, die sehr ernsthafte Infragestellung ihrer politischen Gegner. Marie- Antoinette, die Herzogin von Polignac,
Mirabeau, Bailly, La Fayette, der Graf von Provence und der
Marquis de Villette waren die beliebtesten Zielscheiben. Aber
entkommen konnte niemand. So wurde zum Beispiel ein Brief,
den Rivarol oder Champcenetz mit „Théroigne de Méricourt"
signierten, in den „Actes des Apôtres" veröffentlicht. Darin ist

die Rede von einem Komplott, der beabsichtigte die Verfassung zu stürzen, und von Olympe de Gouges, die ihn vereitelt haben soll: „Wie könnte man Madame de Gouges belohnen, diese unbezahlbare Frau, die die Aufwiegler zum Scheitern brachte?* Der Himmel hatte es gewollt, daß sie ihr Geheimnis einer Frau anvertrauten und zwar einer demokratischen Frau. Jetzt, wo ich meine Mitbürger vor der entsetzlichen Gefahr, die sie bedrohte, gewarnt habe", schließt Théroigne, „fühle ich in mir wieder Frieden und Ruhe aufsteigen . . ."[44]

Aber Olympe macht sich über ihre Verleumder lustig, und denen, die ihr das Eindringen in das öffentliche Leben vorwerfen, antwortet sie spöttisch: „Was mich ermutigt, von meinen patriotischen Wunderwerken nicht abzulassen, ist der Atheismus, der mir versichert, daß ich nicht wie Jeanne d'Arc den heiligen Grill fürchten muß; ich könnte mich vielleicht vor den Laternen der Nation ängstigen, aber man versichert mir, daß sie ihrer edlen Funktion enthoben sind . . ."[45]

Das ist nicht mehr die anmutige und subtile Spöttelei, die bisher in den Salons üblich war, sondern eine Art von ebenso beißendem wie eigentümlichem Humor, der in der revolutionären Presse neuerdings ganz fließend gebraucht wird . . .

---

* Im Original: Mme. de Gouges, qui a fait faire naufrage au projet des factieux . . . – wieder eine bissige Anspielung auf ihr Stück „L'Esclavage des Noirs ou l'heureux Naufrage"

VI. DIE „VESTALIN" DER REPUBLIK

Niemals gab es etwas Schöneres, als das, was sich jetzt ent-
scheiden wird. Es ist die Sache des Volkes.

DAS FRANZÖSISCHE GEMÜT (1792)

Der Besuch der Clubs und das gesellschaftliche Leben von
Auteuil, Versailles oder Paris bremsen die literarische Produk-
tivität Olympes keineswegs. Neben den zwei ersten Bänden ihrer
gesammelten Werke, die sie dem Herzog von Orléans gewidmet
hatte, läßt sie im Mai 1788 einen dritten erscheinen. Dieser ist
dem Prinzen von Condé gewidmet.[1] Von neuem findet man hier
kunterbunt vermischt kurze Analysen und Erzählungen mit
langatmigen Klagen über die Unehrlichkeit und mangelnde Höf-
lichkeit der Schauspieler des Théâtre Français im Vorwort, aber
auch im Nachwort.

Wenn ihr auch diese diversen Produktionen dazu verhelfen,
als Dramatikerin in den *Almanach des Françaises célèbres*
(1789) Eingang zu finden, so bleibt diese Würdigung doch ver-
gänglich.[2] Dazu muß gesagt werden, daß das Theater der letzten
Jahre der Herrschaft Louis XVI ganz allgemein, mit einigen
großen Ausnahmen, etwas eintönig ist und den moralischen
und politischen Institutionen sehr respektvoll gegenübersteht.
Bei genauerer Betrachtung sieht man aber, daß dieses erste
„Medium" der Zeit die Volksklassen sehr wohl erreichte und geschickt dazu beigetrug, die neuen Ideen zu verbreiten. So
machte Olympe es sich unter anderem zur Pflicht, trotz der kon-
ventionellen Handlungsmuster und der Banalität der Charaktere ihrer ersten Stücke, die Gleichberechtigung zu verkünden.
Unglücklicherweise diktierte sie ihre Werke Sekretären, die
nicht immer gewissenhaft waren und überflog das fertige Werk
nur in Windeseile: Mit so viel Überstürztheit und Nachlässigkeit
vergeudete sie ihr Talent. Da ihr die Schauspieler des Théâtre
Français die kalte Schulter zeigten, ließ sie die Stücke meistens
auf eigene Kosten drucken und vertrieb sie in Ermangelung bes-
serer Möglichkeiten selbst. Sie wußte genau, daß das die
schlechtere Variante war, um an die Öffentlichkeit zu treten,

denn weniger als 4 % der Bevölkerung konnten lesen. Mit Beginn der Revolution und der Entschärfung der Zensur konnte sich ihre schöpferische Inspiration dann freier und wirksamer in Themen wie Politik und Religion entfalten. Die vier Stücke von ihr, die von 1789 an in Paris und in der Provinz aufgeführt werden, handeln von der Abschaffung der Sklaverei, dem Genie Mirabeaus, den ungerechtfertigten Privilegien der Klöster und vom Patriotismus. Ihr politisches Werk besteht darüberhinaus aus ca. 50 Schriften (Propagandaschriften, Reden, Zeitungsartikel), von denen einige nur eine halbe Seite lang sind, und die meisten durch Plakatieren verbreitet wurden.

Man könnte dieser Autodidaktin vorwerfen, ihr Privatleben nicht von den allgemeinen Betrachtungen, die sie über die politischen Ereignisse des Landes anstellte, getrennt zu haben. Hier und da gleitet sie unvermittelt vom Thema ab, um ihre finanziellen Probleme zu erwähnen oder um die Schwierigkeiten, die ihr Sohn mit seiner Stelle beim Herzog von Orléans hat, zu streifen . . . Die fatale Konsequenz: Die Nachwelt zieht es vor, ihr gesamtes Werk zu ignorieren, anstatt die qualitativ wertvollen Stücke herauszulesen. Und die sind sehr zahlreich. Sie vermitteln die reiche persönliche Erfahrung und die außergewöhnliche Intelligenz einer Frau, die eine der großen Zeuginnen der Französischen Revolution ist.

Selbst 1789 läßt ihr unermüdlicher Eifer als patriotische Schriftstellerin sie nicht die anderen literarischen Genres vernachlässigen. So beginnt sie in diesem Jahr die Vorbereitung für ihren Roman, den wie sie sagt „weisesten, verrücktesten, und originellsten"[3], für den sie den Titel *Der philosophische Prinz* wählt. Er umfaßt 522 Seiten, und sie wird ihn erst 1792 veröffentlichen. Das hindert sie aber keineswegs daran zu behaupten, sie hätte ihn in fünf Tagen geschrieben und fertiggestellt!

Dieser „politisch-philosophische Roman vermittelt das 18. Jahrhundert auf sehr anziehende Art", wie der Sohn des Konventsmitgliedes Philippe Lebas schreibt".[4] Er streift die Welt von den Malediven bis nach Peking, ist orientalisch gefärbt und beinhaltet lange philanthropische Deklamationen, die ganz dem

Geschmack der Zeit entsprechen. Davon abgesehen macht Olympe nichtsdestotrotz Einschübe ganz anderer Art, die die Stellung der Frauen in der bürgerlichen Gesellschaft betreffen...

Häufig erörtert Olympe auch die Theorien, die den Urzustand und die freie Erziehung durch die Natur rühmen. Natur ist das Schlüsselwort derer, die die Revolution vorbereitet haben. Im Hintergrund des gesamten Werkes von Olympe de Gouges erkennt man die langen Lobreden auf eine Natur, der sie, wie Mercier meint, alle ihre Talente verdankt.[5] Tatsächlich identifiziert sich die leibliche Tochter von Le Franc absolut mit dieser Natur, deren Kind zu sein sie sich schmeichelt. Sie gefällt sich darin, jederzeit emphatisch zu wiederholen: „Ohne Einflußnahme meinerseits wird mir zweifellos dieselbe Bewunderung dargebracht werden, wie man sie den Werken der Natur zukommen läßt. Ihr verdanke ich alles, ich bin eine ihrer hervorragenden Produktionen." [6] Im Vorwort ihres Stückes über die Sklaverei, in der Ausgabe von 1792, schreibt sie auch: „Ich, die ich nichts als die guten Grundsätze der Natur studiert habe, versuche nicht mehr den Menschen zu erklären. Meine urtümlichen Kenntnisse haben mich gelehrt, die Dinge nur nach meinem Gemüt zu beurteilen. Auch meine Werke sind nur von Menschlichkeit geprägt".

Sie ist so sehr Rousseauistin, daß sie von sich selbst ganz angetan ist, weil sie mit so wenig Ausbildung so viele Ideen hat: „Ich werde meine Überlegungen entsprechend meinen simplen Kenntnissen ausbreiten, versichert sie, als sie *Das einfache Glück des Menschen*, ihren ersten philosophischen Aufsatz schreibt. Die Natur wird mich in meinen Unternehmungen leiten."

In diesem Aufsatz von 1789 erörtert sie die verschiedensten Themen – persönliche Probleme inbegriffen –, die sie manchmal mit geistreichen oder witzigen Betrachtungen untermauert, wie z. B. der folgenden: „Um die menschliche Natur wiederzufinden, müßte man gleich nach ihrer Geburt zwölf Jungen und Mädchen in einer Umzäunung mit taubstummen Erwachsenen einschließen ..." [7] An anderer Stelle skizziert sie das verführerische Projekt, ein zweites Théâtre Français zu gründen.[8] Es sollte „Nationaltheater" genannt werden und ein Theater von Frauen sein: von Autorinnen, Schauspielerinnen und Zuschauerinnen. Olympe hatte so auf ihre Weise die Idee ihrer Autorenfreunde, besonders Cailhavas, wieder aufgenommen und adaptiert, die ein zweites Théâtre Français gründen wollten, um die exorbitante Macht der Comédie Française auszugleichen. Der Vorschlag, ein Nationaltheater der Frauen zu gründen, der – es ist nicht verwunderlich – nicht realisiert wurde, war eine Reaktion auf die Diskriminierung weiblicher Autoren. In der Comédie Française wurden von 1680 bis heute 2.627 verschiedene Stücke gespielt und nur 77 davon sind Werke von Frauen.

In der *Verabschiedung von den Franzosen*, Streitschrift von 1790, listet Olympe für ihre Leser ihre neuesten Theaterproduktionen auf, die übrigens unveröffentlicht geblieben sind: *Der Sklavenmarkt*, Komödie in drei Akten und *Die Gefahr von Vorurteilen oder die Schule der Jungen Leute*, ein Drama in fünf Akten, das sie am 6. November der Comédie Française unter dem Titel *Der neue Tartuffe oder Schule der Jungen Leute* zur ersten Lesung anbietet. Bei der Gelegenheit schickt sie zwei andere Manuskripte mit, die sie bisher zurückgehalten hat: *Die Träumereien von Jean-Jacques oder Der Tod von Jean-Jacques in Ermenonville* und *Die freiwilligen Gelübde oder Die Schule des Fanatismus*. „Ich gebe Ihnen in einer Zeit den Vorzug", schreibt sie den Schauspielern, „wo alle Welt Sie zu verachten scheint . . ."[9]

Tatsächlich denkt man damals bereits ernsthaft daran, die Privilegien der Schauspieler abzubauen und die Vorschriften des Théâtre Français zu modifizieren. Nur das Stück über Rousseau wird in der Lektüre zugelassen, aber am 12. Jänner 1791 dann doch einstimmig zurückgewiesen.

Die *Freiwilligen Gelübde* werden nach einigen Zwischenfällen (die im Vorwort des Stücks erläutert werden) am 4. Oktober 1790 im Théâtre Comique et Lyrique der Rue de Bondy unter dem Titel *Das Kloster oder die erzwungenen Gelübde* inszeniert. Das Stück war Anfang 1790, also mehrere Monate vor der Abstimmung über die zivilrechtliche Konstituierung des Klerus, geschrieben worden. Der Antiklerikalismus entsprach dem Zeitgeist, und dieses Stück, das von den „Gelübden, die den jungen Leuten entrissen werden" und den „Priestern, die sich darin hervorgetan hatten" handelt, hat einen gewissen Erfolg. Es finden mehr als 80 Aufführungen in Paris und in der Provinz statt.[10] Es handelt davon, daß ein Marquis seinen Sohn hindern will, Julie zu heiraten. Er versucht sie mit Hilfe eines Großvikars zu zwingen, das letzte Gelübde abzulegen. Ein guter Pfarrer verhindert dies:

> *„Die Religion verlangt keineswegs, für die Stimmen der Natur taub zu sein. Wie ihre Dogmen mit den Aufgaben der Gesellschaft in Übereinstimmung zu bringen sind, das ist die Moral, das ist die Belehrung, die wir den Menschen schuldig sind. Überlassen Sie es denen, sich dem Altardienst zu weihen, die dazu besonders berufen sind und zwar in einem Alter, wo die Vernunft sie bereits zur Genüge über diesen Status, an dem es so schwierig ist, Gefallen zu finden, unterrichten konnte. Aber verzichten Sie auf die tyrannische Macht, die ängstliche Unschuld in den Klöstern anzuketten und sie wider Willen zu verurteilen. Bedenken Sie, daß das Recht, sich in der Gesellschaft frei einen Platz zu wählen, von Natur aus jedem denkenden Wesen zukommt und daß die erste all seiner Pflichten die ist, nützlich zu sein."*

Um gewisse fromme Personen lächerlich zu machen, hatte Olympe besondere Situationen ausgearbeitet, die bei der Aufführung dann so gar nicht dem Geschmack des Redakteurs des *Almanach des Spectacles* entsprachen:

> *„Das Stück ist gut geschrieben"*, anerkannte er, *„Es hat Bewegung, schöne Bilder, Wärme und ist interessant; aber was man auch auf die Gefahr hin, sich den Tadel von Freigeistern zuzuziehen, nicht vergeben kann, ist die Darstellung eines Kapuziners auf der Bühne als Liebhaber; einer Äbtistin, die bei jedem Schritt die Fallen des ‚Engels der Finsternis' zitiert. Gläubige, die das Evangelium*

tragen, sich vor dem Altar niederknien und ihr Gebet vor
einem Kreuz verrichten. Wenn das so weitergeht, wird
man bald einen Schauspieler die Messe lesen lassen und
die Heilige Kommunion auf der Bühne verabreichen sehen.
Diese Verspottung ist höchst sündhaft; sie verstößt gegen
alle guten Sitten. So weit darf die Freiheit nicht gehen." [11]

Aber die religiöse Respektlosigkeit gehörte zum guten Ton.
Ein anderer Journalist huldigte den Damen De Gouges, von
Villeneuve und Monnet, drei beliebten Dramatikerinnen, da
sie in ihren Stücken dem Volk den „revolutionären Enthusiasmus" zu vermitteln wüßten. [12]

Aber Olympe hatte inzwischen erklärt, daß es für sie an der
Zeit sei, der Literatur den Rücken zu kehren. Sie wollte sich
mit einem Stück verabschieden, in dem auf der Bühne eine
ganze Reihe von Lächerlichkeiten bloßgestellt wurden, ohne
die eigenen auszusparen. Sie nannte es *Madame de Gouges in*
der Unterwelt:

> *„Ich werde zur Hölle fahren, aber nicht alleine; ich*
> *werde die kleinen aristokratischen Mätressen, die Dem-*
> *agogen, die Fanatiker etc. zwingen, mir zu folgen. Es wäre*
> *sehr amüsant, würde mich diese Posse mit Ruhm über-*
> *häufen; erstaunen würde es mich nicht."* [13]

Aber am 2. April 1791, als sie vom brutalen Tod Mirabeaus, dem „Vater der Freiheit", erfährt, verfaßt sie erschüttert
zu seinen Ehren das Totengedicht *Das Grab Mirabeaus* [14], das
sie im Cafe Procope verliest. Als eine der ersten verlangt sie
darin öffentlich, daß die Reste des Tribuns mit großem Glanz
zum Panthéon getragen werden sollten.

Während der folgenden Tage huldigt sie ihm noch einmal mit
einem Stück in vier Akten *Mirabeau auf den Champs-Elysées*, in
welchem man Louis XII, Henry IV, Franklin, Louis XIV, Ninon de
Lenclos, Madame Deshoulières, Madame de Sévigné und viele
andere aufmarschieren sieht. Sie verkörpern alle mehr oder
weniger die politischen Ideen der Autorin; ihren Feminismus,

ihren Glauben an die Seelenwanderung. Die Seele des Demosthenes hat sich in der Mirabeaus ansässig gemacht, die des Curtius in der des jungen Désilles (ein Held des Tages), Ninon de Lenclos und Madame Deshoulières treten für die Frauen ein. Das Stück wird mit Enthusiasmus von den Künstlern der Comédie–Italienne aufgenommen. Nur kürzen sie das Stück dermaßen, daß es in nur einem einzigen Akt aufgeführt wird. Das Datum der Aufführung ist für den 14. April festgelegt. Für die einen beinhaltet das Stück „starke vernünftige und schwungvolle Ideen"[15], und andere erwidern, wie Stanislas de Girardin, daß man bei diesem „Werk, das Olympe de Gouges in 36 Stunden entbunden haben soll, einzig und allein der Absicht Beifall zollen könne". Er gibt auch an, sich erinnern zu können, daß ihm sein Nachbar in der Mitte des Stückes die folgende Überlegung zugeflüstert hätte: „Es ist ein wahres Paradestück für den monarchistischen Club; alle Augenblicke findet man die schwachen und ängstlichen Grundsätze von Clermont-Tonnerre wieder. Dieser Mirabeau ist im Vergleich zu unserem Mirabeau das, was 89 für einen Patrioten ist, oder besser gesagt, das was ein Kastrat für einen Mann ist". „Dabei war mein Nachbar ja noch verzaubert", wie Girardin weiterschreibt, „Mirabeau war in seinen Augen der Typ des vorbildlichen Bürgers."[16]

Diese Ansicht über Mirabeau teilte Olympe mit einer gewissen Reserve. Denn, obwohl sie zutiefst die Gedanken und die Eloquenz Mirabeaus bewunderte, hatte sie einige Jahre vorher einen gewissen Verdacht über seine Gesinnung in der *Rede des Blinden an die Franzosen* geäußert. Ein Verdacht, der sich in der Folge bewahrheiten sollte: Die Bestechlichkeit Mirabeaus und sein abgekartetes Spiel mit dem Hof sind heute unbestritten.

Mirabeau auf den Champs-Elysées hatte in Paris mäßigen Erfolg (877 Besucher am ersten Abend, ohne die Jahreslogen zu zählen), aber einen größeren in der Provinz. Dort beauftragte Olympe verschiedene Gemeindeverwaltungen, ihren Autorenanteil einzubehalten, um ihn den Frauen, die sich durch patriotische Taten ausgezeichnet hatten, zukommen zu lassen.

Die Gemeindeverwaltung von Bordeaux ermutigt sie: „Wie ist es schön Madame, wie Sie ihre Freizeit den Helden der Revolution und ihrem Ruhm widmen! In einem dramatischen Werk die

Charaktere der Verteidiger der Freiheit nachzuzeichnen, heißt, sie auf die lebendigste und wahrhaftigste Art in Erinnerung zu rufen. Es heißt auch, sich das Recht auf Anerkennung der wahren Freunde des Guten zu erwerben."[17] Der Aufführung, die am 1. Juni im Großen Theater in Bordeaux stattfindet, wohnt unter anderem der Prinz Friedrich August von England bei. Das bürgerlich liberale Publikum, das von dem politisch gemäßigten Charakter dieses Stückes sehr angetan ist, spendet wärmsten Applaus.

Mit der Revolution hatte sich das Vergnügen am Theater nicht verringert, weit gefehlt; die Theatersäle waren permanent überfüllt. Aber das Repertoire beinhaltete eine noch sehr begrenzte Anzahl von Stücken, die sich auf die neuen Ideen beriefen. Um die Nachfrage zu befriedigen, produzierten Dramatiker wie Olympe, ein bißchen zu hastig, Propagandatheater, das die markanten Ereignisse und Personen des Moments feierte, und das heute kaum mehr von historischem Interesse ist. Wer kennt die politischen Stücke von Monvel, Fabre d'Eglantine oder Ronsin?

Am 22. Juni 1791 löste die Nachricht von der Flucht und anschließenden Festnahme des Königs in Varennes heftige Emotionen in ganz Frankreich aus. Das ist für Olympe die Gelegenheit, ihren Bürgereifer wieder zu stärken, und sie präsentiert der Nationalversammlung das Projekt zur Gründung einer „weiblichen Nationalgarde". Als König wirft sie Louis XVI zwar vor, ein „Heuchler" und „Betrüger" zu sein, doch als Mensch, der in den Tuilerien inmitten eines „lasterhaften Hofes" festsitzt, glaubt sie, ihn nicht „vollständig zur Verantwortung ziehen" zu können. In der Tat flößt ihm die Königin kein Vertrauen ein und seine Umgebung noch weniger. Nach Meinung Olympes wäre die folgende Maßnahme sofort nach der Rückkehr der königlichen Familie in die Tuilerien zu treffen: alle ehemaligen Prinzessinnen, Herzoginnen und Marquisen des Palais zu verjagen, „um diese Klasse von Frauen, Sklavinnen ihrer Vorurteile, durch aktive und eifrig um das Wohl des Vaterlandes bemühte Bürgerinnen zu ersetzen".[18] Dieses Projekt wird von der Nationalversammlung übergangen. Mit größter Ernsthaftigkeit wird es hingegen von den Mitgliedern der *Brüderlichen Gesellschaft Beider Geschlechter* studiert, an die es Olympe ebenfalls geschickt hatte.

Anfang Juli bringt sie eine neue Streitschrift mit dem Titel „*Wird er König oder wird er es nicht?*" in Umlauf, in welcher sie sich, wie die meisten Bürger, über die Konsequenzen des Zwischenfalls in Varenne befragt. Auf die Frage: „Wird man eine republikanische Regierung akzeptieren, den König wieder auf den Thron setzen, oder wird man einen Regenten ernennen?" schlägt sie Louis XVI eine vierte Alternative vor, die eng mit ihrem jüngsten Projekt verknüpft ist:

> „ . . . *Sie haben gesehen, daß die Macht eines Königs nichts ist, wenn sie nicht von der Höchsten Kraft ausgeht und vom Vertrauen des Volkes unterstützt wird (...); Sie müssen sich diesem Gesetz, das stärker ist als Ihre eitlen Vorurteile, unterwerfen. Die Geisteshaltung Ihres Hofes muß geändert werden, es muß eine vollständige Veränderung Ihres Hauses sowie dessen der Königin, der königlichen Hoheit von Madame Elisabeth erfolgen; um diesen dekadenten Hof zur Gänze ebenso wie die Verfassung zu erneuern. Und um die Aristokraten durch patriotische ehemalige Adelige sowie für ihren Patriotismus bekannte Bürger und Bürgerinnen zu ersetzen . . .*"

Dann lenkt die „konstitutionelle Monarchistin" die allgemeine Aufmerksamkeit von neuem auf den Herzog von Orléans, das hauptsächliche Objekt ihrer Attacken. Sie verdächtigt ihn, die Nationalversammlung durch seine Verleumdungen spalten zu wollen. Er hatte nämlich in Paris eine Liste von Abgeordneten kolportieren lassen, die angeblich vom Hof bestochen worden waren: „Les Lameth, Le Chapelier, Barnave und Rabaut Saint-Etienne waren daraufhin der Raserei des Volkes ausgesetzt", empört sie sich. „Und das irregeleitete Volk erkennt nicht woher das kommt! Abscheuliches Palais Royal, wenn dich nur eines Tages das enttäuschte Volk in Asche legen könnte!"[19]

Obwohl sie die Unternehmung von Varennes verdammt, bleibt Olympe doch der konservativsten Tendenz des Parlaments verbunden und fordert mit ihr die strikte Anwendung der Verfassung, predigt Eintracht und die Unterwerfung unter die Gesetze. Als Gemäßigte bedauert sie die Kluft zwischen den monarchistischen und konstitutionellen Prinzipien, und sie versucht die Kompromißlosesten, die sich anschicken, „mit zuviel Gewalt den Baum der Monarchie" auszureißen, zur Vernunft zu bringen: „Wenn Sie eine Hand zu heftig in den Ameisenhaufen des Staates stecken", sagt sie ihnen, „erzeugt es eine Unruhe, über die Sie die Herrschaft verlieren werden. Die Bienen fliehen und der Schwarm produziert nicht mehr; Sie haben Glück, wenn sich die Wut nicht gegen Sie wendet und sie Sie nicht alsbald ihre tödlichen Stachel spüren lassen..." [20] Ein Vergleich, der sich in den kommenden Monaten als sinnvoll erweisen sollte ...

Am Vortag der Flucht des Königs nach Varennes, am 19. Juni 1791, war Duveyrier auf Vorschlag von Duport-Dutertre, dem damaligen Justizminister, von Louis XVI nach Worms geschickt worden. Er trug einen Erlaß der Nationalversammlung bei sich, der dem Prinzen von Condé, dem Kopf der Emigrantenkolonie, den Befehl erteilte, seine Drohungen einzustellen und nach Frankreich zurückzukehren. Wider alle Erwartungen scheiterte die Mission des Botschafters jämmerlich: er wurde 25 Tage lang in Luxemburg inhaftiert.

Einige Zeit davor hatte er Olympe in einem Gedicht unter dem Titel *Verse an eine sogenannte Weise* wenig schmeichelhaft dargestellt. Die Betroffene scheute sich nicht, es in extenso in einer ihrer Streitschriften wiederzugeben:

Närrisch nach allem, vor allem nach Liebe
weiß sie Bescheid über Tanz, Politik
Dichtkunst und Oper, Malerei und Musik
Befriedigt sich blöde die schöngeist'gen Triebe
Lobt oder geißelt jeden sinnlosen Spleen
Bejubelt die Sänger, buht den Schauspielern
Anmaßend dumm macht sie auf connaisseur
Und hat dabei nicht den blassesten Dunst.
Was großartig ist, und was ordinär.

Dem Kenner, dem wahren, gebührt unsre Gunst.
Der Andere, Möchtegern ist bloß ein Malheur.
Die Kunst, meine Liebe, die soll Sie beglücken
Soll Genuß Ihnen sein und Zeitvertreib,
Doch sich als Kritiker fühlen ist nichts für ein Weib.
Schöne Frauen sind da, um Männer zu entzücken.

Dieser wagemutige Anonymus führte Olympe keinen Augenblick lang hinters Licht. Sie benutzte die Gelegenheit des diplomatischen Mißerfolgs von Duveyrier – der vom König der Franzosen zu De Condé geschickt worden war und dort „empfangen wurde, als käme er vom König der Fensterputzer" – um sich zu rächen. Sie beeilt sich, vier offene Briefe zu verfassen, die sie jeweils an den König, die Königin, den Prinzen von Condé und den berühmten Duveyrier richtet. Letzterem schlägt sie spöttisch vor, ihn in seiner Botschaft zu ersetzen. Diese Idee ist so offensichtlich lächerlich, daß sie die Kühnheit der Äußerungen, die sie gegenüber dem König macht, mildert: Sie verdächtigt ihn, „über eine Pyramide von Kadavern" regieren zu wollen. Sie ahnt und fürchtet einen Krieg, in den Marie-Antoinette das Land stürzen will, da diese eine rege Korrespondenz mit ihrem Bruder, dem Kaiser von Österreich, unterhält. Darauf weist Olympe den König unfreundlich hin. Den Prinzen von Condé maßregelt sie mit ungewohnter Strenge und in einem Ton, den man von ihr nicht kennt:

> *„Man singt, man tanzt, ein junger Mann von 15*
> *Jahren glaubt bereits, ein Cäsar zu sein; der Ärmste,*
> *kaum kann er sein Gewehr tragen! Der Enthusiasmus*
> *ist groß, alles taumelt, alle glauben in den Kampf zu*
> *eilen, dabei gehen sie in eine Schlächterei: Wenn, sagt*
> *sie zu Condé, die edle Beschäftigung des Schlächters*
> *Deinen Bestrebungen noch schmeichelt, dann entfalte*
> *Deine Fahne, sie wird Dir in dem Gemetzel noch dienlich*
> *sein! (...)*
> *Ich werde Dich zurückbringen, das versichere ich*
> *Dir, ebenso wie alle Deine zufälligen Reisegefährten,*
> *egal wie groß auch Dein Stolz und Dein prachtvoller Mut*

sein mögen: auch Herkules fügte sich vor Omphale ...
Ich werde in meiner Mission untergehen oder ich werde
als Sieger zurückkehren!" [21]

Der zweite Kommandant von La Fayette, General Gouvion, der in den Tuilerien in Garnison liegt, ist der schönen Olympe ganz ergeben und übernimmt es, am 4. August diese „Offenen Briefe" im Palais zu verteilen.[22] Sie rufen dort eine derartige Resonanz hervor, daß eine „unmenge Fremder" nach Auteuil eilen, um von der Autorin gedruckte Exemplare zu erbitten.

Unter ihnen ist ein alter Befehlshaber von Malta, der Olympe für das jämmerliche Schicksal von Louis XVI „erbarmen" will. Sie antwortet:

„– Könige sind nagende Würmer, die die Substanz des Volkes bis auf die Knochen gierig abfressen.

– Ich glaubte, sie seien Royalistin, Madame?

– Ja Monsieur, fährt sie fort, ich bin es, aber im Sinne der Konstitution und außerhalb der Verfassung kenne ich den König nicht." [23]

Aber, denkt sie weiter, solange man den König noch nicht abgesetzt hat, hat man kein Recht, ihn in den Tuilerien unter der Aufsicht von La Fayette einzusperren und noch weniger hat man das Recht, ihm seine königlichen Kompetenzen abzusprechen. Es handelt sich hier für sie um eine unlogische Halbmaßnahme und im Grunde um Feigheit, oder vielmehr zwei Feigheiten. Einerseits um Feigheit gegenüber der von Louis XVI schändlich betrogenen Nation. Aber auch um Feigheit gegenüber Louis XVI, der König geblieben und in der Hand von Leuten ist, denen er aus Mangel an Kraft nicht widerstehen kann, obwohl er im Besitz seines Thrones geblieben ist.

In der *Reue von Madame de Gouges* (am 5. September 1791) widersteht die Logik von Olympe weder ihren royalistischen Obsessionen noch den Wallungen ihres Herzens. Sie bekennt und rühmt sich, „Aristokratin" geblieben zu sein. In Wirklichkeit bleibt sie aber restlos zwiespältig zwischen ihrem kindlichen Respekt gegenüber dem Monarchen, dem „König der Franzosen", und ihrer unveränderlichen Treue gegenüber der Verfassung. Zehn Tage später frohlockt sie: Louis XVI leistet den feierlichen Eid auf die Verfassung. Sofort läuft sie in ihre Druckerei in der Rue Christine und bittet, auf den Fahnen ihrer letzten Streitschrift ein Postskriptum einfügen zu dürfen, um das Ereignis zu feiern. In ihrer Begeisterung huldigt sie nebenbei auch Talleyrand, dessen Namen wie sie versichert, „der Nachwelt immer teuer bleiben würde".[24]

Was sie nicht weiß ist, daß mit der Broschüre, die sie selbst gerade drucken läßt, ihr eigener Name in der Ideengeschichte geweiht werden sollte. Als erste unterzeichnet sie einen feministischen Text in einheitlicher und quasi offizieller Form, *Die Erklärung der Rechte der Frau und Bürgerin*, in dem sie für ihr Geschlecht die Gleichheit der zivilen und politischen Rechte fordert.

Das Jahr 1792 und besonders der 10. August gibt der revolutionären Dynamik einen entscheidenden Impuls. Am 30. September 1791 hatte die Konstituante, Gremium der Verfassungsgesetze und des Parlamentarismus, der gesetzgebenden Versammlung Platz gemacht. Die neue Versammlung besteht noch aus einer großen Anzahl von Befürwortern der Konstituante. Durch die Entwicklung der Unabhängigen und die große Aktivität, die in der Folge von den linken und extrem linken Parteien entwickelt werden wird, rutscht sie dann aber immer mehr nach links. Bis zum 10. August zählt Olympe de Gouges zu denen, die eine konstitutionelle Monarchie anstreben und bezeichnet sich in einem ihrer Artikel, der im *Thermomètre du Jour* vom 10. März erscheint, als „gemäßigte und patriotische Royalistin":

> *„Ich erkläre nun, wo sich das Vaterland in Gefahr befindet: Wenn der Despotismus die Oberhand gewinnt, dann Adieu der Bürgerfreiheit und den Menschenrechten. Die Martern der Tyrannen sind doppelt so grausam wie die momentane Raserei. Bürger bereitet Euch darauf vor, Schafotte und in allen Straßen von Paris errichtete Galgen zu sehen ..."*

Dennoch führt sie anschließend über die „aristokratischen Bösewichte und Gaukler" die folgende Anekdote an:

„Ein Ex-Marquis, Vater von zwei hübschen Töchtern sagte: Ich werde sie höchstpersönlich in das Bett der Minister legen, um die Konterrevolution zu beschleunigen." Olympe resümiert spöttisch: „So zeichnet sich der Adel durch edle Methoden aus".[25]

Zu guter Letzt verlangt sie aus ganzem Herzen nach einem „königlichen König", einem Freund seines Volkes, und nicht seiner Höflinge, die für ihn entscheiden.

Am 22. März gibt sie der Nationalversammlung ihre jüngsten Überlegungen in einem *Das französische Gemüt oder Das Problem, das wegen des Labyrinths der diversen Verschwörungen noch zu lösen wäre* genannten Aufsatz bekannt. Die Zeitschrift *Thermomètre du Jour* bemerkt diese Publikation und trägt ihr drei Tage später mit den folgenden Worten Rechnung:

> *„Dieses Werk ist würdig, an der Seite der anderen Veröffentlichung von Madame de Gouges aufzuscheinen. Man erkennt hier ihre außergewöhnliche Sensibilität, die Reinheit ihrer Absichten, und vor allem die Richtigkeit ihrer Ansichten. Madame de Gouges hätte gewünscht, daß sich die Revolution mit Komplimenten vollzogen hätte, ohne Gewalt, ohne Blutvergießen; dieser Wunsch, Beweis ihres guten Herzens, konnte nicht in Erfüllung gehen; die Kenntnis des Herzens der Unterdrücker und der Unterdrückten, die Erfahrung, die uns die Geschichte lehrt ist, daß ein versklavtes Volk nur mit Blut und Gewalt seine Freiheit erobern kann."*[26]

Das französische Gemüt, Louis XVI gewidmet, ist trotz einiger Längen und langweiliger unnötiger Wiederholungen, eines der bemerkenswertesten Manifeste Olympes. Mit Inspiration sieht es eine Revolution voraus, deren Widerhall und Auswirkungen universell sein würden: „Niemals gab es etwas Schöneres, als das, was sich jetzt entscheiden wird. Es ist die Sache des Volkes."

Als gute Patriotin immer vorsichtig, bedauert sie, daß das Parlament, immer etwas hinter den Ereignissen und Ideen zurück, von Tag zu Tag mehr „in Widerspruch mit seinem eigenen Werk, der Verfassung" käme. An anderer Stelle prangert sie die Korruption der Minister an, empört sich über die Unordnung in der Verwaltung, protestiert gegen die Gewalt und vor allem kritisiert sie das Parlament wegen der geringen Anerkennung, die den Frauen entgegengebracht wird. „Oh mein armes Geschlecht, oh Frauen, die ihr in dieser Revolution nichts erreicht habt." [27] Gleichwohl vergißt sie dabei, sich an die Bemühungen der Konstituante zu erinnern, die die ewigen Klostergelübde abgeschafft und die Gütertrennung zu gleichen Teilen eingeführt hatte. Aber das war ihr zu wenig: Wie es der Historiker Léopold Lacour ausdrückte, „verlangte sie nicht Rechte, sondern alle Rechte für alle Frauen".[28]

Das Erscheinen des *Französischen Gemütes* ruft einige Reaktionen hervor. Darunter die wohlwollende des Bürgermeisters von Paris, Pétion, der am 27. März auf die Bemerkungen der Autorin über die Inkohärenz der Verfassung von 1791 antwortet:

„ . . . Man muß nur die Augen öffnen über die unzähligen Regierungen, die über das Schicksal der armen Menschen verfügen; ihre Verschiedenheit ist ein schönes und großes Thema für die Meditation; es gibt deren so bizarre, so absurde, den Naturprinzipien und der Vernunft dermaßen entgegengesetzte, daß man nicht versteht, wie sie existieren können. Dennoch gewöhnen sich die Menschen daran, wie soll ich sagen, es macht sie götzendienerisch, die öffentliche Meinung und die Vorurteile unterstützen und bewahren sie. Wenn die Verfassung also ihre Schwierigkeiten zeigt, gewisse Bedrängnisse in der Anwendung, so ist keineswegs im Werk selbst die Ursache dafür zu suchen . . ."

Der Staatsanwalt der Kommune, Pierre Manuel, nahm *Das französische Gemüt* ebenso zur Kenntnis, doch kritisierte er die Autorin: „ . . . Madame de Gouges sieht die Revolution nicht genauso wie die Patrioten, aber ihre Absichten sind dieselben. Es gibt mehrere Wege, die in die Freiheit führen. Sie hätte einen gewollt, der nur mit Blumen besät gewesen wäre;

das ist die Neigung ihres Geschlechts, die sie aufkommen läßt. Madame de Gouges wollte auch zur Erlösung der Schwarzen beitragen; sie könnte aber Sklaven finden, die ihre Freiheit gar nicht wollen . . .“

Sie antwortet darauf am 14. April in *Der gesunde Menschenverstand der Franzosen oder die Verteidigung des wahren Adels*: „Lassen wir die Vorrechte meines Geschlechts beiseite, die ich seit langem für eine so schöne Sache aufgegeben habe; mein Herz und meine Seele sind ihr zur Gänze ergeben. Und wenn ich ebenso wie der Autor des erhabenen ‚Contract social‘ gehofft habe, daß die Revolution ohne Blutvergießen stattfinden könnte, so weil ich wie er fürchtete, daß ein einziger verschütteter Tropfen ganze Ströme davon zum Vergießen bringen könnte . . .“

Sie wollte ihre Leidenschaft für Freiheit und Gleichheit über die Grenzen hinaustragen und war eine leidenschaftliche Revolutionärin: „Frankreich, die Mutter aller Völker geworden, muß alle Tyrannen der Erde zerstören.“ Sie verglich die alte Herrschaft mit einer „geschickten Kokotte“: „Kunstvoll versteckte sie die Verwüstungen der Zeit, sah das Universum zu ihren Füßen und schmeichelte sich damit, niemals alt zu werden: ungerecht, despotisch und voller Laster, waren ihr ihre Bewunderer nur noch ergebener.“ [29]

In ihrer Propagandaschrift verabsäumte es Olympe nicht, das Wahlrecht für alle Bürger zu fordern, ohne Unterschied des Geschlechts; aber ihrem Wunsch wurde nur zur Hälfte Rechnung getragen. Im August 1792 bleiben die Frauen noch für viele weitere Jahre politisch unmündig.

Leider beinhaltet der Brief, der ihrem an das Parlament geschickten Exemplar beiliegt, eine unglückliche Formulierung. Der Brief wird am Beginn der Sitzung verlesen: „Seit fünf Jahren schreibe ich ohne Pause, ich habe Frankreich mit meinen nützlichen Projekten überschwemmt (Lachen und Gemurmel), mit meinen wohltätigen Bemerkungen, und habe damit die Feinde der Partei ermüdet . . .“. Als Antwort auf die Vorbehalte, die sie über die Zweckmäßigkeit eines Staatsfestes äußert, das von den Jakobinern gewünscht wird, wirft ein Deputierter, Mathieu Dumas, ein: „Ich verlange, daß die Schleusen dieser Überschwemmung geschlossen werden!" Dem wird Folge geleistet, und die Versammlung geht zur Tagesordnung über.[30]

Durch und durch Amazone der Feder, verspürt Olympe de Gouges das dringliche Bedürfnis, an den Ereignissen ihrer Zeit teilzunehmen. Aber wie, wenn nicht durch ihre Schriften oder durch eine isolierte und manchmal recht spektakuläre Intervention. Wie sonst hätte sich – auch Charlotte Corday im folgenden Jahr – eine Frau damals Gehör verschaffen können? Olympe zieht die Feder dem Dolch vor und lernt mit der Zeit, sie zu spitzen. Und sie bedient sich ihrer mit schöner Regelmäßigkeit die 18 Monate, die ihr noch zu leben bleiben. Wenn sie sich nicht gerade in Widersprüchen verfängt, ist sie äußerst hellsichtig und formuliert im Handumdrehen; die Wörter ihrer Texte haben manchmal die Schärfe eines Blitzes . . .

Im Frühling 1792 erscheint ihr Name öfter in der Presse beider Lager. Im royalistischen *Sabbats Jacobites* wird er zusammen mit denen von Lucile Desmoulins, Germaine de Staël und anderen gefeierten „Vestalinnen" für ihre Hingabe an die „Republik von Brissot" erwähnt.[31] Aber auch vor den Augen der Republikaner findet Olympe de Gouges keine Gnade. Sie werfen ihr einerseits vor, reaktionäre Positionen einzunehmen – vor allem ihre feindliche Gesinnung gegenüber der Huldigungsfeier für die märtyrerischen Soldaten von Châteauvieux – und andererseits, „ruhmsüchtig" zu sein.

Diese Vorwürfe schüchtern sie keineswegs ein. Ganz im Gegenteil: Ende April wagt sie eine gleichzeitige Attacke gegen Jakobiner und die Feuillanten, zwei völlig entgegengesetzte Tendenzen im Parlament. In 16 scharf formulierten Seiten einer *Die Finsternis der Jakobinischen Sonne und des feuillantischen Mondes* genannten Streitschrift kritisierte sie die Mitglieder der Clubs, die zwei Wochen vorher ihrer *Der gesunde Menschenverstand der Franzosen oder die Verteidigung des wahren Adels* genannten Streitschrift einen schlechten Empfang bereitet hatten. Die Jakobiner, speziell Robespierre, Carra und Collot d'Herbois, sollen damals geantwortet haben: „Der Autor ist bekannt, er schreibt gegen unsere Prinzipien, daher muß man ihm die Anerkennung verweigern."

Die Feuillanten hatten es sogar gewagt, eine Verordnung

zu verlangen, um „die Verbreitung so eines suspekten Werkes"
zu verhindern. Olympe hatte das natürlich nicht auf sich
beruhen lassen und schlagfertig mit *Die Finsternis* geantwortet:

> *„Schließlich erreichen wir den schrecklichen Moment,*
> *der über das Schicksal aller Völker entscheiden wird. Die*
> *jakobinische Sonne stürzt sich auf den feuillantischen*
> *Mond. Dieser schlendert langsamen Schritts auf gewun-*
> *denen Faden quer über die Wolken. Diese beiden künstli-*
> *chen Wesen wollen die Erde verschlingen. Aber die Erde*
> *erhebt sich, stürzt sich in die Finsternis, und gibt dem Tag*
> *die Klarheit zurück, die sie mit ihrem düsteren Einfluß be-*
> *sudelt hatten . . ."* [32]

Anscheinend ließen diese astrologisch-politischen Ahnun-
gen die Mitglieder der Jakobiner und der Feuillants unberührt. Zumindest dürften wenige von ihnen in der Lektüre
dieser einzigartigen Schrift der Bürgerin de Gouges sehr weit
vorgedrungen sein . . .

Im Zuge eines Aufruhrs, der durch die Teuerung der Lebens-
kosten und den Kornmangel provoziert worden war, war André
Simonneau, der Bürgermeister von Etampes, von der rasenden
Menge ermordet worden. Die Nationalversammlung ordnete für
ihn ein Ehrenbegräbnis an und einige Wochen später, am
12. Mai 1792, beschloß sie aus dieser Persönlichkeit einen Mär-
tyrer der staatsbürgerlichen Gesinnung zu machen. Und zwar
sollten seine Begräbnisfeierlichkeiten in eine nationale Zeremonie umgewandelt werden, die dem Respekt vor dem Gesetz gewidmet war.

Olympe packte diese neue Gelegenheit am Schopf, ihren
Bürgersinn zur Geltung zu bringen. Sie präsentierte sich,
gefolgt von drei Bürgerinnen, eine Woche später vor der Nationalversammlung um eine patriotische und feministische Peti-
tion vorzubringen:

„Nach Vorbild der Römerinnen wollen die französi-
schen Damen in diesem Jahrhundert der Freiheit – das
von der Philosophie vorbereitet wurde, und das das
aller Tugenden sein wird – den französischen Heroen
die Kronen überreichen, die ihnen das Vaterland zuer-
kennt!

Alle Frauen sollen bedeckt mit Trauerkrepp voran-
schreiten, den Sarkophag und ein Banner tragen, das die
heroische Tat dieses großen Mannes widergibt: ‚Für Si-
monneau, die dankbaren Frauen‘. Das Banner soll dann
vor dem französischen Panthéon niedergelegt werden,
wenn den Frauen das Marsfeld verschlossen bleibt. Erin-
nern Sie sich, daß es bei den berühmtesten Völkern die
Frauen waren, die die Helden krönten (...), öffnen Sie uns
die Ehrenschranke und wir werden Ihnen den Weg aller
Tugenden zeigen!"

Ihre kunstvolle Rede löste donnernden Applaus aus. Einer
der Abgeordneten, Quatremère de Quincy, schlug vor, daß die
Versammlung einen „offiziellen Antrag" für dieses Gesuch verfassen solle, der anschließend an die Exekutivmacht weitergeleitet würde, die mit der Organisation des Festes betraut
war.[33]

Die damaligen Zeitungen begrüßen fast einhellig diese Initiative, der „durch mehrere Werke, die ihr Herz ehren und ein
positives Bild von ihrem Geist geben", bekannten Olympe de
Gouges.[34]

Einige beschreiben in ihren Kolumnen das prachtvolle Ze-
remoniell des Frauenzuges, so wie sie es sich vorgestellt hatte.
Einzig die jakobinischen Redakteure der *Révolutions de Paris*
äußern Vorbehalte:

„Wir fordern Madame de Gouges auf, sich weniger
leichtfertig in der Wahl der Verfasser ihrer Reden und
anderer Werke zu zeigen. Man hat sie hier wahrschein-
lich etwas sagen lassen, was sie von sich aus niemals
gesagt hätte. Es ist das erste Mal, zumindest in Frank-
reich, daß man Frauen so zu Männern und vor allem zu

Gesetzgebern hat sprechen hören: ‚Öffnen Sie uns die Ehrenschranke'. Wir bitten die Damen auch aufmerksam, die Ansprachen zu lesen, die man in ihrem Namen an die Öffentlichkeit bringt. Die Ehre der Frauen ist keineswegs eine Barriere, die für sie verschlossen und zur Verfügung der Männer bleibt. Die Ehre der Frauen besteht darin, in aller Stille die Tugenden ihres Geschlechtes zu kultivieren, und zwar unter dem Schleier der Bescheidenheit und im Schatten ihres Heimes. Auch kommt es den Frauen nicht zu, den Männern den Weg zu weisen..."

Die radikalsten revolutionären Tendenzen enthüllen durch diesen Text, daß sie in der Frauenfrage am rückschrittlichsten bleiben.

Beauftragt, die nötigen Gelder für die Organisation des Frauenzuges aufzutreiben, startet Olympe eine Spendenaktion und zahlt als erste 50 Livres ein.[35] Dann wendet sie sich an die Fräulein Raucourt und Contat des Théâtre de la Nation, sowie an zwei Sängerinnen der Oper und insistiert darauf, daß diese Damen in dem Zug jeweils die allegorischen Rollen der Freiheit, Belonas, der Justiz und Frankreichs verkörpern sollten; und zwar in Kostümen „wie sie David in seinen Bildern malt".[36]

Selbst Marie-Antoinette wird von der feurigen Südländerin eingeladen, an der Finanzierung des Festes teilzunehmen. Die Einladung beinhaltet eine kleine Lektion in Staatsbürgerkunde: „Ich bin, schreibt sie ihr, die Verfasserin eines Gesuchs, das im Namen der Frauen für die Gedenkfeier des Bürgermeisters von Etampes verfaßt wurde. Dieser Tag Madame, wird der Triumph des Gesetzes sein, des Gesetzes, welchem Sie unterworfen sind, des Gesetzes, das Ihre Rechte verteidigt, des Gesetzes, das den Unterdrückten hilft (...). Öffnen Sie die Augen über die Vergangenheit, und blicken Sie in die Zukunft . . .". [37]

Dieser Brief, der in der Folge veröffentlicht wird, wird zuerst dem Herzog von Brissac überbracht, der ihn schließlich an die Oberverwaltungsbeamtin der Königin, die Prinzessin von Lamballe weitergibt. Aber diese hält es für nutzlos, der

Bitte stattzugeben. Also begibt sich Olympe in die Tuilerien, um diese Frau zu treffen, die „vernarrt in ihre eitlen Vorrechte ist, die sie ihren Stand nennt".[38] Warnend kündigt sie ihr an: „Die Tyrannen zerren früher oder später ihre Komplizen in den Abgrund."

Erschreckt wendet sich die Prinzessin schließlich doch an Marie–Antoinette, die den Verwaltungsbeamten der Zivilliste, Laporte, beauftragt, 1.200 Livres aus der königlichen Kasse zu entnehmen und sie den verantwortlichen Organisatoren des Festes zukommen zu lassen. Aber die Königin wird neugierig auf diese sonderbare Olympe de Gouges. Ein Untersuchungsbeamter wird eilig zu ihrer Wohnung geschickt: „Er stellte dem Portier hundert Fragen, berichtet sie, zum Beispiel ob ich mehrere Kinder hätte, ob ich reich sei, wer die Personen seien, die zu mir kämen (...), er sagte, es sei die Rede von einer Pension und einer Stelle bei der ehemaligen Königin. Beides ist nichts für mich, sage ich (...). Dieser Abgesandte hatte wenigstens die Freundlichkeit einzuräumen, daß man mir nicht des Unrecht getan hätte, mich für bestechlich zu halten."[39]

Im Unterschied zu einigen großen Männern der Epoche wie Mirabeau, Barnave oder Danton, verschmähte Olympe diese Angebote, die offensichtlich darauf abzielten, sie an die königlichen Interessen zu binden. Dieser ungewöhnliche Zwischenfall inspirierte sie zu einem Theaterstück, das leider unvollendet geblieben ist, dessen Manuskript *Die Rettung Frankreichs oder Der entthronte Tyrann*[40] aber im nächsten Jahr vor dem Revolutionstribunal gegen sie verwendet werden sollte . . .

Ganz gefangen von den Vorbereitungen für das „Fest des Gesetzes", schart Olympe Anhänger um sich, indem sie sich der Reihe nach an die Gemeinde, die Generäle der Armee, speziell La Fayette, Luckner und Rochambeau[41], an Robespierre, damals Präsident des Jakobinerclubs, und an viele andere wendet. Sie hofft nämlich, daß dieses „Fest die Verständigung aller Bürger vorbereite". An die patriotischen Frauen wendet sie sich mit den Worten: „Meine Mitbürgerinnen, wäre es nicht an der Zeit, daß auch unter uns eine Revolution stattfände?"[42] Aber die Rolle, die sie selbst dabei anstrebt und überhaupt die

Teilnahme von Frauen an einer Zeremonie öffentlichen Charakters mißfallen vielen, u. a. dem Pfarrer Bouyon: „Man sollte einer armen, ziemlichen dummen, schon recht alten, sehr häßlichen und ziemlich verrückten Madame de Gouges nicht übelwollen, die gerade, zweifellos auf Kosten der Jakobiner, Briefe – so recht im Bürgersinn – an die Königin, dem Bürgermeister etc. hat drucken lassen. Dieser armen Frau ist sicher noch eher zu verzeihen, als den Männern, die sie irregeleitet haben und die sich ganz gewiß nicht damit rühmen können, einen Kopf, der bereits so schlecht organisiert war, völlig durcheinandergebracht zu haben." [43]

Diese besonders gehässigen Kommentare erschüttern die Ausgeglichenheit Olympes kein bißchen. Am 3. Juni nimmt sie wie vorgesehen am „Fest des Gesetzes" teil, das am Marsfeld stattfindet. Die von Gossec komponierte Musik untermalt das Geschehen mit „herzzerreißenden" Tönen. Mitten in der Zeremonie, gerade als die Musiker der Nationalgarde, die auf den Stufen des Altars des Vaterlandes aufgereiht stehen, den „Todesmarsch" spielen und der Trauerzug zu ihren Füßen vorbeimarschiert, entlädt sich ein heftiges Gewitter. Es beginnt zu regnen. Die Menge zerstreut sich und die regelmäßige Anordnung der Gruppen gerät durcheinander. Um den durchnäßten Anwesenden wieder Mut zu machen, unterbricht das Orchester seine Begräbnisakkorde und beginnt in dem Platzregen fröhlich zu tanzen. Als der Guß vorbei ist, „nimmt man sofort wieder die religiöse Haltung ein".

Hinter der Abordnung der Nationalversammlung folgt die Gruppe von Frauen, angeführt von Olympe; Goguenard, ein Journalist der *Révolutions de Paris* stellt fest, daß ihre Haltung ein bißchen zu sehr an „die der ersten Trommler am Kopf ihrer lärmenden Truppen" erinnert: „Diese Truppe von mit Eichenlaub gekrönten Damen in weiß hätte seiner Meinung nach, nicht den gewünschten Erfolg gehabt". Auch andere, weniger voreingenommene Beobachter meinten, daß der Trauerzug (durchnäßt und von einigen Kerlen angepöbelt), nicht „das ganze Interesse, dessen er würdig gewesen wäre . . ." [44] gefunden hätte. Aber wie dem auch sei, indem

sie aktiv an einem Fest, das die Jakobiner mißbilligten, teilnahm, tat sie sich einmal mehr in der Öffentlichkeit durch
ihre gemäßigte Gesinnung hervor . . .

VII. DER KOPF DES KÖNIGS

Sogar das Blut der Schuldigen, das mit Grausamkeit und in verschwenderischer Fülle vergossen wird, besudelt die Revolutionen auf ewig.

DER STOLZ DER UNWISSENHEIT (1792)

Juni 1792: Der König entläßt die girondistischen Minister. Er verweigert die Bestätigung von Verordnungen, die die Priester und die Errichtung des Lagers der Kommunarden betreffen. Im Einverständnis mit den Jakobinern und den Cordeliers will daraufhin der Bürgermeister von Paris, Pétion, das Volk heimlich in die Tuilerien eindringen lassen. Olympe wird von Philbert de Lunel, dem Cousin des Bürgermeisters, der ihr ein Absteigequartier in Saint-Honoré vermietet[1], über das Vorhaben informiert. Sie befürchtet einen blutigen Aufstand und äußert das noch zwei Tage vorher gegenüber Pétion:

> *„Man droht uns für Montag den Marsch vom Foubourg Saint-Antoine zu den Tuilerien an: Dieser Gang ist kühn und verfassungswidrig (...) Ich liebe den König der Tuilerien nicht mehr als den König des Fourbourg Saint-Antoine. Alle beide verschwören sich pausenlos für den Sturz der Verfassung; aber die Konstitution gibt uns den König der Tuilerien – man muß ihn daher sogar mit seinen Lastern zu respektieren wissen . . .“[2]*

Aber am 20. Juni in der Morgendämmerung kündigt sich ein großer Tag für die Revolution an. Das Schloß der Tuilerien wird vom Volk gestürmt. Der König muß, eingeklemmt in einer Fensteröffnung, die rote Mütze aufsetzen und auf die Gesundheit der Nation trinken.

Olympe verurteilt diesen 20. Juni 1792 ebenso wie schon den 6. Oktober 1789*, und die Flucht des Königs nach Varen-

---

* 5. – 6. Oktober 1789: Weiberzug nach Versailles, Übersiedlung des Königs und der Nationalversammlung nach Paris

nes („Wie sehr habe ich seine Verhaftung verwunschen"). Warum wird der Bruch zwischen dem monarchistischen Prinzip und dem neuen Recht nicht eingestanden, wenn es keinen Zusammenhalt mehr gibt, und auch eine Aussöhnung nicht möglich ist? Sie prangert den Irrtum der gesetzgebenden Versammlung an, der ein verfallenes Königtum aufrechterhält: „Dieses Parlament erniedrigte die Tyrannen und bewahrte sie", woraus „eine fürchterliche Regierung entstand".[3]

Die Unvereinbarkeit dieser beiden Prinzipien verschwindet sechs Wochen später, am 10. August, mit dem Sturz der Monarchie. Ein Ereignis, das viele aufatmen läßt, unter anderem Olympe, die sofort verkündet: „Dieser heilsame Aufstand des 10. August hat den gordischen Knoten, der alle guten Bürger in Unentschiedenheit hielt, aufgelöst."[4]

Das Parlament sieht sich schließlich gezwungen, die Suspension des Königs zu veranlassen, der kurz darauf zusammen mit seiner Familie im Temple eingesperrt wird.

Bis Juli 1792 wird die Konfrontation der verschiedenen Parlamentsparteien immer härter. Zu Beginn des Monats interveniert Olympe, die auf den ausschließlichen Propagandakrieg eingeschränkt ist, mit einem Plakat. Sie ruft damit die Deputierten zu einer allgemeinen Aussöhnung auf. Cubières erläutert Details dieses Projekts:

> *„Zwei oder drei Tage bevor Monsieur Lamourette, Bischof von Lyon, an die Nationalversammlung einen Antrag (...) stellte, der darauf abzielte, alle Parteien zu versöhnen und überall Einigkeit und Eintracht regieren zu lassen, hatte Madame de Gouges in allen Straßen von Paris einen Wandanschlag anbringen lassen, der unter dem Titel Nationalpakt in etwa die selben Ansichten und Ideen beinhaltete. Ihr Plakat und sein Antrag führten zu einer fast vollständigen Aussöhnung innerhalb der Nationalversammlung. ‚Der Berg fußt in der Ebene', wie es Brissot im Patriote français sinnig ausdrückte. Man beglückwünschte sich, man umarmte sich. Die beiden Seiten waren nunmehr eine, der Frieden und die Harmonie schie-*

nen für einen Moment wieder aufzuleben. Warum mußte
es leidergottes kommen, daß diese Aussöhnung nur so
kurze Zeit anhielt, und daß Monsieur Lamourette und
Madame de Gouges nur so kurz ihren Kummer verloren
und noch immer nicht die Früchte ihrer ebenso wohltäteri-
schen wie patriotischen Anweisungen geerntet haben?"[5]

Im *Thermomètre du Jour* von Dulaure wird diese Initiative hingegen für suspekt gehalten: „Das Ziel dieses Wandanschlags ist dasselbe wie das der Rede von Lamourette. Es
gibt Grund zu der Annahme, daß diese verschiedenartigen
Äußerungen derselben Meinung aus der gleichen Quelle entstammen, und daß sich diese Quelle in den Tuilerien befindet." [6]

Dulaure behauptet, daß Olympe, unzufrieden über diesen
Artikel, ein weiteres Plakat anbringen läßt, in welchem sie
„kaum mit Beleidigungen gegen ihn spart". Doch gibt es
keine Spur eines derartigen Dokuments. Es ist gut möglich,
daß es niemals existiert hat, vor allem wenn man die Unge-
nauigkeiten und die sonderbare Verbitterung von Dulaure
gegenüber Olympe ins Kalkül zieht, die die Beschreibung
Olympes in seinen Memoiren aufweist. Ein anderes Dokument dagegen hat aber tatsächlich existiert: Es ist ein
Gesuch, das sie der gesetzgebenden Versammlung am 11.
Juli zukommen ließ, das aber an eines der zahlreichen Komitees der Revolutionsregierung zurückgeschickt wurde und
in der Folge verlorengegangen oder zerstört worden sein
muß, sodaß man heute seinen Inhalt nicht kennt. Vielleicht
war das Gesuch vergleichbar mit jener „Rede", die Olympe
in einem Frauenclub gehalten haben soll, wo sie über Natio-
nalfeiern sprach: „...Man soll uns die Leitung und die Ge-
staltung überlassen: Eine schöne Frau am Kopf einer Bür-
gerschar, betraut damit, die jungen Leute anzuspornen, zur
Verteidigung des Vaterlandes zu eilen." [7]

Denn genau drei Tage später, es war der 14. Juli, sah man
Olympe in Begleitung der imposanten Etta Palm de'Aëlders
und von Théroigne de Méricourt aufmarschieren. Nach dem
royalistischen Journal *Le Tableau de Paris*, bildeten diese

Damen „eine ebenso ausgefallene wie lächerliche Schar nationaler Jungfrauen". Auch die Jakobiner urteilten nicht sanfter:

> *„Die Frau de Gouges, die ihren Namen acht Stunden vorher unter eine Verlautbarung gesetzt hatte, die Vorläufer des berühmten Antrags des Bischofs Lamourette war, versäumte es nicht, in dem Trauerzug einen Platz am Kopf einer Gruppe von Frauen einzunehmen. Sie schien den neugierigen Zuschauern, die wissen wollten wer sie war, sagen zu wollen: ‚Schauen sie mich gut an, ich bin es, die sich unseren Abgeordneten als Vermittlerin anbietet; ich bin es, die ihnen als erste den Ölzweig überreichen wird. Möge er Wurzeln schlagen und in ihrer Mitte blühen!' Man bemerkte viel zu viele Frauen dieser Art, von denen einige sogar vollständig bewaffnet waren. Die kluge Epoche der Antike zeigt uns wohl manchmal die aufgerichtete Pallas mit einer Lanze in der Hand; aber die Frauen Griechenlands und Roms waren klug genug, an den Altären der Menerva nur dann Opfer darzubringen, wenn ihre Herrin dort saß und einen Spinnrocken in der Hand hielt."*[8]

Diese Amazonen des 14. Juli trugen nur für die Parade Waffen, aber in eher theatralischer als kriegerischer Absicht. Auch als Olympe eine Frauenlegion[9] gründen wollte, geschah das in der ganz pazifistischen Absicht, Marie-Antoinette in den Tuilerien zu überwachen und ihr mit allem Anstand Geleit zu geben. Einzig Théroigne de Méricourt[10] trug fortwährend einen Säbel zur Schau und anscheinend machte sie auch davon Gebrauch: Sie soll an dem Massaker teilgenommen haben, dem der royalistische Schreiberling Suleau zum Opfer fiel, der schon seit Monaten niederträchtige und schmutzige Gerüchte über sie verbreitet hatte. Beim Lesen der revolutionären Zeitschriften, fällt ganz allgemein auf, daß sich die Frauenfeindlichkeit am feigesten und perversesten gegen Théroigne de Méricourt ausgedrückt hat. Da sie in den Clubs und Sektionen sehr bekannt war, wußte man, daß sie waghalsig war und rasch direkt tätlich wurde.[11] Das war der Unterschied zu Olympe de Gouges, die sich in ihren Schriften subversiv zeigte, aber spontane Volkskundgebungen verabscheute. Sie zog stattdessen den Glanz und Prunk der offiziellen Zeremonien vor. Ihr Erscheinen bei Umzügen, wie bei der von Pétion gewollten Nationalfeier, beglückte die royalistischen Beobachter: „Madame de Gouges (...) war Samstag bei der Pétionade. Alle ihre Reize waren mit Bändern in den Farben der Trikolore geschmückt, unter anderem fiel ihr eine markante Hoffnungslosigkeit bis über den Gürtel. (...) Sie marschierte mit der Gruppe der Bezwinger der Bastille, und ihr patriotistisches Parfum war im Umkreis einer Meile zu riechen."

Man sagte ihr auch nach, daß sie „oft dem Wunsch nach großen Auftritten nachgab"[12], und zwar, als ob es ihr größter Wunsch wäre, einem Bildhauer, der eine Freiheitsstatue anfertigte, als Modell zu dienen". Dieser Wunsch ging nicht in Erfüllung, gab aber einem Zeitgenossen Anlaß zu der Bemerkung, daß er hierin für sie gute Chancen sähe, sich zu verewigen – eher jedenfalls als in ihren Schriften.[13]

Es ist anzunehmen, daß die Journalisten das Ziel, das sich Olympe gesteckt hatte, nicht begriffen. Indem sie regelmäßig mit ihren Freundinnen an den Aufmärschen, öffentlichen Festen und anderen offiziellen Zeremonien teilnahm, arbeitete sie weniger für sich selbst, als dafür, ein neues Frauenbild durchzusetzen. Die Einwände der Zeitgenossen, die es wohl ertrugen, die Frauen mitmarschieren zu sehen, aber nur an der Seite ihrer Gatten, Väter oder Brüder, wies sie zurück, indem sie sich auf den legalen Charakter dieser Kundgebungen berief. Sie versuchte mit ihren Frauenzügen die Öffentlichkeit daran zu gewöhnen, die Frauen als Sozialkörper zu betrachten und, individuell gesehen, als Bürgerinnen, die dem Vaterland dienen und sich darum verdient machen. In diesem Sinne schreibt sich ihre Rolle als Inspiratorin und Organisatorin eher in eine feministische als politische Perspektive ein.

Als das Parlament die inneren und äußeren Gefahren wachsen sah und den Notstand ausrief, organisierten die Gemeindeoffiziere, die wieder die blau–weiß–rote Schärpe angelegt hatten, freiwillige Rekrutierungen. Am 22. Juli 1792 begannen sie in verschiedenen Vierteln, auf improvisierten und dreifärbig beflaggten Podesten, die ersten Anwerbungen entgegenzunehmen. Die Emotionen waren heftig. Hingebungsvoll und leidenschaftlich erschien Olympe, deren Sohn damals an der Grenze war, auf dem Podest am Place du Carrousel und ergriff das Wort. Sie versuchte die Unentschlossenen zu mobilisieren, indem sie sie drängte, wie ein einziger Mann dem bedrohten Vaterland zu Hilfe zu eilen. Das ließ die Royalisten neuerlich höhnisch grinsen, daß sie „sich Hosen angezogen hätte, um sich in die Armee der Gaukler und Marktschreier aufnehmen zu lassen, um die Sansculotten* zu bearbeiten".[14]

Am 5. August war sie schon wieder bei sich zu Hause in Auteuil um an der Einweihungszeremonie des „Gemeindehauses" teilzunehmen, einer Art patriotischem Monument, das hauptsächlich dazu bestimmt war, den Büsten großer Männer Platz zu bieten: Rousseau, Voltaire, Franklin, Helvétius und Mirabeau. Vor dem Gebäude, „das dem Weisheitstempel des Phidias" nachempfunden war, hatte man den vaterländischen Altar auf einer kleinen begrünten Anhöhe errichtet, vor welchem der Bürgermeister von Auteuil, Laroche, seine Rede halten sollte. Vorher hatte noch der traditionelle Aufmarsch stattgefunden, an dem die Repräsentanten mehrerer Gemeinden und Magistrate sowie Soldaten und Bürger Auteuils teilgenommen hatten:

> „Geleitet von Trommlern, mit musikalischer Untermalung marschierten der zivile und der militärische Zug in schönster Anordnung in Richtung altes Gemeindehaus. Die mit der Fahne der Nationalgarde verdeckten Gegenstände wurden enthüllt: der wirklich wertvolle Stein aus den Ruinen der Bastille, die Büsten der großen Männer, die Tafel der Erklärung der Menschenrechte und die der französischen Verfassung. (...) Bald darauf erschien eine große Anzahl weiß gekleideter Bürgerinnen, was die Mi-

---

*   Sansculotten: Spottname für Revolutionäre, die keine (Knie-)Hosen trugen, sondern Pantalons

*schung der Bänder in den reichen Nationalfarben und die
malerische Vielfalt der elegant geputzten Damen der Stadt
verschönte, verbunden mit der ungekünstelten Zierde der
jungen Dorfbewohnerinnen. Diese schillernden Gruppen
stellten sich ordnungsgemäß auf; alle Frauen hielten in
den Händen die Zweige eines prächtigen Gewächses, des
Trompetenbaumes, bekannt durch seine süßen Blüten
und durch seine große und reiche Blätterpracht. Auch die
Alten und Kinder marschierten in eigenen Gruppen.
Schließlich gesellten sich noch zahlreiche Patrioten dazu,
die mit sattgrünen Blättern geschmückte Baumzweige
trugen, deren Anblick immer angenehme Gedanken
auslöst. Unter ihnen erkannte man gefeierte Verteidiger
der Rechte des Volkes, Monsieur Siéyès und die Herren
Condorcet und Morveau die, bereits mit dem Lorbeer der
Wissenschaft und Philosophie geschmückt, sicher auch
die Aureole des Bürgersinns verdient haben.“* [15]*

Dann, zu den Klängen der Klarinetten, Oboen und des
Fagott, huldigte Laroche auf ergreifende Weise das Genie, die
Werke, und den Charakter der großen gekrönten Männer.
Dieser zeremonielle Glanz begeisterten Olympe als Frau des
Theaters, die der Revolution gerne einen idyllischen und früh-
lingshaften Charakter verliehen hätte, um sie in ein symboli-
sches Fest zu verwandeln. An diesem Tag hielt sie in ihrem
Enthusiasmus eine Rede, die heute aber verlorengegangen
ist.[16]

Am nächsten Tag stellte ihr der Bürgermeister Laroche
einen Paß aus, der es ihr erlaubte, sich „in die verschiedensten Gegenden des Reiches"[17] zu begeben und dort ihre Theaterstücke aufführen zu lassen. Sie blieb Paris also für 14 Tage
fern. Auf dieser Reise erfuhr sie von den Ereignissen des 10.
August und dem Sturz der Monarchie.

Zurück in der Hauptstadt muß sie wieder einmal feststellen, daß die Revolution ihre Widersprüche nicht überwindet
und sich nur mit Gewalt ausbreitet. Drei von den Personen,
die sie gebeten hatte, das „Fest des Gesetzes" zu Ehren des

Bürgermeisters von Etampes vorzubereiten, waren neben einigen hundert anderen, darunter die unglückseligen Gefangenen der Salpêtrière*, den Gewalttätigkeiten zum Opfer gefallen. Ende August experimentiert Laporte, Verwalter der Zivilliste, als einer der ersten mit der von Dr. Guillotin entwickelten Todesmaschine, der in Frankreich die bekannte Karriere beschieden sein wird. Dann, Anfang September, werden der Herzog von Brissac und die Prinzessin von Lamballe massakriert, er zwischen Orléans und Versailles, sie in La Force.

Diese Tage, die zu den blutigsten der Revolution gehören, entsetzen Olympe, die von einer „der heiligen Humanität würdigen, philosophischen Revolution"[18] träumt. Sie empört sich darüber in der laut Michelet[19] „sehr edlen" Streitschrift *Der Stolz der Unwissenheit*. „Sogar das Blut der Schuldigen, das mit Grausamkeit und in verschwenderischer Fülle vergossen wird, erschüttert ganz plötzlich die Herzen, die Ansichten, die Meinungen und man geht rasch von einer Regierungsform in die andere über."

Sie hatte geglaubt, daß die Revolution „gemäßigt" bleiben könne und verstand nicht, daß eine aus dem Gleichgewicht geratene Gesellschaft bis zum Äußersten an Gewalt, Unordnung und Ungerechtigkeit gehen muß, bevor sie ihr Gleichgewicht wiederfindet . . .

Am 13. September erscheint der „Friedensengel"[20], wie Bernardin de Saint-Pierre Olympe nennt, vor der Nationalversammlung mit einem betagten Mann unter ihren Fittichen. Sie hat ihn aus dem Gefängnis von Bicêtre, wo er gerade noch den Säbeln der Schlächter entkommen konnte, befreien lassen:

- „Gesetzgeber", erklärt sie, „das Volk weiß in seiner gerechten Rache den Unschuldigen zu respektieren; sehen Sie diesen ehrenwerten Alten? Das Beil schwebte bereits über ihm; als sein Richter ihn fragte: Was hast du verbrochen?"

- „Ich habe", antwortete er, „die Tochter eines Adeligen

---

* Versorgungsanstalt für alte und geisteskranke Frauen

geliebt. Ich bat den Vater um ihre Hand. Er ließ mich für verrückt erklären und in Bicêtre einsperren. Seit 30 Jahren sitze ich im Gefängnis; das wär's, mein Verbrechen."

Der besagte Adelige, der Herzog von Brissac, der erst am 3. September selbst ermordet worden war, hatte dem alten Mann eine „kleine Pension" zukommen lassen. Indem dieser nun seinen „Tyrannen" verloren hatte, hatte er mit einem Schlag auch seinen „Wohltäter" verloren. Olympe verlangte für ihn öffentliche Unterstützung. Wegen „ihrer Redekunst und ihrer guten Absicht", die großen Beifall fanden, „bewilligten die Männer der Versammlung, deren Vorsitz Hérault de Séchelles führte, das Gesuch der beiden Bittsteller".[21] Diese Intervention enthüllt deutlich den Charakter Olympes, die ebensoviel energischen Ernst für die großen Angelegenheiten einsetzt, wie auch für die unbedeutenderen, die sie mit Großmut verteidigt . . .

Am 21. September, dem Tag von Valmy*, trägt die Revolution den moralischen Sieg davon. Wie Goethe später sagen wird: „Mit diesem Ort und an diesem Tag beginnt ein neues Zeitalter der Weltgeschichte." Am nächsten Tag macht die gesetzgebende Versammlung dem Nationalkonvent Platz. Der erste Tag des Jahres I. der Republik bedeutet gleichzeitig die Abschaffung des Königtums. Pétion, früher Bürgermeister von Paris, wird Präsident des Nationalkonvents. Er umgibt sich mit Sekretären wie Condorcet, Brissot, Rabaud, Saint-Etienne, Vergniaud, Camus – lauter Girondisten.

Natürlich war es diese politische Richtung, der sich Olympe de Gouges anschloß. Dennoch scheint sie nicht in dem ernsten und schlichten Salon der Ratgeberin der Gironde, der tugendhaften und intelligenten Madame Roland verkehrt zu haben, die übrigens nur schwer die Gegenwart anderer Frauen ertrug. Zweifellos verkehrte sie in den unterhaltsameren Salons der Damen De Sainte-Amaranthe, de la Montansier, Theaterdirektorin im Palais Royal, oder Des Talma, in der Rue Chantereine,

---

* Eine schlecht ausgerüstete Freiwilligenarmee schlug die preußisch-österreichischen Verbündeten in die Flucht

140

in einem Haus, das später von Joséphine de Beauharnais erworben werden sollte. Bei diesem Paar abtrünniger Schauspieler des Théâtre Francais, treffen sich die „roten" Schauspieler wie Dugazon, Fräulein Desgarcins und Madame Vestris. Im Unterschied zu den „Schwarzen" (Molé, Fleury, Raucourt, Contat), die sich nach dem Ancien Régime zurücksehnten. Noch während Louis XVI der Prozeß gemacht wird, wollen jene *Didon* von Le Franc von Pompignan mit Versen wie: „Die Könige stehen wie die Götter über den Gesetzen", aufführen. Dorthin kommt auch der General Dumouriez, der wegen seines jüngsten Ruhmes von Valmy verherrlicht wird. Zu seinen Ehren will Olympe ein Theaterstück schreiben. Dort erscheinen auch Duport-Dutertre [22], der ihr früher den Hof gemacht hatte, und mit dem sie jetzt zerstritten ist, sowie Vergniaud, den sie seit 1775 kennt.[23] Er ist unter anderem ein begeisterter Leser ihrer Theaterstücke, und gelegentlich ißt sie mit ihm zusammen. Sie bewundert ihn leidenschaftlich: „So viel Anstand, Talente und Vollkommenheit lassen sich nur mit einer sehr schönen Seele vereinen."[24] Noch einigen anderen Berühmtheiten begegnet sie, wie zum Beispiel dem schönen Hérault de Séchelles, dessen stattliches Aussehen sie ganz besonders bezaubert: „Du der du mein Held wärest, wäre ich eine Frau!".[25] Denn sie verwehrt sich sehr dagegen, für einen von ihnen Schwächen zu zeigen:

> *„Die prüden Frauen, die in Wirklichkeit Intrigantinnen mit hundert Abenteuern sind, haben mir Liebhaber in der konstituierenden und gesetzgebenden Versammlung, bis hin bis zum Konvent angedichtet. Sicherlich, ich mag einige Eroberungen gemacht haben, aber ich erkläre, daß keiner der Gesetzgeber die meine gemacht hat; ohne mich mit einer falschen Tugend schmücken zu wollen, glaube ich, dazu frei heraussagen zu können: Ich sehe da keine Männer, die meiner würdige wären ..."[26]*

Zweifellos hatte Olympe den Charme der Exzentrik. Sie mißfiel aber auch vielen wegen ihrer zu großen geistigen Unabhängigkeit, ihrer leidenschaftlichen Stellungnahmen und ihrer unvermittelten Meinungsumschwünge. In einem fiktiven Dialog, der kurz nach ihrer Hinrichtung geschrieben wurde, wird sie post mortem in der Hölle mit einem anderen Guillotinierten, dem General Miaczinsky dargestellt, der sie mit den folgenden Worten empfängt: „Die Revolution hat sie dermaßen vervielfältigt, daß man sie überall antraf; sie stiegen die Stufen des Patriotismus hinauf und hinunter, und durch ein Unglück, so hat man es mir zumindest erzählt, überraschte man sie gerade in einem Moment, wo sie dem Berg den Rücken kehrten und in die Ebene liefen. Erinnern sie sich?" [27]

In Wirklichkeit war sie weniger wankelmütig als es den Anschein hat. Olympe lernte aber aus Ereignissen und Erfahrungen viel mehr als aus Doktrinen und setzte sich in ihrer immer wiederkehrenden Empfindsamkeit für die Angelegenheiten ein, die sie gerade für richtig hielt und war daher schwer einzuordnen. Sie wünschte kein Zurück zur Monarchie, fürchtete aber eine Diktatur der Bergpartei: „Diese heimtückischen Männer mit verdorbenem Blut, wollen uns an die feindlichen Mächte verkaufen. Sie schwören bei der Republik und warten dabei auf das entfesselte Chaos, um wieder einen König auszurufen." [28]

Aber die Revolution hat jetzt den Punkt erreicht, an dem es kein Zurück mehr gibt. Die Lawine ist bereits losgetreten. Einige hundert Männer und ganz wenige Frauen bereiten sich auf den vergeblichen Kampf vor, ihre Wucht zu bremsen.

Oktober 1792: Auf der Bühne der Politik ist die Konfrontation sehr rasch gewaltsam geworden. Gegenüber stehen sich die, die den 10. August verursacht haben, und die Gemäßigten, die ihn nicht verhindern konnten. Die Girondisten wollen aus dem Parlament mehrere Chefs der Bergpartei ausschließen, die sie besonders fürchten, darunter Robespierre und Marat. Mit leidenschaftlicher Aufmerksamkeit folgt Olympe den Ereignissen. Sie träumt davon, auf der Rednertribüne intervenieren zu können, denn, auch wenn die Frauen schon zu den Versammlungen zugelassen sind, so ist es ihnen doch unmöglich – wenn nicht durch Schreie oder Klatschen – in irgendeiner Weise an den Debatten teilzunehmen. Aber mehr denn je ist Olympe, die die girondistische Offensive unterstützt, entschlossen, an den öffentlichen Diskussionen teilzunehmen. Kämpferisch verbreitet sie Offene Briefe, Mitteilungen oder Ansuchen. Meist schickt sie ihnen Streitschriften voraus, die sie in ganz Paris plakatieren läßt. Laut Dulaure, „sogar bis in die Korridore des Konvents".[29]

Sie ergreift heftig Position gegen die Chefs der Bergpartei, zuallererst gegen Marat, den sie für einen der hauptsächlich Verantwortlichen der Septembermassaker hält. Mit dem Schreiben wächst nach und nach ihre Glut, strömt über die Grenzen des Themas hinaus, um schließlich alle realen Bezüge zu verlieren. In *Die Phantome der öffentlichen Meinung*, gibt es für Marat kaum Schonung. Sein Anblick allein löst peinigenden Verdacht aus. Er wird nicht wie Figaro sagen können: „Es bin nicht ich, der Euch täuscht, es ist mein Gesicht."

„Nein, niemals war jemandem deutlicher das Verbrechen ins Gesicht geschrieben. Von welcher Seite man ihn auch betrachtet, man glaubt die Schandtat auf seinem Gesicht eingekerbt zu sehen wie die Anmut auf dem Mund einer schönen Frau. Es wird diskutiert, Louis XVI den Prozeß zu machen. Er wird vielleicht auf dem Schafott enden, weil er die Nation betrogen hat. Und Marat? Marat! Berühmter Agitator, Zerstörer der Gesetze, Todesfeind der Ordnung, der Menschheit, seines Vaterlandes, besessen und überzeugt von der Idee, in Frankreich eine Diktatur errichten zu wollen. Marat lebt frei in der Gesellschaft, deren Tyrann und Geisel er ist (...) Das ist der geeignete Moment, um alle Kraft und Energie aufzubringen, um einen Kümmerling der Menschheit, der weder einen menschlichen Körper noch menschliche Moral besitzt und der das Menschengeschlecht durch seine Ausschweifungen nur entehrt, aus ganzem Herzen auszuspeien."[30]

Am 28. Oktober wird Robespierre von dem Girondisten Louvet angeklagt, eine Diktatur anzustreben. Die Affäre wirbelt einigen Staub auf und ganz Frankreich erwartet die Rechtfertigung Robespierres vor dem Konvent. Seine Rede ist für den

5. November angesetzt. Noch am Morgen dieses Tages verbreitet Olympe in ganz Paris ein rotes Plakat mit der Überschrift *Vermutungen über Maximilien Robespierre von einer Amphibie*, das sie mit „Polympe" (Annagramm von Olympe) unterzeichnet. Wie sie selbst Pétion gegenüber zugibt, beinhaltet dieser Text „einige scharfe Äußerungen gegen Maximilien Robespierre":

> *„Du glaubst, der einzige Vater der Revolution zu sein, aber du warst und wirst bis in alle Ewigkeit nichts anderes als ihr Abschaum und ihr Schandfleck sein. (...) Dein Atem verseucht die klare Luft, die wir jetzt einatmen; deine zuckenden Augenlieder verraten gegen deinen Willen all die Verwerflichkeit deiner Seele, und deine Verbrechen sind so zahlreich wie die Haare auf deinem Kopf. Seit acht Tagen bereitest du deine Rede vor, um heute zu antworten. Ich wäre schneller gewesen (...) Glaub mir, Robespierre, fliehe diesen großen Tag, er ist nicht für dich gemacht; mache es wie Marat, dein ehrbarer Kollege, geh mit ihm in sein schändliches Schlupfloch zurück. Was willst du? Was gibst du vor? An wem willst du dich rächen? Wen willst du bekriegen, und nach wessen Blut dürstet dir noch? Nach dem des Volkes? Es ist noch nicht geflossen. Du weißt, daß die republikanischen Rechte strenger sind als die Gesetze der Tyrannen, denen du an Macht und Verbrechen gleichkommen willst (...) Du würdest Louis den Letzten ermorden, um zu verhindern, daß er rechtmäßig verurteilt wird; du würdest Pétion, Roland, Vergniaud, Condorcet, Louvet, Brissot, Lasource, Guadet, Gensonné, Hérault de Séchelles, mit einem Wort, alle Fackeln der Republik und des Patriotismus, ermorden . . ."*

Ihre Vorhersagen sollten sich bewahrheiten: Einzig Louvet überlebte die Schreckensherrschaft. Aber ihren Prinzipien treu und trotz der Verachtung, die ihr Robespierre und Marat einjagen, fordert sie am Schluß ihres Textes den Konvent auf, sich gegen den Mord dieser „verrückten Agitatoren" auszusprechen:

„Der Nationalkonvent muß selbst alle Racheglüste ersticken und zeigen, was republikanische Unparteilichkeit bedeutet ... "[31]

Die Anklage von Louvet bietet Robespierre dann aber wegen ihrer schwachen Beweisführung die Möglichkeit, sich auf glänzende Art zu rechtfertigen. Er triumphiert zu guter Letzt durch eine schlaue Stellungnahme, in der er seine Interessen geschickt mit denen des aufständischen Volkes vermengt. Das macht ihm wieder einen Teil der Öffentlichkeit gewogen, und er durchkreuzt dadurch auch die Angriffspläne der Girondisten. Dieser Erfolg des „Unbestechlichen" löst bei Olympe ein neues polemisches Fieber aus: Mit einer Geschwindigkeit, die fast an ein Wunder grenzt, verfaßt sie eine *Antwort auf die Rechtfertigung von Maximilien Robespierre*, die sie Pétion, zusammen mit einem Brief, zukommen läßt. Darin greift sie die wichtigsten Punkte der Rede von Robespierre auf und bezichtigt ihn der Demagogie:

> *„Sage mir Maximilien, warum fürchtetest du die Literaten im Konvent so sehr? Warum sah man dich in der Wahlversammlung so sehr gegen die Philosophen wettern, denen wir doch die Zerstörung der Tyrannei, der Restauration und die wahre Unterstützung des Volkes verdanken? Wolltest du die Bürger über die Dummheit des Konvents belehren und daraus eine Versammlung von Rüpeln machen? Gabst du nicht vor, sie dominiert zu haben? Antworte mir! Ich beschwöre dich ... "*

Als Meisterin der Feder zügelt sie sich gerade soviel als notwendig, um schließlich ihrer natürlichen Heftigkeit freien Lauf zu lassen. Nur, sind die Schleusen einmal geöffnet, kennt sie keine Zurückhaltung mehr:

> *„ ... Kennst du den Unterschied zwischen dir und Kato? Es ist der zwischen Marat und Mirabeau, der zwischen dem Maringouin und einem Adler oder der zwischen Adler und Sonne. Doch bin ich überzeugt davon, du weidest dich noch an der frivolen Hoffnung, mit den alten und moder-*

nen Usurpatoren auf eine Stufe zu kommen. (...) Eine
Laune, eine kurze Begeisterung des Volkes, ein revolutio-
närer Narrenstreich, können ein Wunder bewirken, und
das Zepter einem Eindringling in die Hand spielen. (...) Ich
schlage dir vor, mit mir ein Bad in der Seine zu nehmen; um
dich von den Schandflecken freizuwaschen, mit denen du
dich seit dem 10. (August) bedeckt hast. Wir werden 16er
oder 24er Eisenkugeln an unsere Füße binden und uns ge-
meinsam in die Fluten stürzen (...) Dein Tod wird die
Geister beruhigen und das Opfer eines nackten Lebens
wird den Himmel entwaffnen . . . " [32]

Dieser Überschwang schadete Olympe sehr. Hätte sie ihre
Leidenschaften zu zügeln gewußt, hätte ihr die Nachwelt be-
reitwilliger eine gewisse politische Klarsicht zuerkannt, sowie
den Verdienst, das Recht auf Meinungsfreiheit verteidigt zu
haben. Wie dem auch sei, die Lebhaftigkeit dieser Attacken
gegen Robespierre und Marat bleibt nicht unbemerkt. Am 28.
Oktober wird die Sitzung der Jakobiner mit der Verlesung
eines Artikels des *Courrier du Midi* eröffnet: „Der König ist
seines Lebens und seiner Freiheit sicher. Er hat gesagt, daß
wenn das Volk mit der Republik zufrieden sei, auch er es wäre.
Bereits haben mehrere Sektionen in Paris verkündet, daß er
nichts als die Absetzung zu gewärtigen habe . . ."
Bourdon de L'Oise, eines der einflußreichen Mitglieder des
Clubs, unterbricht den Amtsdiener, brutal mit der Faust auf
den Tisch schlagend: „Das ist doch der Gipfel der Intrige.
Paris, das sich am 10. August so arg zurichten ließ, um den
Tyrannen zu töten, solche Ideen zu unterstellen. Und wer
steht an der Spitze dieses Gerüchts? Es ist die De Gouges,
diese Olympe de Gouges, die Sie vor dem Ende der gesetzgebenden Versammlung in allen Straßen von Paris plakatieren
gesehen haben. Kaum hat man ein Gesuch in Fontainebleau
gemacht (nachdem die Pariser Louis XVI nicht verurteilen
wollten), und schon nimmt es diese Schurkin in die Hand,
damit hausieren zu gehen!" [33]
Und er fordert die Mitglieder des Clubs auf, dieser „Aristokratin" zu mißtrauen, die nichts als ein „Bastard von Louis

XV" sei. Olympe antwortet schlagfertig mit derselben Bissig-
keit in der *Moralischen Rechenschaft*, die sie kurz darauf an
den Konvent schickt:

> *„Bourdon, ich ermahne dich, dem Tribunal der öffentli-*
> *chen Meinung zu antworten. Du wirst ihm nicht entkom-*
> *men. Du wirst ihm Rechenschaft ablegen müssen über*
> *dieses infame Gesuch, das du mir unterstellst und dessen*
> *Autor zweifellos du bist (...). Der Herr Bourdon hetzt die Ja-*
> *kobinergesellschaft auf mich. Um die Dolche zu schärfen,*
> *die mich ermorden sollen, behauptet er, ich sei die Tochter*
> *von Louis XV, und fügt hinzu, ich verbreite eine Propagan-*
> *daschrift, die nichts weniger beabsichtige, als Louis XVI*
> *wieder auf den Thron zu setzen: diesen Betrüger wieder*
> *auf den Thron? Genau mit solch ungereimten Zeug wird*
> *agitiert, das Volk getäuscht und den Bürgern der Hals um-*
> *gedreht!"*

Sie erinnert an ihre Interventionen, an die Rolle, die sie
bisher gespielt hat und die patriotischen Gefühle, die sie seit
den ersten Stunden der Revolution gezeigt hatte. Dann fährt
sie fort: „Wer ward ihr damals, Marat, Robespierre, Bourdon?
Faulige Insekten im Morast der Korruption, aus dem ihr bis
jetzt noch nicht herausgestiegen seid!"

Die Veröffentlichung ihrer Korrespondenz mit Laporte,
Brissac und der Prinzessin von Lamballe sollte ihr später als
glänzende Rechtfertigung dienen und ihre Unbestechlichkeit
zur Geltung bringen, auf der zu insistieren sie – mit einer gewissen Selbstgefälligkeit – niemals verabsäumte.

Dann wendet sie sich nochmals mit großem Ernst an die
Mitglieder des Konvents und schließt ihren Text: „Bereits drei
Regierungen in drei Jahren! Wenn die Aufrührer sich durch-
setzen, werden wir das Ende der 3. Legislatur nicht erleben.
Was geschieht mit dieser so oft gerühmten Revolution, auf die
wir so stolz waren, vor den Augen Europas?"

Schließlich, in einem wunderbaren Gedankenflug: „Er-
wache, gedankenloser Leichtsinn! Der gute Ruf, der uns vor-
aneilt, berichtet überall von unseren Siegen. Nur Paris kann

ihn beschmutzen. Der Geist von 89 muß wieder erstarken, um den des 2. September zu beseitigen."[34]

Bereits am 16. Oktober war die Verantwortlichkeit des Königs zur Diskussion gestanden, der, seit dem 10. August einfacher Bürger geworden, mit seiner Familie im Temple eingesperrt ist. Da sie den unerbittlichen Ausgang eines solchen Prozesses vorhersah, verbreitete Olympe hastig eine *Mitteilung an den Don Quichotte des Nordens*, an König Friedrich von Preussen, in der sie ihn mit Sarkasmus und Heftigkeit auffordert, sich aus dem französischen Territorium zurückzuziehen. Sonst müsse er bereit sein, die Verantwortung für den Tod des Königs zu übernehmen. Aber vergeblich. Die Debatten zwischen Girondisten und der Bergpartei werden bereits immer leidenschaftlicher. Trotz der Feindseligkeit der Girondisten wird der Prozeß des Königs in den ersten Dezemberwochen unvermeidbar. Besonders wegen der Entdeckung seiner Korrespondenz mit dem Ausland, die sofort an die Öffentlichkeit gelangt.

Während das Parlament damit beschäftigt ist, die Modalitäten dieses Prozesses zu definieren, empfängt es am 15. Dezember einen Brief von Olympe, der in der Mitte der Sitzung durch einen Sekretär verlesen wird:

> *Paris, 15. Dezember.*
> *Bürger Präsident,*
> *die ganze Welt richtet ihre Augen auf den Prozeß des ersten und letzten Königs der Franzosen. (...) Ich biete mich nach dem mutigen Malesherbes an, der Verteidiger von Louis zu sein. Lassen Sie mein Geschlecht außer Acht, Heldentum und Großmut sind auch ein Erbteil der Frauen – die Revolution gibt mehr als ein Beispiel dafür. (...) Ich halte Louis als König für schuldig; aber, dieses mittlerweile verbotenen Titels beraubt, hört er vor den Augen der Republik auf, schuldig zu sein. (...) Er war schwach, er wurde getäuscht, er hat uns getäuscht, er hat sich selbst getäuscht. In wenigen Worten wäre das sein Prozeß. (...)*

Ist Louis der Letzte eine größere Gefahr für die Repu-
blik als seine Brüder, als sein Sohn? Seine Brüder sind
noch mit den ausländischen Mächten verbündet und ar-
beiten im Moment nur für sich selbst. Der Sohn von
Louis Capet ist unschuldig und wird seinen Vater über-
leben. Sollen die Thronanwärter keine Kinder kriegen?
Die Engländer nehmen in der Geschichte einen ganz
anderen Platz als die Römer ein. Die Engländer sind vor
den Augen der Nachwelt durch die Folter Charles I.
entehrt; die Römer haben sich durch das Exil des Tar-
quinius unsterblich gemacht. Aber die Grundsätze von
Republikanern waren immer höher als die von Sklaven.
Es genügt nicht, den Kopf eines Königs rollen zu lassen,
um ihn zu töten, er lebt noch lange nach seinem Tod.
Wirklich tot ist er, wenn er seinen Sturz überlebt ..." [35]

„In Anbetracht der Annahme von weiteren Vorschlägen" –
und angeblich nicht, weil der Vorschlag von einer Frau stammt
– geht der Konvent wieder zur Tagesordnung über. Aber diese
spektakuläre und unerwartete Intervention ruft einen Protest-
hagel gegen die hervor, die zur Advokatin eines gekrönten Mon-
sters ernannt werden will, das sie für nur ,mangelhaft' hält." [36]
Und Olympe, die den Konvent in ihrem Angebot gebeten hatte,
ihr Geschlecht außer Acht zu lassen, wird von einem Journalisten boshafterweise mißverstanden: „Der Wunsch von Madame
de Gouges ist in Erfüllung gegangen, auf ihre Anfrage hin ist
man wieder zur Tagesordnung übergegangen ..." [37]
Lebhafte Witze werden gemacht: „Es wäre sehr seltsam
gewesen, hätte man Madame de Gouges als Verteidiger des
Königs ausgewählt. Eigenartig auch, wenn dieser Gefangene
des Magistrats, der alle Ratschläge des ehemaligen Königs
ausführt, bis an den geheimsten aller Orte besucht worden
wäre!" [38]
Ihr Vorschlag wird von der Presse einheitlich verurteilt.
Daher wendet sie sich in einem gelben Plakat, das sie an den
belebtesten Plätzen von Paris aushängen läßt, an das Volk.
Das erzürnt einige Bürger, die den Anschlag zerreißen und
schreien: „Was mischt sie sich ein? Soll sie doch Hosen

stricken für unsere tapferen Sansculotten!" Und ein Chronist meint ironisch: „Das kann nicht der Absicht des Gesetzgebers Condorcet entsprechen, der vor einigen Monaten dafür eingetreten ist, daß man die beiden Geschlechter ohne Unterscheidung in alle politischen Versammlungen und zu allen Staatsaufgaben zulassen sollte. Man stelle sich im Konvent 200 Frauen von der Sorte Olympe de Gouges vor, wie sie neben dem Bischof Fauchet, dem Schriftsteller De Faublas, neben De Thuriot, De Chabot, neben d'Egalité und Condorcet selbst, sitzen ... Das Vergnügen, sich die Folgen auszumalen, überlassen wir unseren Lesern!" [39]

Aber dabei bleibt es nicht. Auf den Spott folgen die Beleidigungen, dann die Drohungen.

Einige Tage später läuft eine brüllende Gruppe unter der Pension des Bürgers Lunel zusammen. In der Rue Saint-Honoré, zwei Schritte von der Kirche Saint-Roche entfernt. Olympe, die sich dort eingemietet hatte, hört die Schreie und sieht wie sich die Meute unter den Fenstern ihres Zimmers zusammenrottet. Ein Zeitgenosse erzählt: „Madame de Gouges war mutig und stolz, sie stieg hinab, man machte sich über sie lustig, man schrie sie an, man beleidigte sie. Dann geht man zu ernsteren Attacken über: Ein grausamer Spaßvogel packt sie am Rock, um sie aus der Fassung zu bringen; er hält sie, umschlingt sie, und mit der Hand, die ihm freibleibt, entreißt er ihre Nachthaube, sodaß sich ihr Haar auflöst . . .

- 24 Sous für den Kopf von Madame de Gouges! 24 Sous! .... Zum ersten, zum zweiten, bietet niemand mit? 24 Sous der Kopf! Wer will ihn?

- Mein Freund, sagt sie, und zeigt die Ruhe von jemandem, der plaudernd in einem Salon sitzt, ich gebe 30 Sous und verlange den Vorzug. Die Menge lacht, der Mann läßt sie los, und sie kommt für diesesmal noch glimpflich davon." [40]

In der Zwischenzeit nimmt der Prozeß von Louis XVI unaufhaltsam seinen Lauf. In den Tribünen des Konvents, die von den Repräsentantenbänken bis ins Hinterste des Saales reichen, nimmt eine große Anzahl von Frauen an der Abstimmung über sein Schicksal teil. Sie beginnt am 14. Januar 1793 und wird durch das Aufrufen der Namen eröffnet. Einige Freundinnen oder Mätressen der Angehörigen der Bergpartei plaudern fröhlich und essen Orangen oder Eis. Olympe de Gouges aber ist sehr ernst und aufmerksam in die Betrachtung des Schauspiels versunken, wie die Abgeordneten der Reihe nach die Rednertribüne erklimmen, um die Schuldhaftigkeit des Königs zu verkünden. In diesem Punkt ist das Wahlergebnis fast einstimmig. Zwei Tage später, als über die Strafe entschieden werden soll, stimmen 387 von 700 Abgeordneten für den Tod.

Die Girondisten Buzot, Condorcet, Brissot und Barbaroux schlagen allerdings vor, die Vollstreckung des Urteils angesichts der außenpolitischen Situation aufzuschieben. Dieselbe Idee hat auch Olympe. Kurz vor seiner Hinrichtung erläutert sie in einem roten Wandanschlag, den sie *Todesurteil über Louis Capet, verhängt von Olympe de Gouges*, nennt und von neuem in ganz Paris plakatiert:

> *„Ich glaube, daß seit über Louis als König die Todesstrafe verhängt wurde, ihn das Schwert des Gesetzes als Mann nicht mehr verletzen kann."*
>
> *„Dieser sündige Kopf kann uns, ist er einmal gefallen, nicht mehr nützen. Dieser Kopf hat uns schon zu viel gekostet, um nicht jetzt daraus einen realen Vorteil zu ziehen."*

Als solchen Vorteil sähe sie, wenn die königliche Familie in Ketten „inmitten unserer Armeen, im Feuer unserer und der feindlichen Artillerie", mitgeführt würde:

> *„Wenn die gekrönten Schurken"*, womit sie die europäischen Prinzen meint, *„unbeirrt an ihren Verbrechen festhalten und der französischen Republik die Unabhängigkeit verweigern, werde ich als erste die Ehre anstreben, die Zündschnur der Kanone anzuzünden, die uns von dieser mörderischen und tyrannischen Familie befreien wird."*[41]

All ihre Versuche bleiben folgenlos, all ihre Vorschläge ohne Antwort. Am Montag den 21. Januar rollt der Kopf des Königs vom Schafott.

VIII. DIE DREI URNEN

Ich habe alles vorhergesehen. Ich weiß, daß mein Tod
unvermeidbar ist.

POLITISCHES TESTAMENT (1793)

Zwei Tage später, am Mittwoch den 23. Januar 1793,
drängte sich ein Schwarm von Bürgern bei eisiger Kälte an
den Schaltern des Théâtre de La Republique, dort wo sich
heute die Comédie Française befindet. Man spielte *Der Ein-*
marsch Dumouriez in Brüssel oder Die Marketender, ein ak-
tuelles Zeitstück mit Aufmärschen und effektvollen Bildern.
Olympe ließ in dem Stück den General Dumouriez, den
jungen Herzog von Chartres (später Louis-Philippe) und die
Schwestern Fernig, zwei Heldinnen der Revolution, auftreten. Der dargestellte neue Patriotismus basierte auf der Liebe
zu einem von allen Erscheinungsformen des Despotismus
befreiten Vaterland. Er hatte die treue Ergebenheit des
Ancien Régime ersetzt. Die als Folge von Valmy ausgelöste
Offensive ließ die französische Armee bis nach Belgien vor-
dringen. In dem Stück von Olympe sieht man weiters, wie
die Belgier den revolutionären Soldaten zujubeln und sie als
Befreier empfangen. Beim Herannahen der Franzosen ruft
ein Ratgeber der Stadt aus: „Seht, wer der Souverän ist, der
sich jetzt vor unseren Türen zeigt, ein freies Volk, das allein
gegen alle Tyrannen kämpft, um die Sache des Volkes zu
verteidigen und um den Nationen ihre Rechte, ihre Würde
und ihre ursprüngliche Tatkraft zurückzugeben."
Aber nicht genug, daß sie zeigt wie die Bewohner einer
Stadt, die sich keineswegs wehren, befreit werden. Olympe
will aufzeigen, daß die Franzosen nur gegen die Tyrannen,
nicht aber gegen ihre Untertanen kämpfen. So ist einer der
Protagonisten ein Franzose, der sich als Marketender in die
österreichische Armee eingeschlichen hat und revolutionäre
Propaganda macht: „Kameraden, man versucht euch zu täuschen, die Franzosen sind eure Freunde, sie wollen nur die Tyrannen vernichten, um die Nationen zu befreien. Mit ihrer

haben sie angefangen; macht es ihnen nach; alle Soldaten sind Brüder und müssen sich weltweit für die Sache des Volkes vereinen."

Das sind aufrecht revolutionäre Reden; und trotzdem: Das schlechte Verhältnis zu den Schauspielern und Olympes Engagement in dem Prozeß Louis XVI, das die Jakobiner wenig schätzten, wirken sich negativ auf den Erfolg dieses Stückes aus.

Die Aufführung ist miserabel. Die Zuschauer verlangen den Namen des Autors zu wissen. Die Hauptdarstellerin Julie Candeille tritt an die Rampe, um ihn bekannt zu geben. Da sieht man schon, wie sich Olympe brüsk in ihrer Loge der Vorderbühne aufrichtet: „Ich bin es Bürger", schreit Olympe de Gouges mit vulkanischem Temperament, „seht hier den Autor; aber ihr könnt mein Stück nicht beurteilen, denn die Schauspieler haben es sehr schlecht gespielt!"

Bei diesen Worten ertönen von allen Seiten Buhrufe. Betroffen versichert Julie Candeille, daß sie und ihre Kameraden sich das nächste Mal mehr anstrengen würden, um das Publikum zufriedenzustellen. Aber einige Zuschauer schreien: „Nein, ihr habt gut gespielt. Aber das Stück ist nichts wert!" Anschließend begibt sich das Publikum in die Korridore, wo auch Olympe sich aufhält. Wie Ducray-Duminil, einer ihrer Widersacher berichtet, wird sie dort „mit bittersten Sarkasmen überhäuft".

Bei der zweiten Aufführung kann das Stück nicht zu Ende gespielt werden, da „Zuschauer" sich auf die Bühne stürzen und „zur *Carmagnole* tanzen, während die anderen im Saal im Chor mitsingen".[1] Doch ist diese Version der Tatsachen, die von den Autoren der *Histoire du Théâtre Français* wiedergegeben wird, gewiß anzweifelbar. Für das Durchfallen des Stückes sind Randalierer verantwortlich obwohl Ducray-Duminil sich beeilt, den Krawall mit der Unzufriedenheit des durch das schlechte Stück verärgerten Publikums zu erklären. Das verübelt Mercier Ducray-Duminil in seinen *Tableaux de Paris*, und Cubières spricht von „übelwollenden Männern, die verhindert haben, daß das Stück mehr als zweimal aufgeführt wurde". Denn, fügt er hinzu, dieses Stück ist „voller Patriotismus", „die Intrige ist geschickt und klug aufgebaut": „Es gibt nichts und niemanden auf der Welt, der die öffentliche Meinung dagegen aufrufen könnte."[2]

Olympe prangert mit einem roten Wandanschlag, *Enthüllte Komplotts*, die Haltung einiger Schauspieler an: „Die Schufte werfen mir meinen mangelnden Bürgersinn vor, weil ich mich für die Verteidigung von Louis XVI angeboten habe. Nur weil ich dachte, daß sein Mord nutzlos sei und der Republik zum Verhängnis werden könnte!"[3]

In den folgenden Tagen schickt sie ihr Stück an den Konvent, an das Komitee für Öffentliche Bildung und an verschiedene Zeitschriften.[4] Diesmal wird es anders aufgenommen. Wie zum Beispiel in einem enthusiastischen Artikel, der am 17. Februar im *Journal de Paris*, erscheint: „Wenn die Despoten zu den Waffen greifen, machen sich die Bürger durch ihr Schweigen und Ausharren mitschuldig. Man muß für die Freiheit kämpfen, oder durch seine Schriften das Feuer des Patriotismus schüren. Niemand hat es eiliger, diesen heiligen Tribut zu zollen, als die Republikanerin Olympe de Gouges. Die Werke, die sie seit der Revolution veröffentlicht hat, sind zu bekannt, als daß man sie noch einmal aufzählen müßte. *Der Einmarsch von Dumouriez in Brüssel* ist ein neuer Beweis des Hasses, den sie gegen die Tyrannen hegt. Wir maßen es uns nicht an, einen Auszug aus dem Stück zu bringen. Es ist shakespearisch, und man weiß, wie wenig die Werke dieses Dichters zur Analyse geeignet sind. Die, die englisches Theater gelesen haben, werden mehr als eine Ähnlichkeit zwischen Olympe de Gouges und ihrem Vorbild finden. Dem Stück, das in nur drei Tagen von einer Frau geschrieben wurde, gebührt auch Lob, da es die ehrenwerte Absicht verrät, die Revolution nach Belgien und in alle noch zu erneuernden Völker zu tragen."[5]

Nur – Olympe konnte es nicht vorhersehen –, ein Monat später wird Dumouriez, der Sieger von Valmy und Jemmapes, in Neerwinden geschlagen. Außerdem verheimlicht er seine Absichten nicht mehr, sich mit seiner Armee eher gegen den Konvent und die Clubs als gegen das Ausland richten zu wollen . . .

Während sich ganz Europa gegen Frankreich verbündet, werden die Konfrontationen der Parteien im Konvent immer härter. Für Olympe ist das der helle Wahnsinn, und so schickt sie am 20. März eine *Dringende Mitteilung* an die Repräsentanten, in welcher sie bittet, ihre Zwistigkeiten zu beenden. Sie bleibt ihren Methoden treu und läßt ihren Text in Paris plakatieren. Mehr denn je baut sie auf die Wirkung dieses Kommunikationsmittels und auf das Gewicht der öffentlichen Meinung: „Seht diese edle Masse der strahlendsten Jugend über unsere Grenzen eilen, um dort ihr reines und unbeflecktes Blut zu vergießen. Und für wen? Großer Gott! Einzig und allein für das Vaterland und nicht, um eure Leidenschaften zu stillen und um wieder einen Tyrannen auf den Thron zu setzen . . . Die Aristokraten begrüßen eure Spaltung. Mit eigenen Ohren habe ich im Korridor eines Theaters gehört: ‚Unsere Angelegenheit steht gut, die Schlauköpfe des Konvents vertragen sich nicht mehr, unser Triumph ist sicher!'" [6]

Mit brennender Ungeduld erwartet sie, daß eine dauerhaftere Aussöhnung zwischen den rivalisierenden Gruppierungen stattfände, als die, die im letzten Juli ihrer Publikation *Nationalpakt* und dem utopischen Antrag des Bischofs Lamourette gefolgt war: „Bergpartei, Plaine, Rolandisten, Maratisten, Brissotins, Girondisten und Anhänger Robespierres, verschwindet schändliche Namen! Verschwindet auf immer, so daß die Namen der Gesetzgeber euch zum Wohle des Volkes ersetzen mögen . . ."

In ihrer allumfassenden Versöhnungswut war Olympe überzeugt, daß es genügen würde, die Männer, die politische und tiefe soziale Differenzen trennten, einander gegenüberzustellen, damit sie ein für allemal von ihren Kämpfen, Rivalitäten und ihren persönlichen Abneigungen abließen. Sie selbst stand in ihrer politischen Neigung der girondistischen Partei nahe, deren Mitglieder jederzeit einen neuen Volksaufstand befürchteten, der von Jakobinern wie Marat, Hébert und dem Polen Lazowski geschürt wurde.

Am 1. März 1793 wird Lazowski von Vergniaud vor dem Konvent denunziert. Er ist der ehemalige Chef des Ingenieurcorps des Herzogs von Orléans und seit der Revolution professioneller Agitator und Handlanger der Montagniards. Olympe, die wie gewöhnlich in den Tribünen sitzt, ist darüber dermaßen angetan, daß sie diese Neuigkeit sofort nach ihrer Rückkehr in ihr neues Domizil in der Rue de Harlay, ihrem Nachbarn Herrn Allion mitteilt, der als Vorleser ebenfalls im Dienst des Herzogs von Orléans gestanden hatte. Allion gibt jedoch vor, Lazowski nicht zu kennen, ja ihn kaum flüchtig gesehen zu haben, „sodaß er ihn nicht einmal erkennen würde, wenn er ihn sähe." Dann, drei Tage nach dieser Erklärung, bewegt er Olympe dazu, ihn am 20. März zu einem „Gespräch" zu empfangen. Sie verspricht es, aber zur vereinbarten Stunde wird sie durch einen unvorhergesehenen Zwischenfall davon abgehalten.

Kurz bevor sie den Pont-Neuf erreicht hat, läuft sie Allion in Begleitung des berüchtigten Lazowski in die Arme. Vor Schreck erstarrt macht sie eine Kehrtwendung in Richtung der Rue Dauphine, während die zwei Kumpane sie einer Gruppe von „Straßenräubern" zeigen. Einer von ihnen, „mit einem großen Stock in der Hand" löst sich von der Gruppe und geht ihr nach . . . Nachdem sie sich in einer Papierhandlung versteckt hat, die sie etwas später durch eine Hintertür wieder verläßt, macht Olympe, die noch immer von dem Kerl verfolgt wird, schließlich Anzeige bei der Nationalgarde. Der Handlanger von Lazowski wird festgenommen. Die Identitätsfeststellung wird in der Sektion der Quatre-Nations gemacht und das Verhör des Mannes – Boysse genannt –, ist im wahrsten Sinne des Wortes „rasch erledigt": „Die Mitglieder der Sektion verwechselten ihn mehrmals", sagt Olympe, „aber Herr Lazowski war dort bekannt und hatte Freunde in der Sektion. Man tat, als hielte man mich für eine Aristokratin, da ich mich für die offizielle Verteidigung von Louis Capet angeboten hatte. Mein Meuchelmörder wurde einfach in sein Viertel zurückgeschickt, um identifiziert zu werden, und dabei blieb es." [7]

Es scheint, als wäre Olympe hier zum zweiten Mal mit knapper Not einer gehörigen Tracht Prügel entkommen. Denn natürlich hatte ihr Lazowski, ein Freund von Handgreiflichkeiten und anderen Einschüchterungsmethoden, aus keinem anderen Grund nachstellen lassen. Diese Praxis war übrigens vor allem im Hinblick auf Frauen sehr geläufig. Man griff zu jener Zeit wieder darauf zurück, als die sehr beliebte Waffe des Lächerlichmachens ohne Effekt blieb. In genau dieser Weise wurde zwei Monate später die berühmte Théroigne de Méricourt in aller Öffentlichkeit verprügelt – unter Lachen und Applaus; sie verlor darüber den Verstand und beendete ihre Tage in der Salpêtrière.

Zu der Bedrohung durch Lazowski und seine Büttel kommt ein Gerücht – das ihr der Journalist Gabriel Feydel mitteilt – laut dem sie mit einem „mit der Herstellung von Falschgeld befaßten Individuum" verkehre. Sie dementiert es umgehend; und überzeugt, daß Philippe-Egalité Urheber dieser Bösartigkeiten ist, antwortet sie mit neuen Schriften. Unter anderem mit dem Plakat *Einigkeit, Mut, Wachsamkeit und die Republik ist gerettet*, klagt sie ihn an, die Revolution zu betrügen:

„Warum hat er einen Großteil seines Vermögens im Ausland angelegt, wenn er ein guter Bürger ist? Offensichtlich hat er sich gesagt: Wenn ich König, Regent, oder Diktator werde, werde ich in Frankreich mächtig und reich genug sein. Wenn das mißlingt, habe ich mein Vermögen woanders sicher aufgehoben. Wenn dieses Verhalten nicht kriminell ist, so ist es zumindest sehr seltsam und sehr verdächtig für die Republik." [8]

Später wiederholt sie ihre Anschuldigungen im Vorwort der letzten Ausgabe ihre *Politischen Werke*: „Seit meiner frühesten Jugend wußte ich, daß die Könige niemals im Interesse des Volkes handeln; heute bekenne ich es öffentlich. (...) Oh Bourbonen! Sind denn die Franzosen geboren, um eure Opfer und das Spielzeug eures Ehrgeizes zu sein?! Also schön, Philippe, wenn ich durch ihre Dolchstöße sterben soll, werde ich ihnen meine letzten Augenblicke teuer verkaufen. Ein Halsabschneider, ein Meuchelmörder, dem die grausamste Folter gebühren würde, hätte nicht die Hälfte der Abscheulichkeiten begehen können, deren Urheber zu sein dir nachgesagt wird. (...) Die Geschichte möge all diese Verbrechen auf deinem Leben lasten lassen!" [9]

Ihre zweibändigen *Werke*, in denen die politischen Schriften von 1791 bis 1793 zusammengefaßt sind, schickt sie an einige Pariser Journalisten. Der Begleitbrief verdeutlicht ihre Aufregung:

„In den letzten Augenblicken ihres Lebens diktiert Madame de Gouges diese Zeilen.

Sie bittet die Herren Journalisten, für dieses Werk alle Nachsicht aufzubringen, deren sie fähig sind; dieses Stück wurde in verschiedenerlei Hinsicht verstümmelt, die Drucker haben ganze Sätze verändert. Das heißt, sie trägt an diesen Fehlern weniger Schuld als andere Autoren ähnlicher Dummheiten.

Wie groß auch meine Ermattung und meine Qualen sein mögen, ich will noch einige Worte hinzufügen: Die Feinde des ehrlosen Philippe d'Orléans werden es nicht verabsäumen zu behaupten, er hätte mich vergiftet, wenn sie dieses Stück lesen. Er wäre dessen auch sicher fähig, doch bin ich selbst der Scharfrichter meiner Tage. Ich bitte Sie, meine Herren, diese Beobachtungen in ihren Artikel einzustreuen und meine Werke zurückzuverlangen. Ich habe die Dummheit besessen, sie diesem bestechlichen Mann, dem ruchlosesten aller Perversen, zu widmen. Es war während seines scheinbar ehrbaren Exils, daß ich ihm meine Schriften widmete. Den Herzog von Chartres verachtete ich ganz ernsthaft, und doch glaubte ich, daß er sich als Herzog von Orléans geändert hätte: Daher findet sich in seinen Werken [10] *mein Miniaturportrait. Er hatte den Kupferstich meines Portraits für das Titelblatt des Werkes erbeten, aber da ich damals noch nicht den Stolz all unserer Gelehrten hatte, zog ich es vor, diese Miniatur beizugeben. Es ist das einzige Portrait, das mir ähnelt. (...) Dieses Portrait gehörte meinem Sohn, ich bitte Sie, meine Herren, es so streng als möglich zurückzuverlangen, da es . . . [unlesbar] für ein Kind ist, seine Mutter noch sehen zu können, nachdem es sie verloren hat."* [11]

Das Portrait wurde ihr niemals zurückerstattet, aber Ziel des Briefes war es ohnehin vor allem gewesen, die Gerüchte zu unterbinden, die noch immer über ihre ehemaligen Beziehungen mit dem Prinzen kursierten. Die Art ihrer Beziehung ist auch schwer zu durchschauen. Doch hat die eigenartige Verbissenheit, mit der sie Philippe-Egalité (Philippe d'Orléans) belästigt – obwohl sie ihm noch in diesem Jahr 1793 ihre Werke gewidmet hatte – einen leidenschaftlichen Charakter. Wie dem auch sei, der königsmörderische Prinz, dem die verschiedenen Parteien immer mißtrauischer gegenüberstanden, wurde schließlich in der letzten Aprilwoche vor dem Konvent als Komplize von Dumouriez angezeigt. Wenig später wurde er zusammen mit seiner Frau und seiner Schwester verhaftet. Mit seiner Schwester, der Herzogin von Bourbon, nach Marseille überstellt und dort mehrere Monate gefangen gehalten, wurde er schließlich in Paris verurteilt und hingerichtet . . .

In diesem Frühjahr 1793 verschärften die Niederlagen in Belgien und am Rhein, der Betrug von Dumouriez und der Aufstand in der Vendée* die Auseinandersetzung zwischen Girondisten und Bergpartei aufs Äußerste. Die letzteren genossen damals das Vertrauen der Bevölkerung und es gelang ihnen am 30. Mai die Gironde zu überflügeln, als einige ihrer Mitglieder bei der Tagessitzung im Konvent fehlten. Am 1. Juni verlangte die Kommune und das Aufstandskomitee die Anklage von 27 Abgeordneten. Die Girondisten versuchten ihrem Schicksal mit Winkelzügen zu entgehen, während das Aufstandskomitee die Arrestierung der ehemaligen Minister Clavières und Roland anordnete. Letzterem gelang die Flucht, sodaß man an seinerstatt seine Frau festnahm. Am 2. Juni schließlich stürzt die Gironde; mit ihr stürzt das Großbürgertum, wie der Adel mit dem Thron gestürzt war.

Die Revolution nimmt eine neue Wendung. Olympe ist entschlossen, dieser Strömung zu widerstehen und schickt ihre

---

* royalistische Erhebung 1793 bis 1796 gegen die Revolutionsregierung

politischen Schriften am 9. Juni an den Konvent, zusammen mit einem Begleitbrief, in dem sie heroisch ihre Solidarität mit der vernichteten Gironde ausdrückt: „Wenn die Repräsentantenversammlung noch ehrbar ist, so wird sie aus meinem politischen Leben meine Gefühle ersehen können. Wenn es an Opfern für die Tiger mit dem verdorbenem Blut bedarf, so sollen sie kommen, ich opfere mich als erste. Ich habe die Revolution durch meine Schriften vorbereitet. Ich biete mich den Monstern, die nach Menschenblut dürsten, als Opfer an, wenn nur mein Tod ihren Zorn dämpfen kann, und der Nationalkonvent seine alte Herrlichkeit wiederfindet . . ."

Plötzlich wird der Amtsdiener von einem Versammlungsmitglied, Levasseur, unterbrochen, der zornig schreit: „Ich verlange zur Tagesordnung zurückzugehen, damit die Bürgerin De Gouges umgotteswillen nicht glauben muß, der Konvent hätte seine Herrlichkeit verloren!" [12]

Olympe gibt nicht auf. Sie bringt in den nächsten Tagen eine neue Streitschrift in Umlauf, ihr *Politisches Testament*, in welchem sie von neuem mit unerhörtem Mut die gefangen genommenen oder verbannten Girondisten verteidigt. Das zeigt, daß ihre politischen Freunde sie nicht davon abhielten, solche Risiken auf sich zu nehmen: „Wenn 100 Opfer den Haß vernichten und die Leidenschaften stillen können, wenn sie bewirken können, daß die ausländischen Mächte die Republik für unabhängig erklären, und daß die Armee der Konterrevolutionäre geschlagen wird, dann beeilen sie sich, ihr Blut auf dem Schafott fließen zu lassen. Ich biete ihnen noch ein Opfer dazu. Suchen sie den Hauptschuldigen? Das bin ich. Schlagen sie zu, ich habe alles vorhergesehen. Ich weiß, daß mein Tod unvermeidbar ist . . ." [13]

Warum eine so düstere Prophezeiung?

Olympe war mit dem Verfassen eines Wandanschlags, *Der Todeskampf der drei Regierungen* [14] beschäftigt, in dem sie die freie Selbstbestimmung für die Bevölkerung jedes Departements verlangte. Ein solches Unterfangen war seit der Verkündung eines neuen Gesetzes am 29. März sehr riskant. Es bedrohte jeden mit der Todesstrafe, der in Wort oder Schrift die Errichtung einer anderen Regierung als der republikanischen, eins und unteilbar, anstrebte. Sogar schon in ihrem *Politischen Testament* hatte Olympe ihr Projekt in großen Zügen skizziert: „Was wird aus euch Männern von Geblüt, wenn sich die Departements gegen Paris erheben und sich bewaffnen, um das den Mandataren anvertraute Gut zu verteidigen?"

Da Olympe keinen anderen Ausweg sieht, um ihrer bevorstehenden Festnahme zu entgehen, als eine baldige Abreise in die Provinz, macht sie mit Humor ihr letztes Testament: „Mein Herz vermache ich dem Vaterland, meine Aufrichtigkeit den Männern (sie brauchen sie), meine Seele den Frauen – ich mache ihnen kein gleichgültiges Geschenk; meinen künstlerischen Geist den Dramatikern – er wird ihnen nutzen, vor allem meine theatergerechte Logik dem berühmten Chénier; mein Desinteresse den Ehrgeizigen; meine Philosophie den Verfolgten; meinen Geist den Fanatikern; meine Religion den Atheisten; meine offene Fröhlichkeit den Frauen in den Wechseljahren und all die ärmlichen Überreste, die mir von einem anständigen Vermögen geblieben sind, vermache ich meinem natürlichen Erben, meinem Sohn, wenn er mich überlebt." Und schließlich, nachdem sie noch einige Flüche gegen Philippe-Egalité ausgesprochen hat, ernennt sie ironischerweise Danton zum Testamentsvollstrecker. Und wie gewohnt, händigt sie ihr *Politisches Testament* dem Konvent, den Jakobinern, der Kommune, diversen Pariser Sektionen, sowie einigen Journalisten aus.[15] Am 14. Juni kündigt das *Thermomètre du Jour* seine Veröffentlichung in folgenden Worten an: „Die Gefahren des Vaterlandes haben diese Bürgerin dazu veranlaßt, ihren Landaufenthalt zu unterbrechen, um dieses Werk zu verfassen. Sie spricht sich darin energisch gegen die Feinde des Vaterlandes, gegen die Anarchisten aus. Dieses Werk trägt dazu bei, das Ansehen, das sich die Autorin bereits erworben hat, noch zu vergrößern."[16]

Den „Landaufenthalt", den der Autor dieses Artikels anspricht, – zweifellos Dulaure – hatte sie in der Touraine gemacht. In diesem Frühjahr 1793 hatte sie noch keinerlei Nachricht von ihrem Sohn erhalten, der als Oberfeldwebel des Bataillons an der Küste von Larochelle stationiert war. Daher glaubte sie, daß er tot oder zumindest schwer verletzt sei. Olympe war daraufhin nach Tours geeilt, wo er mit seiner jungen Lebensgefährtin und seinen Kindern lebte. Marie-Anne-Hyacinthe Mabille teilte ihr mit, daß er weder tot noch verletzt sei, daß er sich aber nach Paris begeben habe, um sich vom Konvent befördern zu lassen: Mit Unterstützung der Repräsentanten Choudieu, Richard, Ruelles und Tallien sollte er tatsächlich den Grad eines Brigardechefs erhalten.

Als Pierre Aubry in der zweiten Maihälfte in die Provinz zurückkehrt, ist er weit davon entfernt, seiner Mutter mit der gebührenden Zuneigung zu begegnen. Der General Roussillon, unter dessen Kommando er steht, sieht sogar eines Tages, wie er sie aus seinem Haus „verjagt".[17] Wenn das den Tatsachen entspricht, ist es ein Vorspiel für die öffentliche Verleugnung seiner Mutter sechs Monate später . . .

Bei diesem Kurzbesuch hat sie zumindest den Trost, die Schönheiten der Touraine zu entdecken, und verfällt dem Charme eines kleinen Hauses, daß auf einem vier Hektar großen Grund – mit Wiesen, Wald und Wein bewachsen – steht. Es ist das „Clos-Figuier" in Saint-Etienne-de Chigny, einem Dorf im Kanton Luynes.[18] Das Anwesen, das gerade in herrlicher Blüte steht, zieren eine Terrasse und hübsche Gärten. Es hat natürliche Höhlen, in denen das Vieh (vier Kühe und ein Stier) untergebracht ist und auch eine Weinpresse. Gelegen ist es am Hang eines Hügels, der in das Loire-Tal hineinragt. Dieser ländliche Charakter ist ganz nach Olympes Geschmack: Mit ihrer Lebenseinstellung und ihrer sehr rousseauistischen Liebe zur Natur mußte sie nach einem so hektischen Leben großen Gefallen an der Ruhe und der bäuerlichen Einfachheit dieses Ortes finden. Sie geht zu dem Besitzer, einem Bäcker aus Cinq-Mars, um ihm ihre Kaufwünsche zu unterbreiten. Im Falle, daß sich die Angelegenheiten in Paris zum Schlechten wenden sollten, könnte dieser friedliche grüne Hafen einen wertvollen Zufluchtsort darstellen. Sie hat nämlich noch immer das Projekt eines Pamphlets *Der Todeskampf der drei Regierungen* im Kopf, worin sie eine Volksabstimmung vorschlagen will. Nachdem sie sich Anfang Juni nach Paris begeben hat, kehrt sie schon am 1. Juli wieder nach Tours zurück, um beim Notar den Kaufvertrag für

„Clos-Figuier" zum Preis von 10.500 Livres zu unterschreiben, was den Rest ihres Vermögens ausmacht.[19]

Einige Tage später ist sie wieder in Paris, um ihren Umzug vorzubereiten und die Veröffentlichung ihres Pamphlets voranzutreiben. Am 13. Juli richtet sie die letzten Empfehlungen an ihren Notar: „Ich habe die Freiheit besessen, Monsieur, Ihnen einen Teil meiner Wertpapiere und Dokumente zu schicken und bitte Sie, die Liebenswürdigkeit zu haben, sie mir bis zu meiner Ankunft in Tours aufzubewahren. Würden Sie bitte auch die Freundlichkeit besitzen, die Belange meines Landhauses mit dem Weinberg zu überwachen; ich weiß nicht, ob ich rechtzeitig zur Ernte dort sein werde. Ich bitte Sie, damit Ihren Bruder, den Pfarrer zu betrauen. Er ist ein guter Republikaner und wohnt näher als Sie an meinem Grundstück. Es wird ihm ein Vergnügen sein, meinen Weizen, die Erbsen, die Bohnen und alles, was mich bei meinem friedlichen Landleben ernähren soll, zu versorgen." [20]

Ihr fertiges Manuskript mit dem neuen Titel *Die drei Urnen, oder Das Heil des Vaterlands von einem Reisenden der Lüfte* bringt sie zum Drucker Longuet. Rasch kommt der Text in einer Auflage von fast einer Million aus dem Druck: Olympe kann nun mit einem beachtlichen Widerhall auf ihre Schrift rechnen . . .

Trotz der Gewitter mit dem sintflutartigen Regen, die erst kürzlich niedergegangen waren, lastet wieder eine drückende Hitze auf der Hauptstadt. Paris ist noch wegen des Mordes an Marat und der Kühnheit seines Mörders, „der niederträchtigen Charlotte Corday" in Aufruhr. Auch drei Tage nach der Hinrichtung des jungen Mädchens ist die Atmosphäre noch gespannt. Redner und Journalisten heizen die Stimmung geschickt an.

Am Vormittag des 20. Juli kommt Olympe in Bedrängnis: Der Plakatierer der Kommune, der Bürger Meunier, hatte ihr am Vortag versprochen, in ganz Paris etliche hundert ihrer Pamphlete zu plakatieren. Als sie aber an diesem Morgen zu ihm in die Rue de la Huchette geht, erfährt sie, daß er seine Meinung geändert hat und daß er sich – als Grund gibt er die Gefahr neuerlicher Gewitter an – doch nicht darum kümmern will. Zusammen mit ihrem Verleger, dem Buchhändler Costard (der früher mit Jean Jacques Rousseau in Kontakt gewesen war), der ihr geholfen hatte, die Verbreitung der *Drei Urnen* vorzubereiten, geht Olympe ratlos, aber ohne mißtrauisch zu sein, wieder weg, um einen anderen Plakatierer zu suchen.[21] Es ist elf Uhr als das Paar die Brücke Saint-Michel betritt, die damals beidseitig von Häusern umgeben war. Dort wendet sich Costard an einen ganz offensichtlich untätigen Kolporteur, der es schließlich übernimmt, die denkwürdigen Pamphlete zu plakatieren.[22]

Aber einige Meter weiter weist eine junge Frau, die Tochter des Bürgers Meunier, die mit zwei Kommissaren und Nationalgardisten zusammensteht, mit dem Finger auf das Trio. Auf Höhe des Justizpalastes, in der Rue de la Barillerie, dem heutigen Boulevard du Palais, sieht Olympe schon die Gendarmen auf sich zukommen. Sie werden verhaftet.

Die Beschuldigten werden in das Rathaus gebracht, das sich an der Stelle der heutigen Polizeipräfektur befindet. Das ist die „Anlaufstelle" von Personen, die ohne Angabe von Gründen festgenommen werden. Dort werden sie unter härtesten Bedingungen festgehalten."[23] – Olympe und ihre Begleiter werden der Reihe nach vernommen. Trottier, der Kolporteur, wird, nachdem er eine Aussage gemacht hat, freigelassen.[24] Der Buchhändler Costard wird von den Polizeibeamten härter in die Mangel genommen. Die zentrale Frage gilt der Herkunft des Pamphlets „von rötlicher Farbe" mit dem Titel *Die drei Urnen*, auf dem weder der Name des Autors noch des Druckers vermerkt sind. Costard erklärt, daß sich seine Rolle darauf beschränkt hätte, im Auftrag der Bürgerin Olympe de Gouges ein Exemplar davon dem Präsidenten des Wohlfahrtsausschusses und eines Hérault de Séchelles, dem es übrigens gewidmet war, zukommen zu lassen.[25]

Auch Costard wird freigelassen.

Übrig bleibt Olympe: Sie ist ungeduldig erpicht darauf, ihr „Verhalten zu rechtfertigen" und ihre „Beschwerden"[26] anzubringen. Ohne zu zögern, schreibt sie an Marino, den Verwalter des Wohlfahrtsausschusses, da sie ihn für ihre Festnahme für verantwortlich hält. In Wirklichkeit war der Vorführbefehl (auf wessen Betreiben? man sagte Robespierres) aber von den Bürgern Baudrais und Michonnis unterzeichnet (letzterer soll zur selben Zeit am berüchtigten Nelkenkomplott beteiligt gewesen sein, der Marie-Antoinette aus dem Temple-Gefängnis befreien sollte. Er bezahlte das mit dem Leben). Nachdem Marino diesen Brief erhalten hat, legt er Wert darauf, persönlich an der ersten Vernehmung, die von Louvet und Baudrais gemacht wird, teilzunehmen. Er zeigt sich gegenüber der Beschuldigten wenig wohlwollend. Sehr schnell hebt er den Ton und sieht aus – mit den Worten Olympes – wie „ein brüllender Löwe, ein entfesselter Tiger, wie ein Verrückter, dessen Leidenschaften durch philosophische Argumentation nur weiter aufgestachelt werden . . ." [27] Aber es ist nicht der passende Zeitpunkt, um zu philosophieren, und sie muß zu einer Anzahl präziser Punkte Rede und Antwort stehen. Zuerst muß sie ihre Personalien angeben. Anschließend gibt sie sofort zu, die Autorin des *Die drei Urnen oder das Heil des Vaterlands, von einem Reisenden der Lüfte* genannten Pamphlets zu sein. Auf ihre Kontakte hin befragt, gibt sie nur die Namen der Bürger Cubières, Sekretär der Kommune, Costards und Bourgs, ihres Hausherren an. Als man sie danach fragt, beteuert sie heftig, mit der Bürgerin Rochechouart, deren Name sonderbarerweise im Verhörprotokoll aufscheint, niemals in irgendeiner Beziehung gestanden zu haben. Sie leugnet auch Brissot, Guadet und Roland zu kennen. Sie gibt aber an, mit Vergniaud, der bereits arretiert ist, bereits seit 15 Jahren zu verkehren. Sie fügt hinzu, vor kurzem mit den Bürgern Mercier, Cubières und dem Friedensrichter des Pont-Neuf, Nicolas Thilly, zusammen diniert zu haben.[28] Als das Verhör zu Ende ist, gebietet Marino „seinen Bütteln ganz inquisitorisch":

„Führen sie Madame in die Einzelzelle. Niemand soll mit ihr reden können!"

Im zweiten Stock des Rathauses schließt man sie in der Zelle Nr. 10 ein und stellt ihr einen Gendarmen bei, der beauftragt ist, sie Tag und Nacht zu überwachen.[29] Sie schreibt – ohne Sekretär – mühsam einen Brief an ihren ehemaligen Bewunderer Cubières, in dem sie den „ganz außergewöhnlichen Mut" von Charlotte Corday erwähnt, die vier Tage vorher als

„Belohnung für ihr Verbrechen" guillotiniert worden war; für sich selbst aber, die „alles dem Wohle des Landes geopfert habe" erwarte sie Hilfe und Schutz.[30]

Löst der Brief in ihm irgendwelche Emotionen aus? Beabsichtigt er irgendwelche Schritte zu unternehmen, wie er es gerade für seine Freundin Madame de Angivilliers, die sich ebenfalls in Schwierigkeiten befand, getan hatte? Zweifellos nicht. Der Brief Olympes ist vielmehr kompromittierend für ihn und bewegt ihn dazu, ein Gedicht zur Lobpreisung Marats zu verfassen, das das *Feuille du Salut Public* eine Woche später veröffentlicht. Eine Gelegenheit für Madame Roland, sich im hintersten Winkel ihrer Zelle von Sainte-Pélagie all ihre Verachtung für diesen Jakobiner vom Leib zu schreiben, „der jetzt den Sansculottismus predigt, wie er früher die Musen pries, und jetzt Marat Verse schreibt, wie er es für Iris tat".

Am übernächsten Tag, dem 22. Juli, wird Olympe abgeholt: Eine Hausdurchsuchung in ihrer Gegenwart war angeordnet worden. Gegen 17.30 Uhr steigt sie, umgeben von den Wachen, aufgewühlt die paar Stufen in den ersten Stock ihres Hauses der Rue de Harlay hinauf. Ein Kommissar klopft an der linken Eingangstür. Als sie geöffnet wird, erscheint Justine Thomas, die treue Dienerin Olympes. Die Wohnung ist rasch durchsucht, doch ohne Ergebnis. Es ist dann Olympe selbst, die durch ihre Geschwätzigkeit verrät, daß all ihre Papiere im dritten Stock in einem Zimmer liegen, das ihr zusätzlich als Büro dient.[31]

Manuskripte, Streitschriften, Korrespondenz, alles war dort: „Jedes Papier, das in ihre Hände fiel, war ein neuerlicher Beweis meines Patriotismus und meiner Liebe für die Sache des Volkes. Die Kommissare, die erst gegen mich eingenommen waren, waren erstaunt, alles zu meiner Entlastung zu finden und brachten es nicht übers Herz, alles amtlich zu versiegeln; sie konnten nicht umhin, in ihrer Niederschrift zuzugeben, daß meine Papiere, Manuskripte und Drucksachen nichts als Patriotismus und Republikanismus ausdrückten."[32] Mehrere Dokumente wurden beschlagnahmt; die Amtssiegel wurden vorübergehend tatsächlich nicht angebracht und Olympe wurde gegen 10.00 Uhr abends wieder in ihre Zelle zurückgebracht. Wenn man ihr glauben kann, ist die nächste Woche, die sie im Rathaus verbringt, gräßlich: Promiskuität, Schmutz, Mißhandlung stehen an der Tagesordnung. Wegen Mißhandlung und Bestechlichkeit wird übrigens der Gefängnispförtner, Gautier, einige Wochen später guillotiniert.[33]

Am 28. Juli wird die Gefangene in ein anderes Gefängnis überstellt, und zwar in das der Abbaye in Saint-Germain-des-Prés. Die Mauern ihrer Zelle sind noch verfärbt vom Blut der Opfer, die dort am 2. September blutig niedergemacht worden waren.[34] Erschrocken drängt sie hastig auf ihre Befreiung und protestiert am 1. August mit einem Brief an den Präsidenten des Konvents, Danton, indem sie verlangt, sofort von den Mitgliedern des Hauptsicherheitskomitees[35] vernommen zu werden. Ihr Brief wird an das Komitee weitergeleitet und die Neuigkeit ihrer Internierung gelangt an die Öffentlichkeit.[36]

Am 6. August beklagt sie sich in einem Brief an Fouquier-Tinville über ihre ungerechtfertigte Haft. Ein Amtsdiener holt sie in der Abbaye ab, um sie vor das Revolutionstribunal zu führen, wo sie unter Ausschluß der Öffentlichkeit einem Verhör unterzogen wird. Um 6.00 Uhr abends wird sie im öffentlichen Sitzungssaal vorgeführt. Den Vorsitz hat Richter Ardouien, den Beisitz haben De Wolf und De Fouquier-Tinville. Sie fordern sie auf, zu ihrem Pamphlet Stellung zu beziehen. Wieder erkennt sie ihre Autorenschaft an und fügt hinzu, daß sie aus Bescheidenheit ihren Namen nicht angeführt habe. Dann zeigt sie sich sehr geschickt erstaunt darüber, auf die Anzeige des Plakateurs der Kommune hin festgenommen worden zu sein, obwohl sie doch am Vortag Sorge getragen habe, daß ein Exemplar ihrer Streitschrift dem Wohlfahrtsausschuß zugekommen sei.

Fouquier hält sich damit nicht weiter auf. Bemüht zum Kern der Sache zu kommen, macht er die Beschuldigte darauf aufmerksam, daß die Repräsentanten des Volkes kürzlich die Form der französischen Regierung per Dekret festgelegt hätten: „Als Republik, eins und unteilbar". Daraus ergebe sich, daß man ungesetzlich handle, wenn man danach strebe, irgendeine andere Regierungsform einzuführen:

– „Sie hätten", wirft er ihr vor, „das Gesetz zur Verteidigung gegen Versuche der Wiedererrichtung des Königtums in Frankreich kennen müssen."

– „Mein Pamphlet war fertig, bevor dieses Gesetz beschlossen wurde", antwortet sie dreist. „Die Spaltung der Parteien, die in den Departements Zwietracht gesät hatten, haben mich einen Bürgerkrieg befürchten lassen ... Als ich *Die drei Urnen* plakatieren lassen wollte, sprachen die Revolutionäre der Hauptstädte wie Bordeaux, Lyon, Marseille, Toulouse und Le Calvados davon, nach Paris zu marschieren und trafen bereits Vorbereitungen ..."

– „Weit entfernt davon, vor dem Bürgerkrieg zu warnen", wehrt Fouquier ungeduldig ab, „hat ihn ihr Plakat ganz im Gegenteil geschürt. Denn es erläutert die Unmöglichkeit, drei völlig gespaltene Parteien an einem Ort zu vereinigen, ohne daß das Aufeinanderprallen ihrer Meinungen eine gefährliche Explosion erzeugen würde."

– „Es ist nicht schwierig, meine Anschauungen einzuschätzen. Mein Werk, mein Verhalten und daß ich mein Vermögen für das Vaterland geopfert habe, sind ein zuverlässiger Beweis, daß ich einzig und allein dafür gearbeitet habe, eine solche Katastrophe zu vermeiden".[37]

Wirklich hat Olympe große Schwierigkeiten, Fouquier-Tinville von ihren guten Absichten zu überzeugen. Denn ihr Pamphlet stellt die Legitimität der republikanischen Regierung in Frage und predigt unzweideutig eine föderalistische Regierung – eine ureigenst girondistische Idee: „... Drei Urnen stehen auf dem Tisch des Parlamentspräsidenten, die jeweils die folgende Aufschrift tragen: ‚republikanische Regierung', ‚föderalistische Regierung', ‚monarchistische Regierung'. Der Präsident ruft im Namen des bedrohten Vaterlandes die freie und individuelle Wahl einer der drei Regierungsformen aus ..."

„Schließlich bleibt es den Franzosen überlassen, sich in geheimer Wahl für eine Regierungsart zu entscheiden, die ‚am

ehesten ihrem Charakter, ihren Sitten, ihrem Klima zu entsprechen scheint . . . Die Mehrheit muß sich durchsetzen." [38]

Olympe hat ihre Ansicht zu ihrem Unglück in einer Art dargestellt, deren Unzweideutigkeit nicht mehr zu übertreffen ist.
An eben diesem Abend wird ihr klar, daß sie sich in eine
äußerst unangenehme Situation gebracht hat. Als es Nacht
wird, ist ihre Vernehmung beendet. Als Advokaten wählt sie
Tronson-Ducoudray, der sich im letzten Dezember wie sie zur
Verteidigung von Louis XVI angetragen hatte. Dann kehrt sie
in ihre Zelle in der Abbaye zurück, um ihren Prozeß abzu-
warten . . .

IX. DAS SCHAFOTT

Ich bin eine Frau. Ich fürchte den Tod und eure Marter.
Aber ich habe kein Schuldbekenntnis zu machen.
Aus der Liebe zu meinem Sohn werde ich den Mut schöpfen.
Sterben, um seiner Bestimmung gerecht zu werden,
das heißt seine Mutterschaft über das Grab hinaus
verlängern . . .

OLYMPE DE GOUGES
VOR DEM REVOLUTIONSTRIBUNAL

Am Tag vor ihrer Festnahme hatte sich Olympe als Folge eines unglücklichen Sturzes eine tiefe Schnittwunde am linken Knie zugezogen. Weder im Rathaus noch in der Abbaye, wo der Arzt sich als inkompetent erklärte, erhielt sie die entsprechende Versorgung. Da sich die Wunde entzündet hatte, flehte die Gefangene den Präsidenten des Revolutionstribunals an, sie wenigstens einen Wundarzt konsultieren zu lassen.[1] Entrüstet, da sie nicht einmal eine Antwort erhielt, entschied sie sich, die jämmerlichen Bedingungen ihrer Haft in einem Pamphlet rückhaltlos vor der Öffentlichkeit anzuprangern. Restif de La Bretonne erzählt, daß sie ihren Text dem Dichter Baculard d'Arnaud vorlegte, der mit seiner Frau ebenfalls in der Abbaye gefangen gehalten wurde: „Diese Stellungnahme", sagte er, „wird sie auf die Guillotine bringen, wenn sie sie an den Mauern von Paris anschlagen lassen!"[2]

Aber sie schlägt diese Warnung in den Wind und schmuggelt ihr Manuskript heimlich aus dem Gefängnis. Sodaß die Stadt ab dem 15. August mit einigen hundert roten Anschlägen, mit dem Titel *Olympe de Gouges vor dem Revolutionstribunal*, geschmückt ist. Zwei Tage später gibt die gemäßigte Presse – die deshalb fast verboten wurde – folgendes Echo: daß die Gefangene sich „energisch und mutig" über die Behandlung, die man ihr angedeihen lasse, beklage. Sowie, daß sie ihre Haft als „tyrannisch und die *Menschenrechte* verletzend" betrachte[3]: „Ist nicht die Meinungsfreiheit dem Menschen als wertvollstes Erbe geweiht?". Mit unerschöpflichem Witz und Einfallsreichtum beschimpft sie die Jakobinerclubs

171

mutig als „infernalische Höhle, wo die Furien das Gift der Zwietracht in dicken Strömen erbrechen":

> „Welches Motiv hat die Männer geleitet, die mich in eine kriminelle Affäre verwickelt haben? Haß und Betrug. Robespierre ist mir immer als Ehrgeizling erschienen, ohne Genius, ohne Seele. Ich sah ihn jederzeit bereit, die gesamte Nation zu opfern, um zu seiner Diktatur zu gelangen; dieses verrückte und blutrünstige Streben konnte ich nicht ertragen und ich verfolgte ihn, wie ich die Tyrannen verfolgt habe. Der Haß dieses Feiglings war lange unter der Oberfläche versteckt, seither warteten er und seine Anhänger voller Gier auf einen günstigen Moment, um mich seiner Rache zu opfern."

Weder Robespierre noch sein „Sanhedrin" Fouquier-Tinville, dem ein paar treffende Äußerungen gelten, reagieren für den Augenblick. Es ist erstaunlich, daß Olympe noch einige Monate am Leben bleiben sollte.

Zwei Mediziner des Tribunals, Naury und Théry, kommen in der Zwischenzeit, um die Gefangene zu untersuchen. Sie konstatieren ihren Zustand als „normal" und verschreiben ihr eine kleine Blutentnahme.[4] Unzufrieden erwidert Olympe darauf, sich vor allem wenigstens einmal waschen zu wollen. Da sie immer großen Wert auf Sauberkeit gelegt und regelmäßig die Badeanstalten besucht hatte, litt sie sehr unter der Promiskuität und dem Schmutz im Gefängnis. Warum konnte man sie nicht unter Aufsicht von zwei Gendarmen zu sich nach Hause schicken? Oder, wie sie es den Richtern des Tribunals ebenfalls vorschlug, man sollte sie in ein Zuchthaus überstellen, wo die „unerläßliche Behandlung ihrer Gesundheit!" erfolgen könnte.[5] Das Ansuchen wird Fouquier übermittelt, der sie – bereits entnervt –, in das Frauengefängnis La Petite-Force, Rue Pavée im Marais schickt, um der Angelegenheit ein Ende zu bereiten. Das Gebäude, das heute zerstört ist, war der Gasthof von Brienne, der unter dem Ancien Régime in ein Gefängnis verwandelt wurde, das dazu bestimmt war, die Frauen mit „schlechtem Lebenswandel" aufzunehmen. In der Krankenabteilung des Gefängnisses teilt Olympe ihr „Zimmer" mit Stephanie de Kolly.[6] Sie war die Gattin eines Generalsteuerpächters, die drei Monate zuvor zum Tod verurteilt worden war und eine Schwangerschaft simulierte, um der Urteilsvollstreckung zu entgehen. Sie weiht Olympe in dieses Geheimnis ein. Im geeigneten Moment wird diese sich daran erinnern und sich derselben tragischen List bedienen. Es gibt zahlreiche Frauen, die während der Schreckensherrschaft ihr möglichstes tun, um geschwängert zu werden, um dem Tod zu entgehen. Aber, abgesehen von einigen seltenen Ausnahmen, erweisen sich die meisten Schwangerschaften als falsch. Charlotte de Luppé, Françoise Hébert oder Sabine de Virville, sowie etliche andere auch, erreichen damit nichts als das Hinauszögern ihrer fatalen Fahrt mit dem Schinderkarren um einige Stunden oder ein paar Wochen . . .[7]

Im Unterschied zu ihrer Zellengenossin in La Petite-Force, weiß Olympe über ihr Los noch immer nicht Bescheid. Ihre Untersuchungshaft regt sie umso mehr auf, als sie nicht glaubt, daß das Tribunal es wagen würde, sie zu verurteilen. So lädt sie das Tribunal schriftlich dazu ein, das Datum ihrer Verhandlung vorzuverlegen: „Warum legt man mir keine Anklageschrift vor? Die Anschuldigung, die auf mir lastet, beruht auf einem schlecht interpretierten Schriftstück, das in Wirklichkeit eine feierliche Huldigung der nationalen Souveränität ist."[8]

Keine Antwort. Olympe ist äußerst ungeduldig,[9] woran auch die Besuche von Hyacinthe Mabille und ihren Kindern nichts ändern. In einem neuerlichen Schreiben fleht sie Fouquier-Tinville um ihre Freilassung an; sie erinnert ihn an ihre Ergebenheit, ihre Rechtschaffenheit und ihre republikanische Gesinnung. Unter anderem bittet sie ihn um Erlaubnis, ihren Advokaten Tronson-Ducoudray sehen zu dürfen, um ihn mit der Versorgung ihrer privaten Belange betrauen zu können, die „durch ihre lange Haft ruiniert seien".[10] Doch wieder einmal erreicht sie ihr angestrebtes Ziel nicht. Unermüdlich, schreibt sie Fouquier von neuem, erläutert ihm ihre „jämmerliche Situation" und beklagt sich, nicht einmal Kleidungsstükke zum Wechseln erhalten zu können. Auch fordert sie die Eskorte von zwei Gendarmen für ihren Umzug, da ihr Hausherr in der Rue de Harlay, der Bürger Bourg, ihren Mietvertrag gekündigt hat.[11] Diesem Brief legt sie ein Exemplar eines Textes bei – der heute verloren ist –, den es ihr gelungen war, noch einmal in Paris plakatieren zu lassen. Der Polizeispion Latour-Lamontagne meldet in seinem Bericht vom 21. September 1793: „Alle Mauern von Paris sind bedeckt von einem Anschlag der Bürgerin Olympe de Gouges, die sich über ihre lange Haft beklagt; an die Dienste erinnert, die sie dem Vaterland erwiesen hat; die Vorbereitung eines neuen Massakers in den Gefängnissen ankündigt, und die sich als Opfer eines Komplotts betrachtet. Diese öffentliche Stellungnahme verursacht keinerlei Aufsehen: Man bleibt einen Augenblick stehen, geht gleich weiter und sagt sich: „Ah! Das ist wieder die De Gouges."[12]

Das Gefühl der Unsicherheit und ihre schreckliche Einsamkeit im Gefängnis vergrößern im Laufe des Tage die Verwirrung der feurigen Olympe. In einem Brief an die Mitglieder der 48 Sektionen von Paris protestiert sie wieder gegen die Willkür ihrer Einkerkerung, und drängt darauf, daß ihre Repräsentanten „vor dem Senat einschreiten sollten, um Gerechtigkeit für eine derartige Behandlung zu erlangen."[13] Doch werden keinerlei Schritte zu ihren Gunsten unternommen.

Erschöpft und stumm vor Wut und Handlungsunfähigkeit, bringt man sie Ende September in das Sanatorium der Bürgerin Mahaye (heute: Rue du Chemin-Vert Nr. 13)[14], wo man „die Gefangenen zusammenpferchte, deren Gesundheit beeinträchtigt war". Dieses Etablissement untersteht der Verantwortung eines patriotischen Wundarztes, einem gewissen Jean-Adrien Lescourbiac und ähnelt dem des Herrn Belhomme in der Rue de Charonne: Mit Hilfe von Bargeld erkaufen sich die Häftlinge, daß sie dort erst einmal aus dem Blickfeld von Fouquier-Tinville verschwinden. Der Preis dieser Pensionen war sehr hoch: Als Olympe bei Lescourbiac eintrifft, versetzt sie – zweifellos um sich ihre Aufnahme zu erkaufen – ihre Golduhr am Mont de Piété für 102 Livres, und schon drei Wochen später, am 23. Oktober, einen Ring, einen gravierten Stein und zwei mit „Brillianten umsäumte" Brillianten gegen 423 Livres. Dennoch hat sie bereits zehn Tage später insgesamt nicht mehr als 73 Livres. Die 452 Livres (in etwa die Jahresmiete einer Pariser Wohnung) scheint sie für einen Monat Unterkunft und Verpflegung bei Lescourbiac verwendet zu haben. Klarerweise kann sie eine solche Summe nicht über einen längeren Zeitraum aufbringen, da die wenigen Schmuckstücke, die sie noch hat, nicht ausreichen. Verglichen mit Saint-Lazare, den Karmelitern oder der Abbaye, genoß man in diesen Anstalten zumindest eine relative Freiheit. Zweifellos kam es auch vor, daß sich zwischen den Häftlingen Romanzen entspannen. Die späteren Ereignisse lassen vermuten, daß die schöne Olympe Trost und Zuspruch in den Armen eines der Gefangenen gefunden hat. Vielleicht bei Théodore Gérard, wie sie Verfasser patriotischer Streitschriften, oder dem Reichsgrafen Hulin, dem ersten, der 1789 in die Bastille eingedrungen war . . . Auf jeden Fall gibt ihr dieser Aufenthalt Kraft und Mut zurück, wie sie ihrem Sohn schreibt: „Ich war so frei wie bei mir zu Hause. Ich hätte entfliehen können; meine Feinde und Peiniger wußten es. Da ich aber überzeugt bin, daß es aller Böswilligkeit vereint nicht gelingen wird, mir einen einzigen Schritt gegen die Revolution vorzuwerfen und mich zugrunde zu richten, habe ich selbst mein Urteil verlangt . . ."[15]

In dem tristen Herbst 1793 überschlagen sich die Ereignisse. Die Revolutionsregierung muß sich gegen das vereinte Europa wehren, die Erhebung in der Vendée, den Aufstand in Lyon niederschlagen und Toulon von den Engländern zurückerobern. Von allen Seiten gleichzeitig bestürmt, werden die Kräfte der Regierung bis aufs letzte strapaziert und sie beginnt, die innere Repression immer schärfer zu gestalten.

Oktober: Der Prozeß von Marie-Antoinette beginnt und leitet die Serie der großen politischen Prozesse des November und Dezember 1793 ein. Zwei Wochen nach der Hinrichtung der Königin sind 21 Girondisten ihrerseits an der Reihe, das Schafott zu besteigen. Der Terror ist an der Tagesordnung, das Verdächtigtengesetz bevölkert die Gefängnisse und der öffentliche Ankläger des Revolutionstribunals stapelt seine Akten. Am 28. Oktober, als ihre Anklageschrift fertig ist, gibt Fouquier den Befehl, die „Frau De Gouges" in die Conciergerie zu bringen, die als Vorzimmer des Todes gilt.[16] Sie kommt dort in Sonderhaft,

„sodaß es ihr nicht einmal gelingt, mit dem Pförtner zu sprechen"[17], und zwar in eine, „die kleine Pharmazie" genannte Zelle, die eine „fünf Zoll starke Doppeltür, die mit Eisen verkleidet war und drei riesige Sicherheitsschlösser" besaß. Eines der Fenster war hermetisch verriegelt und das andere fast zur Gänze verschlossen. Auf den Mauern „war ein mit den Wörtern ‚Freiheit', ‚Gleichheit', ‚Menschenrechte', ‚Verfassung', übersätes Papie angebracht. Es war unmöglich die Augen zu heben ohne das Wort ‚Freiheit' und die Fenstergitter, das Wort ‚Gleichheit' und die schweren Türriegel zu sehen".[18]

Am Samstag, den 2. November, gegen 7.00 Uhr morgens, öffnet sich die Zellentür mit Getöse. Ein Amtsdiener, gefolgt von Gendarmen, kommt Olympe holen, die vor dem Tribunal erscheinen soll. „Krank und schwach"[19], starr vor Kälte – in dieser Nacht war das Thermometer unter Null gefallen –, macht sie sich hastig zurecht und verläßt die Zelle. Gefolgt von ihren Begleitern betritt sie eine dunklen Gang, in dem eine Tag und Nacht brennende Laterne bedrohliche Schatten wirft. In der Stille der Morgenstunde hallt der rhythmische Schritt der Gendarmen in den Gewölben. Sie lassen die Gefangene über die steilen Steinstufen des Bonbec-Turmes hinaufsteigen. Die Sitzung findet im „Saal der Gleichheit"[20] (dem ehemaligen Saint-Louis-Saal) statt, wo auch Charlotte Corday im Juli vor Gericht gestanden hatte. Es ist ein sehr großer Saal mit nackten Mauern – abgesehen von den üblichen Schildern in den Farben der Trikolore, die an der linken Wand hängen, den Liktorenbeilen, einigen Trophäen mit Sichel und Triangel, und Gesetzestafeln. Darunter sitzen vor einem langen Tisch der Präsident Herman, ein junger Günstling Robespierres, die Richter David und Laune, sowie ihre Beisitzer. Rechts davon der kleine Tisch des stellvertretenden öffentlichen Anklägers Naulin, der in Abwesenheit von Fouquier die Anklage vertritt. Präsident, Richter und Ankläger tragen dieselbe schwarze Tracht und einen Mantel mit einem Trikolorband um den Hals, das von einem Medaillon zusammengehalten wird. Sie tragen Hüte „à la Henri IV", deren Trikolorschleifen von einem schwarzen Federbusch überragt werden. Die Tribünen sind bereits voll; übrigens sind sie, wie ein Zeuge bemerkt, „Tag ein

Tag aus von liederlichen Frauen besetzt". Außerdem meint er, daß „die Personen, über die ein Urteil gefällt werden soll, durch einen hinteren Eingang in den Saal des Tribunals geführt werden müßten und nicht durch denselben, den auch das Publikum benützt. Es könnte jemand dem Angeklagten ganz leicht eine Waffe zustecken".[21]

Diesen Zeugenaussagen nach kann man sich den Saal für die Angeklagten eher feindselig vorstellen. Dennoch erscheint Olympe „in sicherer und würdiger Haltung" auf einem kleinen Podium vor den Geschworenen, wo ein Sitz so angebracht ist, daß sie von allen gesehen werden kann. An diesem Tag spürt die Unglückliche genau, daß sie nicht in der Lage ist „kunstvoll zum Publikum zu sprechen": „Ich fühlte all meine Unzulänglichkeit, hierin Jean-Jacques ebenso ähnlich wie in seinen Tugenden".[22]

Aufrecht wartet sie, bis die Stille wieder einkehrt und die drei Zeugen ihren Eid leisten, es sind dies: ein Schreibwarenhändler, der Bürger Cressot, der Drucker Longuet und Françoise Meunier, die Tochter des Plakatierers der Kommune, der sie beim Wohlfahrtsausschuß angezeigt hatte.

Auf Aufforderung des Präsidenten gibt sie ihre Personalien an: Marie Olympe de Gouges, 38 Jahre alt, Literatin, geboren in Montauban, wohnhaft in Paris, Rue de Harlay, Sektion des Pont-Neuf. Was die Frage ihres Alters betrifft, ist Olympe sehr kokett [23]: Seit einigen Jahren gibt sie sich als um sechs Jahre jünger aus, wie ihre Pässe von 1792 und 1793 zeigen.[24] In Wirklichkeit ist sie 1793 45 Jahre alt, – doch bleibt die Fälschung ihres Geburtsdatums noch viele Jahre nach ihrem Tod unentdeckt.

Ducray, der stellvertretende Gerichtsschreiber, beginnt die von Fouquier-Tinville vorbereitete Anklageschrift zu verlesen:

> „... Wider den Wunsch, den die Mehrheit der Franzosen für die republikanische Regierung zum Ausdruck gebracht hat und in Mißachtung der Gesetze, die sich gegen jedermann richten, der eine andere Regierungsform vorschlägt, hat Olympe de Gouges Werke verfaßt und drucken lassen, die nur als ein Attentat auf die Volkssouveränität verstanden werden können, da sie darauf abzie-

len, das in Frage zu stellen, worüber das Volk seine
Wünsche aufs entschiedenste geäußert hat. (...) Über die
hinterhältigen Absichten dieser kriminellen Frau kann
man sich nicht täuschen. Ebensowenig wie über ihre ver-
steckten Motive, die man in all ihren verleumderischen
Werken erkennen kann – als deren Strohmann sie zumin-
dest fungiert. Offensichtlich ist auch die Bösartigkeit, die
sie auf Dauer auch den wärmsten Freunden des Volkes
und seinen unerschrockensten Verteidigern einflößt. "[25]

Als die Anklageverlesung beendet ist, zeigt sich Olympe erstaunt über die Abwesenheit ihres Advokaten. Man antwortet
ihr, daß er es abgelehnt hätte, sich mit ihrer Angelegenheit zu
befassen. Als sie einen anderen verlangt, unterbricht sie der
Präsident Herman: „Sie sind doch geistreich genug, um sich
selbst zu verteidigen." [26]

Der Reihe nach erscheinen die geladenen Zeugen vor dem
Gericht, ihre Aussagen bringen nichts Neues: Olympe de
Gouges ist der Autor des Textes *Die drei Urnen oder das Heil
des Vaterlands.* Der Präsident des Tribunals fragt sie:

– „Wann haben sie den Text verfaßt?"

– „Im Laufe des Mai des letzten Jahres . . . Ich beobachte-
te wie sich Unwetter über mehreren Departements zusam-
menbrauten, besonders in Bordeaux, Lyon und Marseille. So
setzte ich mir in den Kopf, sie alle zu vereinigen, indem ich
jedem von ihnen die Wahl der Regierung überlassen wollte, die
ihm am besten entspräche."

– „Wie kommt es, daß sie Angeklagte, die sie sich eine gute
Patriotin nennen, diese Ratschläge – die sie als ‚versöhnlich'
bezeichnen –, in einer Angelegenheit geben konnten, die außer
Frage stand. Obgleich sich das Volk zu diesem Zeitpunkt
bereits nachdrücklich für die republikanische Regierung, eins
und unteilbar, ausgesprochen hatte?"

– „Auch ich hätte die republikanische Regierung gewählt",
antwortet sie: „seit langer Zeit hatte ich keine anderen als republikanische Gefühle bekundet, wovon die Geschworenen
sich anhand meines Werkes, *Die Sklaverei der Schwarzen,*
überzeugen können."

Der Vertreter des öffentlichen Anklägers verliest schließlich einen Brief, den Olympe im Juli an den Präsidenten des Konvents, Hérault de Séchelle, zusammen mit ihrer Streitschrift geschickt hatte. Auch hier äußert sie ihre föderalistischen Ansichten deutlich. Sie verleugnet sie nicht, will aber die Geschworenen von der Reinheit ihrer Absichten überzeugen. Schließlich wendet sie sich an alle Anwesenden und ruft inbrünstig:

„Ich würde den Geschworenen mein Herz gerne offenlegen, damit sie über meine Liebe zur Freiheit urteilen können!"

Herman fährt unbeirrt fort:

– „Bekennen sie sich als Autor eines Manuskriptes, das unter ihren Papieren gefunden wurde, das den Titel *Die Rettung Frankreichs oder Der entthronte Tyrann* trägt?"

– „Ja."

– „Warum also", nimmt er den Faden wieder auf, „haben sie der Person, die in dem Stück die Frau Capet darstellen sollte, beleidigende und niederträchtige Worte gegen die feurigsten Verteidiger der Rechte des Volkes in den Mund gelegt?"

Hier findet sie die richtigen Worte:

– „Ich habe Frau Capet die Sprache gegeben, die ihr entspricht. Was übrigens den Wandanschlag betrifft, wegen dem ich vor das Tribunal zitiert wurde: Er wurde niemals plakatiert. Um mich aber von vornherein nicht in Gefahr zu bringen, hatte ich mich entschlossen, 24 Exemplare davon an den Wohlfahrtsausschuß zu schicken, der mich zwei Tage später festnehmen ließ."

Naulin zeigt sich aber als würdiger Vertreter von Fouquier erbittert darum bemüht, sie ins Verderben zu führen:

– „Wenn ihr Pamphlet mit dem Titel *Die drei Urnen* nicht an die Öffentlichkeit gelangte, so deshalb, weil der Plakatierer ablehnte, es zu verbreiten."

– „Das stimmt."

Anschließend fragt man sie, ob sie nicht seit ihrer Inhaftierung ein Exemplar dieser Stellungnahme an ihren Sohn geschickt hätte.

– „Das ist wahr", räumt sie ein, „meine Absicht dabei war, ihn wissen zu lassen, welcher Art meine Festnahme war . . .

179

Übrigens weiß ich nicht, ob mein Sohn es jemals erhalten hat, da ich seit langem keine Nachricht von ihm habe und gar nicht weiß, was aus ihm geworden ist . . ."[27]

Aber, plötzlich realisiert sie die Gefahr in die sie Pierre bringen könnte und erblaßt:

– „Ich bin eine Frau. Ich fürchte den Tod und eure Marter. Aber ich habe kein Schuldbekenntnis zu machen. Aus der Liebe zu meinem Sohn werde ich den Mut schöpfen. Sterben, um seiner Bestimmung gerecht zu werden, heißt seine Mutterschaft über das Grab hinaus zu verlängern!"[28]

Beeindruckt pflichtet ihr das Publikum bei. Als die Richter sehen, daß ihre Komplizenschaft mit dem Publikum gefährdet ist, gehen sie zu anderen Fragen über. Aufgefordert, zu verschiedenen Sätzen der Texte *Olympe de Gouges, Verteidiger von Louis Capet* und *Olympe de Gouges vor dem Revolutionstribunal* Stellung zu nehmen, verteidigt sie sich Punkt für Punkt mit „redegewandten Formulierungen". Sie wiederholt beharrlich, daß sie immer eine gute Bürgerin gewesen sei und niemals intrigiert habe.

Auf die Beschuldigung, mehrere Repräsentanten des Volkes (gemeint ist Robespierre) „beleidigt" und „verleumdet" zu haben, meint sie: „Ich habe meine Einstellung nicht geändert und habe ihretwegen noch immer dieselbe Meinung, ich betrachtete sie und ich betrachte sie immer noch als Ehrgeizlinge." Desessarts behauptet, daß sie in ihrer Verteidigung unter anderem angeführt hätte, die Gründerin beliebter Frauengesellschaften gewesen zu sein. Sollte sie dies tatsächlich gesagt haben, entbehrt die Behauptung dennoch jedes Fundaments, da Olympe, die mit autobiographischen Details nicht geizt, es in ihren Schriften vermerkt hätte. Sollte Sie geglaubt haben, damit ihrer Sache dienen zu können, so war es ganz im Gegenteil äußerst unangebracht. Denn drei Tage vorher waren die Clubs, Ansammlungen und Versammlungen von Frauen vom Konvent ausdrücklich verboten worden. Es ist aber auch gut möglich, daß der öffentliche Ankläger der Beschuldigten eine Falle stellen wollte, als er sie über ihre Rolle und Teilnahme in den revolutionären Frauenclubs befragte, da er damit rechnete, daß sie über deren vor drei Tagen beschlossene Ungesetzlichkeit nicht Bescheid wußte.

Nun wurden der Reihe nach alle ihr zur Last gelegten Anklagepunkte aufgelistet. Sie „faltete die Hände und richtete die Augen gegen die Decke des Saales, Erstaunen war auf ihrem Gesicht zu lesen – schließlich blickte sie ins Auditorium und lächelte die Zuseher an".[29] Mit diesem Lächeln läßt Olympe die Anwesenden trotz ihrer Angst wissen, wie wenig sie die gegen sie vorgebrachten Anklagen berühren, um zu unterstreichen, wie lächerlich und falsch sie sind. Nach den Beratungen der Jury, fordert Herman sie auf – wie es Brauch war – sich zum Urteil zu äußern.

Eine Vorahnung? Sie erhebt sich und erklärt spontan:

„Meine Feinde werden sich nicht rühmen, mein Blut fließen zu sehen: Ich erwarte ein Kind und werde der Republik einen Bürger oder eine Bürgerin schenken!"

Sofort erhebt sich in den Zuschauerreihen schallendes Gelächter, in das auch die Richter „sich nicht schämen einzustimmen".[30] Trotzdem wird dieses Eingeständnis ins Protokoll aufgenommen und Herman verkündet das Urteil:

„Das Tribunal fällt nach der einstimmigen Juryentscheidung folgendes Urteil:

Erstens. Es steht fest, daß die in diesem Prozeß behandelten Schriften auf die Wiedereinsetzung einer die Volkssouveränität verletzenden Macht abzielten.

Zweitens. Daß Marie Olympe de Gouges, die sich Witwe Aubry nennt, für schuldig befunden wird, Autor dieser Schriften zu sein. Das Gericht verurteilt, indem es den Antrag des Staatsanwaltes gelten läßt, besagte Marie Olympe de Gouges, Witwe Aubry, zur Todesstrafe."

Labouisse-Rocheford gibt an, daß sie „den Platz, auf dem sie gerade verhört worden war, fast unbewegt verließ".[31] Ein Sekretär des Sicherheitsausschusses, Sénart, meint, daß wenn das Tribunal „ihre Verteidigung nicht eingeengt und hintertrieben hätte, das Publikum auf ihrer Seite gestanden wäre und der Prozeß einen für sie viel günstigeren Verlauf genommen hätte . . ."[32]

Von ihrer Zelle aus schreibt die Verurteilte ein paar Zeilen an Héroult de Séchelles, den sie noch für den Präsidenten des Konvents hält und bittet ihn inständig, ihr Nachrichten ihres Sohnes zukommen zu lassen: „Da ich nun einmal für alle Lebewesen auf der Welt tot bin, kann ich Nachrichten nur durch den Konvent selbst erhalten; er wird mir diesen Akt der Humanität nicht verwehren . . .³³

Erstaunt über diese Anfrage beeilt sich Héroult, der sich in Colmar befindet, die Angelegenheit vor Fouquier klarzustellen: „Mein lieber Mitbürger, ein Jakobiner aus Paris, der in dieses Land gekommen ist, teilt mir mit, daß mir eine sogenannte Olympe des Gouges, die von Ihrem Tribunal verurteilt wurde, einen Brief geschrieben hat, der in der Verhandlung verlesen wurde. Ich erkläre, mit dieser Frau nur ein einziges Mal in meinem Leben gesprochen zu haben, und zwar wegen einer Bitte, die sie an mich richtete und die ich abschlug. Ich habe ihr niemals geschrieben. Mit einem Wort, ich stand mit ihr niemals in irgendeiner Beziehung, weder direkt noch indirekt. Ich weiß nicht, warum es ihr gefallen hat, mir in ihrer jetzigen Lage ihr Andenken zuteil werden zu lassen. Ebenso weiß ich nicht, was im Himmel ich gemacht haben soll, daß sie mich in ihren *Drei Urnen* erwähnt. Ich wäre Ihnen unendlich verbunden, wenn sie mir ihre Kopie ihres Briefes nach Béford (*für Belford?*) poste restante, zukommen lassen könnten. Salut, Freundschaft, Brüderlichkeit. Héroult." ³⁴

Unter den gegebenen Umständen hätte Héroult de Séchelles kaum etwas anderes schreiben können, ohne sich zu kompromittieren. Seine Erklärung über seine Beziehung mit der Verurteilten ist jedoch wenig überzeugend . . .

Olympe macht sich keine Illusionen mehr über ihr Schicksal. Am Nachmittag des 2. November wird sie einer gynäkologischen Untersuchung unterzogen. Die zwei Mediziner und die Hebamme, die die Untersuchung durchführen, erklären in ihrem Bericht, daß sie im Hinblick auf die kurze Zeitspanne, auf die sie ihre Schwangerschaft zurückführt, „kein positives Urteil über ihren Zustand fällen könnten".³⁵ Was die Behauptung Olympes keineswegs widerlegt, die vielleicht die Wahrheit sagt, aber auch genausogut die Ratschläge der Madame de Kolly bei Lescourbiac umgesetzt haben könnte. Nur stützt sich Fouquier-Tinville auf die Tatsache, daß sie seit mehreren Monaten eingesperrt war, und daß „gemäß der Verordnung besagter Haftstellen weder innerhalb noch außerhalb irgendeine Kommunikation zwischen den gefangenen Männern und Frauen existieren dürfe", wie er mit ungeheurer Böswilligkeit abschließt. Worauf in den 24 Stunden bis zu ihrer Hinrichtung darüber hinweggegangen wird".[36]

In der Nacht vom 2. zum 3. November lag Olympe noch spät in der Nacht wach, ohne Schlaf finden zu können. Sie hatte sich über die Verachtung der Öffentlichkeit hinweggesetzt und sich für schwanger erklärt, – weniger um dem Tod zu entrinnen, als in der verrückten Hoffnung, ihren Sohn wiederzusehen. Am Morgen schrieb sie ihm in ungelenken Schriftzügen ihren letzten Brief:

> *„Ich sterbe mein lieber Sohn, als Opfer meiner abgöttischen Liebe zum Vaterland und zum Volk. Seine Feinde haben mich ohne Gewissensbisse, unter dem Mantel des Republikanismus verborgen, nach fünf Monaten Gefangenschaft aufs Schafott geführt. Wie konnte ich wissen, daß diese entfesselten Tiger selbst Richter gegen das Gesetz sein würden, und sogar gegen das versammelte Publikum, das ihnen meinen Tod bald vorwerfen wird. (...) Zwanzigmal habe ich meine Scharfrichter erblassen gemacht. Immer wenn sie nicht wußten, was sie mir antworten sollten, bei jedem Satz, der meine Unschuld und ihre bösen Absichten ausdrückte, haben sie sich für meinen Tod ausgesprochen.. Adieu mein Sohn, ich werde nicht mehr sein, wenn du diesen Brief erhältst. Ich sterbe mein Sohn, mein lieber Sohn, ich sterbe unschuldig . . . "*

Am 3. November überschwemmten seit dem Morgen sintflutartige Regenfälle die Hauptstadt. Sie hörten am frühen Nachmittag gerade in dem Moment auf, als man in die Conciergerie kam, um die Verurteilte zur Hinrichtung abzuholen. Nachdem die schweren Riegel der Zelle zur Seite geschoben worden sind, treten der Pförtner gefolgt vom Amtsdiener, dem Henker und seinem Gehilfen ein. „Bereits über ihr Schicksal aufgeklärt" hört Olympe gefaßt zu, wie der Amtsdiener das Todesurteil verliest. Man fordert sie auf, all ihre Habseligkeiten, die sie bei sich trägt, unter anderem ein Medaillon mit dem Bild ihres Sohnes, ein Andenken, das sie während der langen einsamen Stunden oft zärtlich betrachtet hatte, mitzunehmen. Sie zeigt sich „kaum niedergeschlagen" als sie die Zelle verläßt. Es wird sogar behauptet, sie hätte noch in den Gängen der Conciergerie gelächelt, als sie den Duft eines Veilchenstraußes einatmete, den ihr ein junger Mann im Vorübergehen gereicht hatte.[37] In dem winzigen Raum, in dem die Toilette der Verurteilten gemacht wird, setzt sie sich hin, öffnet ihr Haar und überläßt es dem Gehilfen des Henkers, der sich daran macht, es in große Büscheln abzuschneiden. Kokett verlangt sie einen Spiegel: „Gott sei Dank, murmelt sie, ist mein Gesicht nicht zu fahl, es wird mir keinen üblen Streich spielen." [38] Ihre wenigen Habseligkeiten übergibt sie dem Gefängnispförtner, darunter zwei Geldbörsen mit etwas Geld und ihren persönlichen Papieren, eine kleine Tabakdose, einen Fingerhut und Scheren, zwei Golduhren, ein Gürtel mit eingelegten Edelsteinen, Handschuhe, ein Taschentuch, ein Paar Ohrringe, Goldringe und zwei Diamanten, die, ebenso wie das Miniaturbild von Pierre Aubry – von nun an der Nation gehören . . .

Kurz darauf verläßt sie die Gerichtsschreiberei, und beginnt die Stufen hinaufzusteigen, die in den Cour du Mai führen. Ihre Arme sind gefesselt, der Hals entblößt, das Haar kurz geschnitten und, wie es bei den Frauen üblich ist, unter einer Haube aus weißem Stoff versteckt. Mit Hilfe einer kleinen Leiter steigt sie gewandt auf das Trittbrett des Schinderkarrens, der sie erwartet und setzt sich, wie man es ihr befiehlt, gegen die Fahrtrichtung nieder. Sobald sie auf der Holzbank sitzt, gibt Henry Sanson, der Henker, das Abfahrtsignal.

Die Menge ist in Aufruhr und der Konvoi setzt sich nur schwer in Bewegung; er wird begleitet von berittenen Gendarmen und Nationalgarden. Die Gitter des Palais öffnen sich, der Karren biegt nach links in die Rue Barthélemy, in Richtung Pont au Change, überquert diesen, fährt den Quai de la Mégisserie entlang, dann biegt er langsam in die Rue de la

Monnaie ein, um schließlich die lange Rue Saint-Honoré zu erreichen, die belebteste Straße von Paris. Die Fahrt dauert eine Stunde. Eine wahre Folter, ein Todeskampf. Denn die Bürger hängen, bereit die Verurteilte zu beschimpfen, in den Fenstern der Häuser und drängen sich an den Kreuzungen oder auf den Stufen der Kirche Saint-Roch. Von hier aus sieht auch der Dramatiker Arnault Olympe de Gouges „ebenso schön und mutig wie Charlotte Corday" [39] vorbeikommen. Der Schinderkarren, der von einem Arbeitspferd gezogen wird, holpert über die Pflastersteine. Man hört ihn krachen, als würde er auseinanderbersten. Um den Wagen herum folgen einige, mehr oder weniger Betrunkene, wild gestikulierend, dem Zug.

Die Frau, die hier dem Tod entgegenfährt, erregt die Neugier des Publikums: „ebenso schön wie gerissen", „erweckt sie Haß und Liebe gleichzeitig" und, da sie sich „ebensosehr als Republikanerin wie als Royalistin gezeigt hatte", wirft man ihr vor, „ihre Phasen wie der Mond" [40] gehabt zu haben. Tatsächlich hatte Olympe zu ihrem Unglück die revolutionäre Freiheit zu wörtlich genommen, wofür sie jetzt büßt.

Die Kälte – die Temperatur liegt leicht über Null Grad –, der Strick, der ihre Arme nach hinten zieht und ihr die Handgelenke zusammenschnürt, lassen das Blut in ihren Händen stauen. Starr friert sie in ihrem ärmlichen Kleid, geschwächt durch eine lange Haft. Vor Erschöpfung kann sie einige Tränen nicht zurückhalten. Dann, nachdem sie sich wieder gefaßt hat, erhebt sie sich und spricht zu der erstaunten Menge „mit fieberhaft deklamatorischer Stimme" über die jüngsten politischen Ereignisse. Rue Saint-Florentin: Die Straße ist so schmal, die Fenster dem Karren so nah, daß die Zuschauer die geringsten Regungen ihres Gesichts beobachten können. Plötzlich erscheint der riesige Place de la Révolution, auf dem die gewaltige Freiheitsstatue thront, von der sich fünf Tage später noch eine andere Frau, Manon Roland, verabschieden wird müssen. Ernüchtert soll Olympe de Gouges angesichts der marmornen Berühmtheiten, die den Platz schmücken, ausgerufen haben: „Welch ein fataler Wunsch nach Berühmtheit zu trachten, warum nur wollte ich etwas sein?". [41] Die Neugierigen versammeln sich nach und nach ums Schafott oder drängen sich auf den beiden Terrassen des Gartens der Tuilerien, die mit rotgoldenem Herbstlaub bedeckt sind.

Überall drängen sich vergnügte Blumenmädchen, Limonade- und Maroniverkäufer, die sich eifrig wie bei einem Fest zu schaffen machen, durch die neugierigen und ungeduldigen Anwesenden. Seit Marie-Antoinette, vor 15 Tagen, war keine Frau mehr hingerichtet worden. Man kommt um zu sehen wie die ehemalige Kokotte, die „berühmte Olympe"[42] den, wie man witzelt, „Hechtsprung mit den Händen auf dem Rücken" machen wird. Die Unglückliche wird unter den einfältigen Blicken der Menge, den spöttischen und bösartigen Blicken der anderen Frauen, Haltung bewahren müssen. Der Wagen hält, die Verurteilte steigt herab. Voller Verachtung starrt sie auf das Messer der Guillotine, das plötzlich durch eine flüchtigen Sonnenstrahl aufleuchtet. Sie soll nicht ohne Poesie geschlossen haben: „Sie werden zufrieden sein, wenn sie den Baum und den Ast zerstört haben. ..."[43] Angesichts des endgültigen Nichts, steigt sie unerschrocken die Stufen zum Schafott hinauf, blaß wie alle Verurteilten in den letzten Sekunden vor dem Tod. Von der Plattform herab sucht sie die versammelte Menge mit den Augen ab und zuversichtlich ruft sie aus: „Kinder des Vaterlandes, Ihr werdet meinen Tod rächen!"[44]

Gefügig läßt sie sich gegen das Brett ziehen. Von weitem hört man das Vieruhrgeläut. Eine Ewigkeit. Das Fallbeil stürzt dumpf herab, der Kopf prallt ab und fällt blutig in den bereitgestellten Korb . . .

Augenblicklich strömt die Menge auf den Place de la Révolution, wie auf Kommando erhebt sich ein Geschrei: „Es lebe die Republik!". Beifall prasselt und hie und da fliegen einige Hüte . . .

Dennoch ist man sich einig anzuerkennen, daß die Verschwörerin den Tod „mit mehr Standhaftigkeit" hingenommen hat als man es von einer Frau erwarten konnte, die durch eine Lüge versucht hatte, einige Monate einer miserablen Existenz zu gewinnen."[45]

Und inmitten des wirren Lärms, müht sich ein Polizeiinspektor in Zivil ab, die Unterhaltung seiner Nachbarn zu Ende zu belauschen, von denen einer enttäuscht feststellt: „Tja, das ist ein Platz auf dem man bis jetzt schon viel Geist hingemetzelt hat; und man wird noch mehr davon töten." [46]

Wenig später sind die Gaffer verschwunden, und auf dem verlassenen Place de la Révolution beginnt wieder Regen zu fallen . . .

X. DIE RECHTE DER FRAU

*Zeigen wir den Männern, daß wir ihnen nicht unterlegen
sind, weder was den Mut, noch was die Tugend betrifft . . .
Es ist an der Zeit, daß die Frauen die schmachvolle Bedeu-
tungslosigkeit verlassen, in der sie die Unwissenheit, der
Stolz und die Ungerechtigkeit der Männer seit so langer
Zeit geknechtet halten.*

THÉROIGNE DE MÉRICOURT
(25. März 1792)

*Beweisen wir den Männern, daß wir ebenso gut wie sie politi-
sieren. Wir werden allen Clubs die lange Nase zeigen. Wir
werden alles beobachten und anzeigen, was der Verfassung
und vor allem den Rechten der Frau widerspricht, und wir
werden ihnen beibringen, daß im kleinen Finger einer Frau
mehr Geist und Aktivität steckt, als im ganzen Körper eines
grobschlächtigen Mannes, wie in dem meines sehr lieben und
treuen Gatten, Vater Duchene.*

DIE MUTTER DUCHENE

Was Olympe de Gouges über Frauen schrieb und sagte, ist
Ausdruck ihres außergewöhnlichen Lebens, das dem üblichen Frauenleben des auslaufenden 18. Jahrhunderts keineswegs entsprach. Sie war kaum gesellschaftlich integriert:
als uneheliches Kind war sie seit ihrer Kindheit benachteiligt;
als Erwachsene, eine Provencalin, war sie im Pariser Milieu
eine Außenstehende; als 20jährige mußte sie als Familienoberhaupt den Blicken der Gesellschaft standhalten.

Gesellschaftliche Außenseiterin war sie nicht nur durch
ihre Herkunft, sondern auch durch ihre Art zu leben und zu
denken. Sie durchschaute die Verstrickungen der Macht und
versuchte die Problematik der Armen, die der Schwarzen und
– über ihr persönliches Schicksal hinaus – die der Frauen zu
thematisieren.

In ihren Reden, wie in ihren dramatischen und politischen Werken, die es übrigens verdienen, aufmerksam gelesen zu werden, wiederholte sie ihre Reflexionen mehrmals.

Ihre Plädoyers und Vorschläge zielen darauf ab, die allgemeinen Lebensbedingungen zu verbessern und den Bereich der bürgerlichen und politischen Verantwortlichkeit der Frauen auszudehnen. In ihrem ersten Text, der im Januar 1786 veröffentlicht wurde, finden sich bereits Spuren feministischer Gesinnung, die sie recht klar ausdrückt: „Sehen sie, wie unser armes Geschlecht dasteht. Die Männer haben alle Vorteile. Es gibt Männer, die, von niederster Herkunft, zum größten Vermögen und manchmal auch zu Würden gelangten. Vermögenslose Frauen hingegen bleiben, zumindest wenn sie tugendhaft sind, in Armut. Man hat uns von aller Macht, von allem Wissen ausgeschlossen. Man ist nur noch nicht auf den Gedanken gekommen, uns das Schreiben wegzunehmen, das ist immerhin sehr löblich . . ." [1]

Das Wort „Feminismus" ist zu Ende des 18. Jahrhunderts noch unbekannt. Fourier bringt es 1837 auf. Die Idee der Gleichberechtigung der Frauen entsteht natürlich gerade in jener Epoche, in der die Idee der Emanzipation der gesamten Menschheit aufkeimt. Einige Vordenker hatten bereits begonnen, über die Rolle der Frau in der Gesellschaft nachzudenken. So konnte Condorced bereits direkt an den freidenkerischen Rationalismus von Poullain de la Barre [2] anschließen, der die Geschlechterdifferenz als erster auf die spezifischen Funktionen bei der Fortpflanzung reduziert hatte. 1788 skizzierte er einen *Plan de réforme politique et sociale*, in welchem er öffentlich die Teilnahme der Frauen an der Wahl der Repräsentanten der Generalstände verlangte. Zwei Jahre später veröffentlichte er seinen berühmten Artikel über „Die Zulassung der Frauen zum Bürgerrecht" im *Journal de la Société de 1789*. Es war das feministische Manifest schlechthin, das damals viel Staub aufwirbelte, aber nur ein sehr schwaches politisches Echo fand.

Im darauffolgenden Jahr (September 1791) veröffentlichte Olympe de Gouges die *Erklärung der Rechte der Frau und Bürgerin*, ein außergewöhnliches Dokument, das einen bedeutenden Einschnitt in der Ideengeschichte darstellt. In 17 Artikeln legte sie, nach dem Modell der *Erklärung der Men-*

schenrechte, klar die Prinzipien einer staatsbürgerlichen Gleichheit der Geschlechter dar – auf „natürlicher und vernünftiger" Basis.

Ihr war sofort zu Bewußtsein gekommen, daß die „Erklärung der Menschenrechte", trotz ihrer Rationalität und ihrer Forderung auf Allgemeingültigkeit beschränkt war. Mit ihrem Manifest beabsichtigte sie daher, die Frauen dazu aufzurufen, darauf zu reagieren, sich zu solidarisieren. Sie fordert Frauen aller Anschauungen, aller Klassen dazu auf, sich für die Frauensache einzusetzen, auch die am meisten gehaßte: die „österreichische Wölfin", die Königin, der diese *Erklärung* gewidmet ist. „Diese Revolution wird sich nur durchführen lassen, wenn alle Frauen von ihrem beklagenswerten Schicksal und ihrer Rechtlosigkeit in der Gesellschaft überzeugt sind."

In ihrer Modifikation des ersten Artikels der Präambel der Verfassung („Die Menschen werden frei und mit gleichen Rechten geboren"), ist die Bedeutung erweitert, sodaß schließlich auch den Frauen der Status der Bürgerin zukkommt: „Die Frau wird frei geboren und ist dem Mann an Rechten gleich gestellt. Die sozialen Unterschiede können nur in der Nützlichkeit für die Allgemeinheit begründet sein" (Art. 1).

Sie fordert für jedes Individuum, egal ob Mann oder Frau, das unantastbare Recht auf Freiheit, auf Eigentum, auf den Schutz durch die Gesetze und auf Widerstand gegen Unterdrückung (Art. 2). „Jede Autorität kann nur von einer wahrhaft nationalen Souveränität ausgehen, also von Männern und Frauen gleichzeitig" (Art. 3).

„Die Frau darf in der Ausübung ihrer Rechte, die ihr von Natur aus zustehen", nicht durch die „fortwährende Tyrannei des Mannes eingeschränkt werden" (Art. 4). Es wäre an der Zeit, die Macht der patriarchalischen Familie über die Mädchen einzuschränken: „Niemand soll gezwungen werden können, etwas zu tun, was nicht durch das Gesetz vorgeschrieben ist" (Art. 5).

Dann äußert sich Olympe im Artikel 6 zum uneingeschränkten Wahlrecht, dem direkten und indirekten, auch über die Wählbarkeit der Frauen: „Sämtliche Bürgerinnen und Bürger müssen gleichermaßen Zugang zu allen öffentlichen Ämtern, Würden und Positionen haben, gemäß ihren Fähigkeiten und ohne andere Unterscheidung als die ihrer Tugenden und Talente".

Nachdem sie diese Bedingungen dargestellt hat, betont sie, keinerlei Ausnahmeregelungen oder Gnade für ihr Geschlecht von seiten der Gerichte zu crwarten (Art. 7, 8, 9) und schließt sich der Forderung jenes Verfassungsartikels an, der in Belangen des Strafrechts stillschweigend die Gleichheit der Geschlechter anerkennt. Sie faßt ihn kurz mit dieser brillianten, aber auch schrecklichen Formulierung zusammen: „Wenn die Frauen ein Recht aufs Schafott haben, so haben sie auch das Recht auf die Rednertribüne" (Art. 10).

Ein Kontrollrecht der Frauen bei der Budgeterstellung und Besteuerung, Kontrolle der Verwaltung, Zugangsmöglichkeiten zu den höchsten öffentlichen Ämtern, Mitbestimmung im Gewerbe, aber auch Beteiligung der Frauen an „den Bürden und mühevollen Aufgaben"; ihre Unterwerfung unter die Steuer „zur Erhaltung der öffentlichen Gewalt und der Verwaltungsausgaben"; so lassen sich die sieben letzten Artikel des Programmes zusammenfassen, das Olympe für die Frauen verfechten will.

Sie macht sich keine Illusionen darüber, wie ihr Manifest aufgenommen werden wird: „Ich sehe schon wie sich alle Heuchler, Zimperliesen und der Klerus beim Lesen dieses bizarren Textes gegen mich erheben. Mit all den höllischen Folgen."

Damals erschienen solche Ansichten natürlich vielen abstrakte Hirngespinste zu sein, um nicht zu sagen, schwachsinnig. Außerdem war die Frage des Frauenrechts dem Gesetzgeber eher unangenehm, und das Volk hatte dafür nichts als ein hämisches Grinsen übrig. Es zog stattdessen vor, die Rechte der Frau im Stile von „Ich kenne da einen diskreten Schäfer" zu besingen. Die zweite Strophe des folgenden Liedes ähnelt den anderen und drückt die allgemeine Haltung in Sachen Feminismus aus:

„Verliebt uns zu machen jederzeit,
mit aller Macht ihrer Herrlichkeit
in Rosen zu verwandeln die Ketten
und unsere wunden Herzen zu retten
uns zu bezaubern mit Charme
wenn die Lieb' in uns flutet so warm
das ist, ich weiß es genau
das edelste Recht der Frau . . ." [3]

So wird das Manifest Olympes, außer von den Mitgliedern der „Brüderlichen Gesellschaft beider Geschlechter", kaum wahrgenommen. Immerhin inspiriert es einen Redakteur des *Journals der Menschenrechte*, Labenette, der in einem seiner Artikel die patriotischen Frauen glorifiziert: „Zweifellos ist das größte Werk, das den Köpfen unserer Gesetzgeber entsprungen ist, die *Erklärung der Menschenrechte*. Aber sie hätten auch das Pendant dazu schaffen sollen; sie hätten auch, so meine ich, die Rechte der Frauen deklarieren sollen. Ich bin nicht besonders erbaut über ihre Unterlassung . . . Sie sind ihrer Pflicht, den Frauen Anerkennung zu zollen, nicht nachgekommen . . . Wie kommt es, daß sie nicht überlegt haben, daß die Frauen eigene Rechte verdienten?" [4]

Die Stellungnahmen von Olympe de Gouges und von Condorcet zugunsten der Frauen entsprachen ganz dem Geist von 1789, als alle davon träumten, das Schicksal des Menschengeschlechts zu verbessern. Denn zusammen mit anderen Eifrigen, empörten sie sich berechtigt über den Kontrast zwischen dem allumfassenden Anspruch der *Erklärung der Menschenrechte* und ihrer beschränkten Anwendung.

Bereits unter dem Ancien Régime zeigten die Lebensbedingungen des „schönen Geschlechts" zahlreiche Ungerechtigkeiten. So war es den Frauen nicht möglich, in Personenstandsangelegenheiten als Zeugen zu fungieren. In den Ländern mit geschriebenem Recht und in der Normandie waren sie nicht befähigt, sich gegenüber jemand anderem zu verpflichten. Im Erbfall erhielt die Schwester einen geringeren Anteil als der Bruder.

Die Frauen mußten noch die letzten Tage der Legislative

abwarten, den 20. September 1792 – Tag des Sieges von Valmy –, bis ihnen die Gleichheit in den Bürgerrechten zuerkannt wurde. Neben der Einführung der Scheidung, die die spektakulärste der durchgeführten Maßnahmen war (gleich 3870 Pariserinnen erwirkten sie im ersten Jahr), konnten sich die Frauen von nun an gegenüber anderen rechtskräftig verpflichten und als Zeugen in Personenstandsangelegenheiten auftreten.

Was die politischen Rechte betrifft, war ihre Situation schon unter dem Ancien Régime erbärmlich: Sie wurden als den Männern untergeordnet betrachtet und Minderjährigen gleichgestellt. Eine vorübergehende Ausnahme gab es mit dem königlichen Beschluß vom 24. Januar 1789: Den Eigentümerinnen von Lehensgütern wurde an diesem Tag die Beteiligung am Wahlsystem der Provenzial- und Gemeindeversammlungen eingeräumt. Somit verdankten die Abgeordneten des Adels und des Klerus zur Zeit der Generalstände ihre Wahl auch den Stimmen von Frauen. Aber dieses Zugeständnis wurde den Gutsbesitzerinnen schon fast ein Jahr später wieder entzogen. Und zwar nicht als Recht, sondern als Adelsprivileg (22. Dezember 1789). Diese Erfahrung bewirkte aber dennoch, daß unter der Konstituante von Robespierre die Idee aufgeworfen wurde, alle Frauen zur Ausübung politischer Rechte zuzulassen. Das wurde aber fast einstimmig abgelehnt. Auch die späteren Verfassungen gestanden den Frauen weder das passive noch das aktive Wahlrecht zu, und das bis in die Mitte des 20. Jahrhunderts.

Enthusiastisch hatte Olympe de Gouges hoffnungsvoll noch 1789 verkündet: „Die Frau erhebt Anspruch darauf, in den Genuß der Revolution zu kommen und fordert ihr Recht auf Gleichheit!" [5] Aber bereits zwei Jahre später muß sie konsterniert bedauern: „Dieses verachtenswerte aber verehrte Geschlecht ist seit der Revolution ehrbar aber verachtet geworden." [6]

Doch mußte sie eingestehen, daß sich die meisten Frauen zu Komplizinnen der Männer machten und daß durch den Stumpfsinn, in dem sie lebten, vielen ein kritisches Urteil nicht möglich

war. Das machte ihr die Frauen verachtenswert: „Welch gleichzeitig verführerisches und hinterlistiges Geschlecht! Welch
gleichzeitig betrügerisches und betrogenes Geschlecht! Ihr habt
die Männer listig betört, die euch dafür nun mit der Verachtung
eures Charmes und eurer Aufbruchsversuche bestrafen!" [7]

Um gegen die Trägheit und die apathische Resignation der
Frauen anzukämpfen, ergriff sie verschiedene Gelegenheiten,
um sie zu mobilisieren und zur Aktion aufzurufen. So schlepp-
te sie am 20. Mai 1792 einige Frauen in die Zuschauerreihen der
gesetzgebenden Versammlung, wo sie im Namen der Frauen
verlangte, daß sie beim „Fest des Gesetzes", das sie natürlich
auch beträfe, vertreten sein sollten.

Sie versuchte auch alle unentschlossenen, furchtsamen und
skeptischen Frauen aufzustacheln, indem sie ihnen zurief:
„Frauen, wäre es nicht an der Zeit, daß auch unter uns eine Revolution stattfände? Oder sollen die Frauen auf ewig voneinan-
der isoliert bleiben; und nur dann eine Einheit mit der Gesellschaft bilden, wenn es darum geht, ihr eigenes Geschlecht zu
verleumden und beim anderen Mitleid zu erregen?" [8]

Im Vorwort zu ihrem Stück über Mirabeau beschwört sie
ihre Mitbürgerinnen solidarischer zu werden: „Die Frauen
wollen Frauen sein und haben dennoch keinen größeren
Feind als sich selbst. Selten sieht man, daß Frauen einer
schönen Tat oder einem Werk einer anderen Frau Beifall
zollen . . ."

Und sie erhebt den Feminismus zum Regierungsgrundsatz:
„. . . Je weniger unternommen wird, um den weiblichen Geist zu
läutern, desto weniger werden die Frauen dazu beitragen, sich
nützlicher zu machen und konsequenter zu werden. Solange
nicht die gesamte Menschheit gereift genug ist, um sich ernsthaft um ihren wahren Ruhm zu bemühen, kann der Staat nicht
gedeihen." [9]

Olympe erkannte, in welchem Ausmaß die Benachteiligung der Frauen in der Erziehung ihre Minderwertigkeit innerhalb der Gesellschaft bewirkte. Obwohl die Gleichberechtigung in allen politischen Kundgebungen proklamiert wurde,
waren die Frauen weiterhin „von der Wiege an zu langweiliger

Unwissenheit verurteilt". Es war höchste Zeit für sie, sich energisch gegen „die Männer zu wehren, (die) es fördern, daß unsere einzige Fähigkeit darin besteht, einen Haushalt zu führen".[10]

In einem ihrer Romane, dem *Philosophischen Prinzen* betonte sie, daß die Frau dem Mann in jeder Hinsicht zumindest ebenbürtig wäre, wenn sie es politisch, in den Bürgerrechten und durch ihre Erziehung wäre: „Was hat die Unterdrückung und Schlechterstellung der Frau verursacht? Mängel aller Art. Den Verlust an Kraft, hat sie durch Raffinesse wettgemacht. Man verwehrte ihr die Kunst Kriege zu führen, als man ihr beibrachte, sie zu entfachen."[11]

Sie war natürlich voll uneingeschränkter Bewunderung für die Zeitgenossen, die an der Entwicklung der öffentlichen Bildung arbeiteten, wie Mirabeau, Talleyrand und Siéyès (dessen „Redekunst und Gelehrtheit" sie bewunderte[12]). Es entging ihr aber, wie lächerlich der Platz war, der den Frauen in ihren Programmen eingeräumt wurde.

Die Frage der Frauenbildung rief oft feindliche Reaktionen hervor: So glaubte zum Beispiel der Revolutionär Sylvain Maréchal, einer der Redakteure der *Révolutions de Paris*, daß es besser wäre, ihnen das Lesenlernen zu verbieten, „da die Natur sie ja zum Ausgleich sehr verschwenderisch mit der Fähigkeit zu sprechen begabt hätte". Es schien ihm, daß die „zarte Konstitution" der Frauen und ihre „ausnehmende Sensibilität, die nur zu oft in Schwäche entartet", es ihnen nur erlaube, sich „friedlichen und sanften Beschäftigungen hinzugeben" und daß „für sie ihr Haushalt die Welt sei, und ihr Gemahl die ganze menschliche Gattung".[13]

Die Meinung des Girondisten Brissot zeigt sich kaum differenzierter: Er war der Ansicht, daß eine solide und vollständige Ausbildung für die Männer unerläßlich sei, für die Mädchen aber die Vorschule genüge.[14]

Bernardin de Saint-Pierre äußerte in seinem *Discours sur l'éducation des femmes* dieselben Ansichten: „Untersucht man die Auswirkungen, die die Bücher speziell auf den Geist von Frauen haben, so gibt es wenige, die ihnen nützlich sind, auch unter denen, die man für gut hält." Und auch: „Die Mädchen sollen von dem, was die Männer wissen müssen, nichts lernen. Nicht um es ihnen gänzlich vorzuenthalten, aber damit sie sich zur rechten Zeit mit mehr Vergnügen unterrichten lassen können und eines Tages ihre Meister in ihren Liebhabern finden."[15]

Aber auch was Madame de Staël, eine feinsinnige und aufgeklärte Frau, betrifft, ist ihre Position ebenso unerwartet wie enttäuschend: „Mit gutem Grund schließt man die Frauen aus politischen und staatsbürgerlichen Angelegenheiten aus; nichts entspricht ihrer natürlichen Berufung weniger, als alles, was sie in Rivalität mit den Männern bringen könnte. Ruhm würde für eine Frau nichts als die heftige Trauer um das Glück mit sich bringen."[15a]

Diese Ansichten von Persönlichkeiten verschiedener politischer Einstellung geben sehr treffend die Befindlichkeit des Zeitgeistes wieder. So erweckte es damals natürlich Bestürzung und Mißtrauen, daß Olympe gegen das männliche Geschlecht wetterte und es anklagte, die Frau durch Jahrhunderte in schändlicher Sklaverei gehalten zu haben:

> *„Mann, wer hat dir die Macht gegeben, mein Geschlecht zu unterdrücken? (...) Wunderlich, blind, aufgebläht von den Wissenschaften und degeneriert, will er in diesem Jahrhundert des Lichts und der Erkenntnis, in seiner unerhörten Dummheit als Despot über ein Geschlecht kommandieren, das alle intellektuellen Fähigkeiten besitzt und fordert, in den Genuß der Revolution zu kommen. Die Frau verlangt ihr Recht auf Gleichheit. (...)*
>
> *Frau, erhebe dich, die Sturmglocken der Vernunft erschallen im Universum. Erkenne deine Rechte. Das mächtige Reich der Natur ist nicht mehr von Vorurteilen, Fanatismus, Aberglauben und Lügen beherrscht. Das Licht der Wahrheit hat alle Wolken der Dummheit und Anmaßung vertrieben. Trotz Aufbietung all seiner Kräfte mußte der versklavte Mann auf deine Kräfte zurückgreifen, um seine Ketten zu sprengen. Nun, in Freiheit, zeigt er sich ungerecht gegenüber seiner Partnerin.*

Oh Frauen! Frauen, wann werdet ihr aufhören, blind
zu sein? Welche Vorteile sind euch aus der Revolution
erwachsen? (...) Haltet mutig die Kraft der Vernunft den
eitlen Anmaßungen auf Überlegenheit entgegen; verei-
nigt euch unter dem Banner der Philosophie; entfaltet
eure Charakterstärke und ihr werdet diese Hochmüti-
gen bald als dienstbare Bewunderer zu euren Füßen
kriechen sehen. Die aber stolz sind, mit euch die
Schätze des Allmächtigen teilen zu dürfen." [16]

Als Beispiel für die dringend notwendige Besserstellung
der Frau empört sich Olympe heftig über die Entbindungsan-
stalten für arme Frauen, oder vielmehr was dafür herhalten
muß und in Wirklichkeit eine Sterbeanstalt für Mütter ist. Der
berühmte Arzt J.R. Tenon berichtet in seiner *Mémoire sur les*
Hôpitaux, daß 1788 jede vierte Frau im Hôtel-Dieu starb. In
ihren *Nützlichen und heilsamen Projekten*, einem feministischen Text aus dem Jahre 1789, konstatiert Olympe zurecht:

„*Welche schrecklichen Qualen erleiden die Frauen,*
wenn sie Mütter werden? Und wieviele von ihnen verlie-
ren dabei ihr Leben? Alle ärztliche Kunst kann es ihnen
nicht erleichtern. Man sieht junge Frauen, nachdem sie
Tag und Nacht schreckliche Schmerzen gelitten haben,
in den Armen ihrer Geburtshelfer sterben und gleichzei-
tig Männern das Leben schenken, von denen sich keiner
darum kümmert und auch nur das geringste Interesse
dafür zeigt, welche Qualen er ihr bereitet hat." [17]

Sie hatte die Bedeutung der Hygiene im Bereich der Geburts-
hilfe erkannt und forderte die Frauen auf, in Einrichtungen „die
immerhin den Luxus der Sauberkeit hätten", zu entbinden.
Ebensosehr beschäftigte sie das oft sehr dramatische Schicksal
der „betrogenen Fräulein", der ledigen Mütter. Olympe verlangte, daß sie vom Staat versorgt werden sollten. Darüberhinaus
forderte sie etwas für das Bewußtsein der Epoche Unvorstellba-
res: die Vaterschaftsfeststellung. Saint-Just und Marat teilten
ihre Anschauung. Letzterer hatte bereits zehn Jahre vor der Re-

volution folgendes dazu geäußert: „Weit ab davon, einer schwachen Unterdrückten zur Hilfe zu kommen, stellen sich die Gesetze auf die Seite des grausamen Unterdrückers. Für ein Vergehen, das er ungestraft begehen kann, verliert sie immer ihren guten Ruf, oft ihre Freiheit und manchmal ihr Leben. Solchermaßen übt der Gesetzgeber auf allen Gebieten die schrecklichste Tyrannei gegen das Geschlecht aus, das am schutzbedürftigsten ist . . .“[18]

Am 28. Juni 1793 verkündete der Konvent schließlich ein neues Gesetz, um den ledigen Müttern zu helfen und den Findelkindern dieselben Rechte wie allen anderen Bürger zuzuerkennen. Olympe hatte auch inständig um ein Gesetz gebeten, das unehelichen Kindern erlauben sollte, den Namen ihres Vaters zu tragen und, in gewissen Fällen, auch die Erbschaft anzutreten.[19] Dieser Wunsch ging noch im selben Jahr, 1793, in Erfüllung. Und zwar an dem Tag, als sie vor den Richtern des Revolutionstribunals erscheinen mußte.

In den *Rechten der Frau* ist von allen Frauen die Rede, sogar von den Prostituierten, für die Olympe „bestimmte Viertel" reservieren lassen will. Hierbei denkt sie vor allem an die Sicherheit der Prostituierten und nicht an die Moral. Denn wie sie meint, „sind es nicht die öffentlichen Frauen, die am meisten zum Verfall der Sitten beitragen, es sind die Frauen der Gesellschaft".[20]

An einer anderen Stelle dieses Textes unterstreicht sie die Grausamkeit des Zölibats, das den Priestern und Ordensgeistlichen auferlegt wird, und sie stellt die Institution der Ehe, dieses „Grab der Liebe und des Vertrauens" in Frage. Da sie nun aber einmal mehr denn je das Fundament der traditionellen Familie bildet, von der Revolution anerkannt wird und sich als widerstandsfähig erweist, schlägt Olympe vor, sie durch „eine Art von Sozialkontrakt zwischen Mann und Frau" zu ersetzen. Das Projekt modifiziert die Ehebedingungen vor allem für die Frau und führt zur Legalisierung des Ehebruchs:

„Wir N . . . und N . . . vereinigen uns aus freiem Willen
zu folgenden Bedingungen bis zum Ende unseres Lebens

und für die Dauer unserer gegenseitigen Zuneigung:
‚Wir wollen unsere Vermögen zusammenlegen, mit dem
Vorbehalt, sie zugunsten unserer Kinder und zugunsten
derer, zu denen wir eine besondere Zuneigung hegen, auf-
zuteilen. Wir anerkennen gegenseitig, daß unser Hab und
Gut direkt unseren Kindern gehört, aus welchem Bett auch
immer sie entstammen mögen. Sie haben alle ohne Unter-
schied das Recht, den Namen des Vaters oder der Mutter
zu tragen, die sich zu ihnen bekennen, wobei wir uns dem
Gesetz unterwerfen, das die Verleugnung des eigenen
Blutes bestraft.'" [21]

Als wahre Revolutionärin verabsäumt es Olympe nicht, sich
ab 1789 als eine der ersten auf sehr klare Art für die Scheidung
auszusprechen: „Die Einführung der Scheidung wäre für die
Sittlichkeit und die Freiheit des Menschen äußerst notwendig."[22] In der Bestandsaufnahme ihrer Papiere fand man übrigens das Manuskript eines Theaterstückes mit dem Titel *Die
Scheidung*, dessen Aufführung 1791 am Théâtre-Italien vorgesehen gewesen war. Also ein Jahr vor der Verkündung des
ersten Scheidungsgesetzes im September 1792.[23]

Einige dieser Maßnahmen waren ihrer Zeit weit voraus und
wurden zum Teil erst im 20. Jahrhundert realisiert. Olympes
Rechte der Frau bildeten ein logisch aufgebautes und innovati-
ves Programm. Trotzdem hat die Geschichte von Olympe de
Gouges das Bild eines hysterischen und blutbefleckten Tribuns
im Unterrock hinterlassen. Das Bild einer unruhigen Geistes-
kranken, einer Verrückten. So schrieb ein Mediziner zu Beginn
des Jahrhunderts ganz ernsthaft in seiner Doktorarbeit: „Die
psychischen Stigmata (Hysterie, geistige Degeneration), weiters
gewisse psychische Symptome wie vasomotorische Störungen,
Menstruationsstörungen, scheinen bei Olympe de Gouges ein
Delirium hervorgerufen zu haben, das eine Tendenz der Syste-
matisation im Sinne von Erostratismus aufweist. Dieses Delirium paranoischer Ausformung scheint in die Kategorie der ‚Paranoia Reformatoria' (also reformatorischer Ideen) zu passen".[24]
Wenn, wie es der Sohn des Konventsmitgliedes Philippe

Lebas ausdrückt, Olympe auch „eine der abenteuerlichsten Existenzen in der Revolutionszeit war" und wenn „ihre geistigen Fähigkeiten eher als hochherzig denn als klug zu bezeichnen sind" [25], so finden wir heute in ihren zahlreichen Schriften wirklich nichts, was uns an ihrer Vernunft und ihrer geistigen Gesundheit zweifeln lassen könnte. Auch die junge Republik war im Gegenteil sehr erpicht auf ihren Kopf und scheint sie nicht für verrückt gehalten zu haben.

Doch verscherzten ihr die Propagandaaktivitäten zahlreiche Sympathien der Zeitgenossen. Ihren Eifer und vor allem ihren unerhörten Mut wollten sie als geistige „Verwirrung" entschärfen: Die Verleumdung ist den Frauen nie erspart geblieben, vor allem nicht den geistreichen.

Einer ihrer Verleumder, Restif de La Bretonne, bezeichnete sie als „Furie de Gouges", obwohl er angab ihr niemals begegnet zu sein. Kurz nach ihrer Exekution glaubte er noch die Nachwelt darüber informieren zu müssen, daß sie festgenommen worden sei, weil sie „wie eine Verrückte gelästert habe".[26]

Auch der zartfühlende Pfarrer von Bouyon schrieb „über diese Verrückte": „Müde und verdrossen langweilt sie all jene, die das Unglück hatten, ihr nicht zu entkommen; sie macht sich wichtig und schwätzt, schwätzt, daß sie davon ins schwitzen kommt . . ." [27]

Ebenso schrieb der Geometer und Historiker Dulaure in seinen alten Tagen noch eine giftige Bemerkung über diese „Art von Verrücktheit" [28] in seine *Mémoiren*. Nach der Revolution hatte er die charakteristische Verachtung für die Frauen, die sich in öffentliche Angelegenheiten mischten, übernommen. Ein beachtlicher Umschwung. Denn Dulaure war, was immer er auch behaupten mag, mit Olympe zumindest seit 1786 [29]sehr eng bekannt, und seine Zeitschrift das *Thermomètre du Jour* brachte von 1792 bis 1793 wohlwollende Unterstützung für ihre politischen Interventionen.

All diese Kommentare wurden unglücklicherweise von den Geschichtsschreibern des 19. Jahrhunderts heilig gesprochen; umso leichter passierten die Bilder, die sie von den Frauen der Revolution überlieferten, die Netze der bürgerlich konservativen und frauenfeindlichen Ideologie ihrer Zeit.

So unterschieden sie zum Beispiel „diese liebenswerten Heldinnen, die all ihre Güter, ihre Freiheit, ihr Leben geopfert haben, um einen Gatten oder Vater zu retten, oder mit ihnen zu sterben", von jenen, die „sich der Bezeichnung Frau unwürdig gemacht hätten, indem sie ihre Namen unter die Namen unserer wildesten Demagogen schrieben".[30]

In die erste Kategorie reihten sie das Beispiel der erbaulichen Opfer, die durch ihre „Seelengröße" berühmt waren (Marie-Antoinette, die Prinzessin von Monaco, die Karmeliterinnen von Compiègne, Françoise-Augustine d'Eprémesnil, die „Mutter der Armen"); oder durch ihre „bewegende Gattinnenliebe" (die Frau des Marschalls de Mouchy, Lucile Desmoulins, Madame Rabaut Saint-Etienne etc.); wie auch durch ihre „geschwisterliche Zartheit" (Elisabeth de France und die Schwester des royalistischen Herausgebers Gattey); ihr „töchterliches Mitleid" (die Fräulein Cazotte und Sombreuil); oder ihre „heroische Tugend" (Madame Roland, Charlotte Corday, Cécile Renault und die „Jungfrauen von Verdun"), sowie einige hingebungsvolle Dienstbotinnen.

In der anderen Kategorie wurden in unverständlicher Mischung die Prostituierten, unter anderem die spirituelle Catherine Halbourg eingereiht. Sie, die selbst zum Tode verurteilt war, ermunterte den Herzog von Châtelet, der bei der Vorstellung, am nächsten Tag vor dem Revolutionstribunal erscheinen zu müssen, in Tränen aufgelöst war, mit folgenden Worten:

„Wissen sie Herzog, daß die, die noch keinen Namen haben, dort einen erhalten. Aber die, die bereits einen haben, müssen ihn zu tragen wissen."

Und dann die Terroristinnen, oder die, die dafür gehalten wurden: Reine Audu, eine Heldin des 6. Oktober, die unter der Konstituante zu Unrecht verhaftet wurde; Marie-Françoise Carle-Migelli, eine Anarchistin, die dem Gracchus Babeuf nacheiferte und guillotiniert wurde (von der Nachwelt als „verrückte Strickerin" eingestuft); Théroigne de Méricourt, in der die Konterrevolution und später die bürgerliche Geschichtsschreibung des 19. Jahrhunderts die Perversion des revolutionären Prinzips sehen wollte; Claire Lacombe, die „wilde Bacchantin von 1793", die zu früh geglaubt hatte, Sozialismus und Feminismus verschmelzen zu können und die, laut Michelet, nach der Revolution „eine auf ihren Vorteil bedachte Händlerin geworden war und übrigens zahm und höflich". Und schließlich Olympe de Gouges, die Nodier zu den „Fanatikerinnen" zählt und die der berühmte Georges Lenôtre nicht ein einziges Mal in den beliebten und ausführlichen Schriften erwähnt, die er den Persönlichkeiten der französischen Revolution widmete. Vielleicht weil sonderbarerweise oft angenommen wird, daß Olympe den „Club der Strickerinnen" gegründet hätte, „eine fürchtenswerte Vereinigung sadistischer Megären", ein direkter Auswuchs der kindlichen Vorstellungswelt antifeministischer Hysterien.

In Wirklichkeit war Olympe vor allem eine Theoretikerin, die sich kaum an die Brüderlichen Vereinigungen annäherte und sich abseits der großen Volksmanifestationen hielt. Um sie verurteilen zu können, berief man sich daher auf politische Motive. Es scheint als wollte die revolutionäre Macht aber auch einen weiblichen Störenfried neutralisieren. So las man im *Feuille du Salut public* vom 27. Brumaire* des Jahres II: „Olympe de Gouges, die mit einer exaltierten Fantasie geboren worden war, hielt ihr Delirium für eine Eingebung der Natur. Anfangs redete sie nur Unsinn, doch schließlich beteiligte sie sich an dem hinterlistigen Projekt, das Frankreich spalten wollte: Sie wollte Staatsmann sein, und es scheint, als hätte das Gesetz diese Konspirateurin dafür bestraft, daß sie die Tugenden, die ihrem Geschlecht entsprechen, vergessen hat." [31]

Auch einer der Chefs der hébertistischen Fraktion und – kurzzeitiges – Idol der Pariser, Pierre-Gaspard Chaumette, hatte die subversive Rolle von Olympe erfaßt und ergriff die Gelegenheit ihrer Hinrichtung, um die Frauen, die ihr nacheiferten, zu belehren:

„Erinnert euch an dieses Mannweib, warf er einer Versammlung von Jakobinern, die ihre Frauen mitgebracht hatten, ent-

---

*   „Nebelmonat", 2. Monat des französischen Revolutionskalenders, 22. (24.) Oktober bis 20. (22.) November

gegen. Dieses schamlose Mannweib Olympe de Gouges, die Frauengesellschaften gründete, ihren Haushalt vernachlässigte, politisieren wollte und Verbrechen beging. Solche unmoralischen Wesen wurden unter dem Beil, das die Gesetze rächt, vernichtet. Er fragt, indem er sich speziell an die Republikanerinnen wendet: wollt ihr es ihnen nachmachen? Nein, denn ihr würdet spüren, daß ihr nicht anziehend und wahrhaft achtenswert wäret, wenn ihr nicht dem entsprecht, wozu euch die Natur bestimmt hat. Wir wollen, daß die Frauen geachtet werden; daher zwingen wir sie, sich selbst zu achten."[32]

Chaumette irrte sich, als er Olympe de Gouges für die Gründerin der Frauenclubs hielt; sie war höchstens eine Sympathisantin. Diese Clubs entstanden aber übrigens nicht aus der feministischen, sondern aus der demokratischen antibürgerlichen Bewegung. Denn solange die Frauen sich darauf beschränkten, die politischen Taten der Männer vorzubereiten und zu begleiten, bemühte man sich um ihre Anwesenheit, ja sie waren regelrecht erwünscht, wie Olympe bald bemerkte: „Man wird es nicht verschmähen, sie als Bürgerinnen zu akzeptieren, wenn die Mauern der Bastille fallen." [33]

Doch sie täuschte sich, denn als die Revolution ihren Triumph davongetragen hatte, als die Gefahr vorbei war, kehrten die Frauen, manchmal noch mit der Waffe auf der Schulter und in blutbefleckten Kleidern, sofort an den Herd zurück. Nur so konnten sie Tadel, Beleidigungen oder öffentlichen Züchtigungen entgehen. Sie fügten sich, und waren gezwungen, auf jede Macht zu verzichten.

Dennoch entschied sich eine gewisse Anzahl von „revolutionären Republikanerinnen" [34], mit Claire Lacombe oder Pauline Léon an der Spitze, weiter eine aktive Rolle im politischen Leben des Landes zu spielen. Als Organisation schlossen sie sich den radikalsten, von den Bürgern Leclerc und Roux ins Leben gerufenen, revolutionären Bewegungen an, die selbst Robespierre und die Jakobiner fürchteten. Aber ihrer Existenz war eine umso kürzere Dauer beschieden, als Charlotte Corday und Marie-Antoinette dem latenten Antifeminismus Vorschub leisteten. Die Regierung schob demagogisch gewisse Zwischenfälle vor (besonders den mit den Frauen Des Halles wegen des Tragens der Tricolor-Schleife), um den „republikanischen Revolutionärinnen" das Versammlungsverbot zu erteilen. Das Verbot der Clubs und Frauenversammlungen wurde vom Konvent am 30. Oktober 1793 sehr rasch verabschiedet.[35] Vier Tage später wurde Olympe de Gouges zum Schafott geführt.

XI. PIERRE AUBRY

Wenn das Schicksal Dich verschont, um mich zu trösten (...),
so komm als aufrechter Republikaner, um es den Verfolgern
Deiner Mutter heimzuzahlen . . .

OLYMPE DE GOUGES
Brief an ihren Sohn (1793)

Ein Versuch von Olympe de Gouges, das Leben zu beschwören. Dazu gibt es ein schmerzhaftes Nachspiel, das ihren Sohn Pierre Aubry betrifft.

In einem Brief an den Wohlfahrtsausschuß vom 18. Mai 1795 schrieben die Bürger Pérès und Giroust, die im Norden, bzw. in Sambre-et-Meuse im Feld standen, über ihn: „Er befand sich in Tours, als seine Mutter guillotiniert wurde. Als er von ihrem Urteil erfahren hatte, ließ er an allen Ecken der Stadt anschlagen, daß er der Sohn dieser De Gouges sei, daß ihr Blut nur zurecht am Schafott geflossen wäre, daß er sich glücklich schätze, seine Mutter dem Vaterland geopfert zu haben . . ."[1]

Tatsächlich unterzeichnete er am 24. Brumaire des Jahres II (14. November 1793), zirka zwölf Tage nach der Exekution von Olympe ein „Bekenntnis der Bürgertreue". Darin beklagte er sich, daß er einzig und allein, weil er der Sohn von Olympe de Gouges sei, seines Amtes enthoben worden wäre. Er fügte hinzu, daß er ihre Ansichten nicht teile, daß er wiederholt den Beweis seiner staatsbürgerlichen Gesinnung erbracht hätte und sein Blut bei mehreren Gelegenheiten fürs Vaterland vergossen hätte. Was seine Haltung weiters beweise: „Seit 15 Monaten habe ich sie kein einziges Mal gesehen", fügte er hinzu, „und auch als sie mich suchen kam, weil man ihr erzählt hatte, daß ich bei der Armee getötet worden sei, und sie sich um meine Frau und meine Kinder kümmern wollte, lehnte ich ihre Angebote dankend ab . . ."[2]

Dieser Brief von Aubry rief die verschiedensten Reaktionen hervor, darunter die der Autoren des *Rougyff* und des *Journal de Paris National*, die für diese Erklärung der Motive seiner Amtsenthebung Partei ergriffen: „Brutus hatte zwei aristokratische Söhne: Brutus schlug ihr Todesurteil vor; und hat sich sehr um die Freunde der Republik verdient gemacht. Die Hinrichtung von Titus hat den Nachruhm seines Vaters durchaus nicht geschmälert. Warum soll in unserer jungen Republik die Schande erblich sein? Diese Frage stellt man sich, wenn man nach der Hinrichtung von Olympe de Gouges sieht, daß ihr Sohn seines Amtes enthoben wurde." [3]

Indessen wurde veranlaßt, daß der Kriegsminister über die wahren Motive, die für die Entlassung von Aubry ausschlaggebend gewesen waren, Rechenschaft ablegen mußte und daß dieser wieder eingestellt wurde. Doch erlangte Aubry seinen ehemaligen Dienstgrad nicht mehr. Man erkennt unschwer die Willkür dieser Bestrafung. So war an den ersten Tagen der Inhaftierung Olympes ein aus Tours kommender Brief im *L'Observateur de l'Europe ou L'Echo de la Liberté* vom 3. August veröffentlicht worden: „Wir haben hier den Sohn von Olympe de Gouges als General; es ist ein ehemaliger Diener des Schlosses von Versailles . . ." [4]

Olympe erfuhr davon und schrieb ihm mutig aus der Abbaye: „Es ist leicht, eine so unflätige Lüge zu widerlegen, aber die Intriganten versuchen nichts zu beweisen, es genügt ihnen, den Ruf eines guten Militärs zu besudeln. Wenn Du nicht bereits bei den Feindesangriffen gefallen bist, wenn das Schicksal Dich verschont, um mich zu trösten, so überlaß Deinen Rang denen, deren einzige Gabe es ist, die Männer zu vertreiben, die der Sache des Volkes nützlich sind; komm als aufrechter Republikaner, um es den Verfolgern Deiner Mutter heimzuzahlen." [5]

Unklugerweise ließ sie ihm gleichzeitig ein Exemplar ihres Pamphlets *Die drei Urnen* zukommen, um ihn über die Gründe ihrer Festnahme zu informieren. Sie unterschätzte die Konsequenzen dieser Geste und lief tatsächlich Gefahr, ihren Sohn schwer zu kompromittieren. In einem Klima der Unsicherheit, der Verdächtigungen und Feindseligkeiten, konnte das leicht als ein Zeichen offensichtlicher Komplizenschaft interpretiert werden. Genau zehn Tage nach der Festnahme Olympes war er von seinen Funktionen als Generaladjutant und Bataillonschef durch den Kriegsminister suspendiert worden, und zwar weil er angeblich Drohungen gegen die Führung des Departements Indre-et-Loire ausgestoßen hatte und wegen „zahlreicher anderer Gründe".

Am 21. August wurde er aufgrund einer Intervention von General Ronsin, der ihn als einen „glühenden und revolutionären" Patrioten darstellte, wieder eingesetzt. Man entsandte ihn zum Heer am Rhein, aber, am 24. September wurde er von neuem suspendiert. Er war wegen „besorgniserregender Äußerungen" und „schmachvoller Flucht vor dem Feind" denunziert worden. [6] Laut seinem Biographen Léonce Grasilier [7], stimmen aber diese Anschuldigungen keineswegs mit anderen Zeugenaussagen überein (Menou, Beffroy, Ronsin, Tallien, Lazowski, etc.) [8], die im Gegenteil besagten, daß er dem Vaterland und der Freiheit ergeben diente, und daß seine staatsbürgerliche Gesinnung Ehrerbietung verdiene, ebenso wie sein Eifer und seine Intelligenz. Es ist schwierig, über den Gehalt der gegen ihn vorgebrachten Klagen ein Urteil zu fällen. Denn leider war der größte Teil der für ihn günstigen Zeugenaussagen von ihm selbst nach der Revolution zusammengetragen worden – in der vorausschauenden Sorge, daß er sein Verhalten zu rechtfertigen haben würde.

Wie dem auch sei, er befand sich zwischen seiner ersten Entlassung und der Hinrichtung seiner Mutter in einer kritischen Situation. Zu jener Zeit wurden des Verrats verdächtigte Militärs, oder solche, die für eine Niederlage verantwortlich gemacht wurden, nicht geschont: Männer wie Custine, Miaczinski, Brunet, Houchard und Lamarlière wurden kurzerhand guillotiniert. In jener Zeit, als Aubry (und nicht mehr „Aubry de Gouges") versuchte, seinen Kopf zu retten, hatte er den Ruf des „terroristischsten und unmoralischsten Jakobiners, der jemals gelebt hat . . ." [9]

Obwohl es seine Mutter war, der er seine schnelle Beförderung und die Militärkarriere verdankte. Nachdem er zunächst Korporal in der Kompanie der freiwilligen Jäger der Sektion Luxemburg gewesen war, erhielt er anschließend durch die mütterliche Intervention bei den Ministern Duport-Dutertre und Cahier de Gerville und dem General Gouvion, seine Berufung zum Unterleutnant bei den Pariser Söldner-Kanoniers (29. Januar 1791). Und ein Jahr später wurde er zum 104. Infanterieregiment berufen. Dank einer weiteren Intervention beim Minister Narbonne wurde er im März zum Offizier ernannt und im Juli zum Leutnant des 8. Infanterieregiments[10]. Schließlich, zwei Tage nachdem Olympe ihn dem neuen Kriegsminister Servan empfohlen hatte, wurde er zum Hauptmann befördert (26. August 1792).[11]

Er war ein recht hübscher Junge, groß, dunkelhaarig, mit grauen Augen, hoher Stirn, mit einer sanft geschwungenen, schmalen Adlernase, die aber das leicht von Pockennarben gekennzeichnete Gesicht nicht verunstaltete.

1791 lernte er ein junges Mädchen von 17 Jahren, Marie-Anne-Hyacinthe Mabille kennen. Ihr Vater, ein Gebäudeverwalter, führte ein Haus mit möblierten Zimmern für Offiziere und Universitätsstudenten. Bis 1796 lebten sie in freier Lebensgemeinschaft und schlossen dann erst eine standesamtliche Ehe mit Gütertrennung. Das geschah zweifellos auf Wunsch Hyacinthes, die den Hang ihrer Schwiegerfamilie, weit über ihre Verhältnisse zu leben, realisiert haben muß. Während Aubry erklärte, nicht mehr als 1.500 Livres zu besitzen, gab sie selbst ein Vermögen über 50.000 Livres an, die beweglichen und unbeweglichen Güter nicht inbegriffen. Nach dieser Eheschließung starben ihre Eltern. Es war vermutlich ihre Erbschaft, die ihnen erlaubte, das prachtvolle und kostspielige Eigentum in Chatou anzukaufen. Aubrys Eitelkeit hatte sie zu diesem unglücklichen Kauf gedrängt. Das Paar war gezwungen, Hypotheken aufzunehmen, noch bevor das Haus endgültig bezahlt war. Während der Revolution wohnten Aubry und seine junge Frau der Reihe nach in Tours, in Caen, in Rouen und wieder in Paris, Rue du Mont-Blanc (1796), Rue Cérutti und in Chatou (1797), und schließlich, kurz bevor sie in die Kolonien abwanderten, wohnten sie im Maison de l'Elysée-Bourbon, dem heutigen Palais de L'Elysee (1800 ...).[12]

1794 hatte Aubry indessen trotz der Interventionen von Carnot und Merlin de Thionville seine Funktion als Generaladjutant noch immer nicht wiedererhalten. Um die Seinen zu ernähren, gelang es ihm Kraft einiger Anstrengungen und Intrigen, sich vom Konvent zum Oberinspektor der Heeresequipagen in der Armee der Küste von Cherbourg ernennen zu lassen. Ein Amt, das auch Jacques Biétrix de Rozières, der ehemalige Liebhaber seiner Mutter, zu jener Zeit bekleidete. Er ersetzte dort seinen Bruder André, der festgenommen worden war.[13]

Nach der Schreckensherrschaft änderte Aubry seine Haltung völlig und forderte am 3. April 1795 den Konvent auf, Olympe zu rehabilitieren. Er pries den Abgeordneten zwei Bände ihrer Werke an: „Treue und vielbeschäftigte Repräsentanten. Der Schatten meiner Mutter schwebt über euren Köpfen und erwartet, daß ihr ihm die Gerechtigkeit widerfahren laßt, die sie euch in ihren Schriften nicht verwehrt hat."[14]

Dann nahm er wieder den Namen Aubry de Gouges an und überarbeitete mit Hilfe des Schriftstellers Pompigny ein Stück, das zweifellos den Manuskripten von Olympe entstammte. Unter dem Titel *Der ehemalige Prälat oder Sophie von Saint-Elme* wurde es am 18. März 1795 am Théâtre de la Cité aufgeführt und vom Publikum „mit Begeisterung aufgenommen".[15]

Im Januar 1796 wurden die Papiere von Olympe de Gouges aus der Gerichtsschreiberei des Revolutionstribunals entfernt und ins Bureau du Domaine National gebracht.[16] Ihr Sohn verlangte umgehend den Heiratsvertrag seiner Mutter und eine beglaubigte Abschrift der Sterbeurkunde seines Vaters, um seinen „Rechtsanspruch" auf die Erbfolge zu beweisen.[17] Doch erhielt er aus der Erbschaft nichts, da das Anwesen von Olympe in Saint-Etienne-de-Chigny im Juni 1794 als nationales Eigentum verkauft worden war.[18] Zumindest wurden die Amtssiegel von den Dokumenten entfernt, alle Familienpapiere freigegeben und an Pierre Aubry zurückerstattet.[19]

Nachdem er seiner Funktion als Generaladjutant bereits seit sechs Jahren enthoben gewesen war, entschloß er sich nach dem 18. Brumaire, sich wegen einer Wiedereinsetzung in seinen ehemaligen Dienstgrad an den Konsul Bonaparte zu wenden, der gerade im Begriff war, die Armee umzugestalten. Eine erste Vorsprache beim Minister Berthier war erfolglos. So begnügte sich Aubry damit, als Freiwilliger, als stellvertretender Bataillonskommandant zur Armee am Rhein zu gehen. Im August 1800 wurde er schwer verletzt und benützte diese Gelegenheit, um sein Gesuch zu erneuern, was neuerlich mit einem Mißerfolg endete. Es war allgemein bekannt, daß der Generaladjutant Aubry de Gouges seine unglückliche Mutter verleugnet hatte, und Bonaparte zeigte sich in moralischen Fragen kompromißlos .

Trotzdem gab ihm ein weiteres Ansuchen, diesmal durch die Vermittlung von General Lecourbe, unter dessen Kommando er diente, neue Hoffnung. Er erhielt die Zusicherung, daß er umgehend auf die Liste der Generaladjutanten gesetzt würde, wenn er dem Kriegsminister beweisen könne, daß er nicht der Autor des Briefes sei, in dem 1793 seine Mutter verleumdet worden war. Also legte er das schriftliche Zeugnis ab: „Der Bataillonskommandant De Gouges bestreitet hiermit förmlich, weder der Verfasser des fraglichen Briefes zu sein, noch ihn unterschrieben zu haben und bittet den Kriegsminister, die Freundlichkeit zu besitzen, ihm das Büro zu nennen, wo er die schriftliche Zeugschaft zwei seiner Adjutanten abliefern könne, deren Inhalt sich seiner Kenntnis entzöge." [20] Im Anschluß daran verlangte er, daß dem Minister davon umgehend Bericht erstattet werden sollte.

Die beiden Adjutanten Delort und Fichet verfaßten also ein Attest, in welchem sie erklärten, daß soviel sie wüßten, Aubry de Gouges keineswegs der Autor der in seinem Namen versandten Schriften sei und ganz besonders nicht jenes Briefes, der das vom Revolutionstribunal über seine Mutter gefällte Urteil guthieß. Sie bezeugten, daß Olympe ihrem Sohn in mehreren Druckschriften befohlen habe, „sie eines Tages rächen zu müssen" und ihn als einen ihrer eifrigsten Anhänger bezeichnet hätte. Aubry veranlaßte seine Freunde auch, in seinem Namen dem Nationalkonvent einen solchen Text zu übermitteln, „um einen Familienvater vor Gefängnis und Schafott zu bewahren".[21]

Nachfragen über die Beziehungen des Sohnes mit seiner Mutter bei verschiedenen weiteren Zeugen, darunter einem Wächter von La Force, entkräfteten die Erklärungen von Delorte und Fichet nicht. Im Juli 1801 wurde Aubry im Zuge der Reformbehandlung zum Grad des Bataillonschefs zugelassen.[22] Dann, am 1. August beförderte Bonaparte ihn zum „Brigardechef", um ihn zu einem Kommando nach Guyana zu entsenden.

Er verließ das Land im darauffolgenden Winter und war im Juni 1802 mit seiner Familie in Cayenne, wo, als Ironie des Schicksals, der Gouverneur Victor Hugues die Sklaverei wieder einführte, die Olympe de Gouges so heftig bekämpft hatte. Derselbe Hugues gibt an, daß Aubry acht Tage nach seiner Ankunft in Cayenne, „ihm gegenüber offen zugibt, daß er nicht gekommen sei, um frische Luft zu schnappen, sondern um sich die Taschen zu füllen" und ihm sodann vorschlägt, „einige Werkstätten mit Schwarzen aufzuwiegeln, um etwas im Trüben fischen zu können".[23] Wahrheit oder Lüge? Unmöglich, das zu wissen. Sicher ist, daß die zwei Männer sich hassen: Aubry würde gern die Macht übernehmen, aber der Kriegsminister bestätigt Hugues in seinem Amt.[24]

Wie sein Sohn angibt, der damals am 17. Pluviose des Jahres XI. (7. Februar 1803) noch ein kleiner Junge war, soll Aubry in Macouria „am Fieber" gestorben sein.[25] Ein Monat später gab seine Witwe 38.000 Livres für den Kauf eines gewaltigen Besitzes aus. Der Vertrag wurde von dem Notar Audibert gemacht, den sie dann im Juni heiratete.[26] Seine Frau – welcher Zufall! – war im April dieses selben Jahres gestorben. Unweigerlich drängt sich die Frage auf, ob der Bataillonskommandant Aubry de Gouges vielleicht unter dramatischen Umständen verschwunden ist. Vor allem, wenn man den Haß bedenkt, mit dem ihn der Gouverneur verfolgte, und wenn man bedenkt, daß Hyazinthe bei ihrer zweiten Hochzeit nicht in der Lage war, die Sterbeurkunde ihres Gatten vorzuweisen. Der Gemeindebeamte überging das, obgleich dieses Schriftstück im allgemeinen für eine weitere Eheschließung unbedingt notwendig war.

1809 wurde Guyana von den Portugiesen erobert. Gewaltsame Konfrontationen fanden statt. Die französischen Familien mußten fliehen. Die junge Frau schiffte sich mit ihren Kindern auf einem Boot nach Frankreich ein. Es wurde von den Engländern angegriffen und gekapert. Sie erkrankte sofort, starb am 25. Mai und ihre Leiche wurde ins Meer geworfen. Das Schiff, auf dem die Kinder verblieben, zweifellos unter Aufsicht ihres Stiefvaters, wurde schließlich auf Umwegen von einem französischen Korsaren nach La Havane gebracht.[27] Trotz ihres sehr jungen Alters, kehrten zwei Enkel von Olympe des Gouges nach Frankreich zurück. Der eine von ihnen, Louis-Anacharsis starb 1855 in extremer Armut in Paris. Der andere, Jean-Hélie-Hippolyte, der 1812 vorübergehend wieder nach Guyana zurückkehrte, arbeitete bis zu seinem Tod als Tischler in Nancy.

ANMERKUNGEN

Außer den von A. Tuetey in *Les Sources manuscrites de l'Histoire de Paris pendant la Révolution* (1912) veröffentlichten Texten sind sämtliche in dieser Biographie verwendeten Manuskripte unveröffentlicht.
Erläuterungen zu den bibliographischen Hinweisen sind in deutscher Übersetzung jeweils in Klammern angefügt.

KAPITEL I

1. O. de Gouges avait intitulé en premier lieu son manuscrit *Roman de Madame de Valmont*, comme l'indique le permis d'imprimer délivré en 1786. Le titre complet de l'ouvrage, publié en 1788, est devenu *Mémoire de Madame de Valmont contre l'ingratitude et la cruauté de la famille des Flaucourt avec la sienne dont les sieurs de Flaucourt ont reçu tant de services*. [O. de Gouges hatte für ihr Manuskript zunächst den Titel *Roman de Madame de Valmont* vorgesehen, wie aus der 1786 ausgestellten Druckerlaubnis zu entnehmen ist. Der vollständige Titel des Werkes, das 1788 veröffentlicht wurde, lautet: *Denkschrift der Madame de Valmont über die Undankbarkeit und Grausamkeit der Familie Flaucourt ihrer Familie gegenüber, die den Herren Flaucourt so viele Dienste erwiesen hatte.*]

2. *Mémoire de Madame de Valmont* in *Oeuvres de Madame de Gouges*, Paris, 1788, ci-après «Mémoire», pp. 13 et 14. [*Die Denkschrift der Madame de Valmont* aus den *Werken von Madame de Gouges*, Paris 1788, wird des weiteren als „Mémoire" abgekürzt, S. 13, 14.]

3. Marie-Antoinette Félicité de Caulaincourt, marquise de Pompignan et Jean-Georges le Franc de Pompignan (1715-1790).

4. Voir A. Duffo, *J.J. Le Franc, marquis de Pompignan*, Paris, 1913.

5. *Mémoire*, pp. 12, 14, 15 et 93.

6. G.P. Guillos, *Etude médico-psychologique sur O. de Gouges*, Paris, 1905, p. 12.

7. Archives départementales du Tarn et Garonne (ci-après «A.T. & G.». Registre de Saint-Orens, Montauban, les 18-2-1714 et 2-4-1716).

8. E. Forestié, «Olympe de Gouges», *Recueil Acad. du Tarn et Garonne*, T. XVI (1900) et XVII (1901).

9. *Sera-t-il roi, ne le sera-t-il pas?* 1791, pp. 8-9.

10. Mémoire, p.26.

11. Bibliothèque Nationale, mss, fichier Charavay, lettre de J.J. Le Franc au contrôleur général Orry, le 24-4-1734.

12. A.T. & G., Registres de Saint-Orens (Montauban).

13. Bibliothèque Nationale, fichier Charavay, lettre de J.J. Le Franc à Thiériot, le 10-6-1738.

14. Cf. A. Duffo, *op.cit.*, p. 473, lettre du 28-7-1739.

15. A.T. & G., Registre de Saint-Jacques (Montauban).

16. *Mémoire*, p. 27.

17. A.T. & G., Registre de Saint-Jacques (Montauban) et Fonds Forestié.

18. J.A. Dulaure, *Mémoires*, Paris, 1860, p. 317.

19. *Compte moral*, 1792, p. 3.

20. *Mémoire*, p. 93.

21. A.T. & G., Registre de Saint Jacques (Montauban).

22. *Mémoire*, p. 27.

23. A.T. & G., Registre de Saint-Jacques.

24. *Mémoire*, p. 27.

25. *Le Philosophe Corrigé*, 1787, p. 9.

26. A. Brun. *Recherches historiques sur l'introduction du français dans les provinces du Midi*, Paris, 1923, p. 472.

27. J.A. Dulaure, *op.cit.*, p. 317.

28. Cf. A. Gazier, *Lettres à Grégoire sur les patois de la France*, Paris, 1880, pp. 107 et 114.

29. Archives de la Comédie-Française, dossier O. de Gouges, lettre du 5-2-1787. Cf. D. Ligou, *Montauban à la fin de l'ancien régime et aux débuts de la Révolution*, Paris, 1958 et J.-P. Poussou, dans Furet-Ozouf, *Lire et écrire*, Paris 1977, p. 308.

30. A.T. & G., Registre de Saint-Jacques, les 28-12-1756 et 23-11-1757.

31. Archives de la Seine, D. 11U[1](4), le 12-6-1792.

32. N. Restif de La Bretonne, *L'Année des Dames Nationales*, 1794, p.454.

33. *Mémoire*, p. 86.

34. Archives du Lot, série C, liasse 238.

35. E. Forestié, *op. cit.*, p. 96.

36. Mary-Lafon, «La Ninon de 1789», *L'Athénée du Midi*, 1860.

37. A.T. & G., Etude Grelleau, le 7-2-1765.

38. Bibl. du Sénat, *Oeuvres de Madame de Gouges*, Profession de foi civique de Pierre Aubry.

39. Bibl. Marguerite Durand, Paris, *dos. O. de Gouges*, «Correspondance de Lacour», lettre de Forestié du 11-1-1901. Cf. *Correspondance de Voltaire*, T. 38, lettre n° 7942, éd. Besterman, Paris, 1980.

40. A.T. & G., Etude Grelleau, les 7-2-1765, 4-10-1765 et 9-4-1766.

41. A.T. & G., Etude Delmas, le 28-12-1765.

42. A.T. & G., Etude Grelleau, le 9-4-1766.

43. A.T. & G., Registres de Saint-Jacques: «Baptême de Pierre, fils du sieur Louis Aubry, cuisinier et à (sic) Marie Gouzes, mariés, né le 29 août 1766». Parrain, Pierre Mondy; marraine, Jeanne-Marie Gouzes. Cette dernière était la soeur cadette d'Olympe, née le 6-8-1749. [Archiv des Départements Tarn und Garonnne (A.T.&.G.). Verzeichnis Saint-Jacques: „Taufe von Pierre, Sohn des Herrn Louis Aubry, Koch, und seiner Frau Marie Gouzes, der am 29. August 1766 zur Welt kam. Taufpate: Pierre Mondy; Taufpatin: Jeanne-Marie Gouzes. Letztere war die jüngere Schwester von Olympe, geboren am 6.8.1749]

44. Archives du Lot, série C 833, et *Relation du débordement de la rivière du Tarn survenue le 14 novembre 1766 et des effets qu'il a produit dans la ville de Montauban*, 1766.

45. Sur Mercier, voir H. Hofer, *L.-S. Mercier précurseur et sa fortune*, Munich, 1977, (Réf. bio-bibliographiques) et Claude Manceron, *les hommes de la liberté*, Paris, 1976, p. 148.

46. Déclaration des Droits de la Femme et de la Citoyenne, 1791, p. 16.

47. *Pronostic sur Maximilien Robespierre*, 1792, p. 11.

48. Cf. H. de France, «Les divertissements de nos pères», *Recueil de l'Académie de Montauban*, 1895.

49. N. Restif de La Bretonne, *op. cit.*, p. 455.

50. Abbé F.-L. Bonnefoy de Bouyon, *Folies d'un mois*, 8ᵉ mois, nᵒ 3.

51. *Mémoires*, 1788, p. 87.

52. E. Forestié, *op. cit.*, p. 131.

KAPITEL II

1. Archives des Armées, *dos. Aubry de Gouges*.

2. Sera-t-il Roi, ne le sera-t-il pas? 1791, p. 10.

3. Bienfaisante ou la Bonne Mère, 1788.

4. A.N., W 293, nᵒ 210.

5. *Départ des M. Necker et de Madame de Gouges*, 1790, p. 38.

6. *Sera-t-il Roi, ne le sera-t-il pas?* 1791, p. 11.

7. Minutier Central, Etude Armet, le 12-4-1774. A. Tuetey, *Répertoire des sources manuscrites de l'Histoire de Paris pendant la Révolution Française*, T. 9 (Réclamations et justifications des députés incarcérés). [Zentrales Urkundenregister, Etude Armet, vom 12.4.1774. A. Tuetey, Sammlung handgeschriebener Quellen aus Paris während der Französischen Revolution, T. 9 (Einsprüche und Rechtfertigungen der inhaftierten Abgeordneten).]

8. *Id.*, Et. Maupas, le 16-8-1775.

9. *Id.*, Et. Momet, le 24-4-1778.

10. *Id.*, Et. Aubert, les 7-9, 11-10 et 22-11-1780.

11. *Id.* Et. Le Mire, les 28 et 29-6-1784.

12. *Id.*, le 22-6-1785.

13. *Testament politique*, 1793, p. 8.

14. Min. Cent., Et. Chaudot, le 5-7-1792 et Et. Le Fourneur, le 26-1-1793.

15. A.N., W 534 (II).

16. Arch. de la Seine, D I U¹ (12), le 25-5-1792.

17. *Id.*, D II U¹ (4).

18. Min. Cent., Et. Chaudot, le 5-7-1792.

19. *Id.*, Et. Le Fourneur, le 26-1-1793.

20. E. Forestié, *op. cit.*, p. 96.

21. *Avis pressant, ou Réponse à mes calomniateurs*, 1789, p. 7.

22. *Mémoire*, 1788, p. 87.

23. N. Restif de La Bretonne, *op. cit.*, p. 454.

24. A.T. & G., Fonds Forestié.

25. *Mémoires Secrets*, le 8-1-1786.

26. Desessarts, Procès Fameux ..., T. 7, Paris an VII, p. 166.

27. L.-S. Mercier, *Tableaux de Paris*, Paris 1786.

28. Outre ces portraits, on relève le trace d'une miniature «très ressemblance» offerte par Olympe au duc d'Orléans (B.H.V.P., Mss, CP 6363) et un portrait de P. Aubry (A.N. W 534). [Neben diesen Portraits verweise ich noch auf eine Miniatur, die ihr „sehr stark geähnelt haben soll", die Olympe dem Herzog von Orléans schenkte (B.H.V.P., Mss, CP 6363) und auf ein Portrait von P. Aubry (A.N. W 534).]

29. *Mémoires Secrets*, le 8-1-1786.

30. L'Epître de Cubières (1752-1820) à O. de Gouges fut publiée en 1793 avec le poème *Les Abeilles, ou l'Hereux gouvernement*, et aurait été lu au Lycée d'Egalité le 4-7-1792. [Dieser Brief von Cubières (1752-1820) an O. de

Gouges wurde 1793 mit dem Gedicht *Die Bienen oder die glückliche Regierung* veröffentlicht, und am 4.7.1792 am Lycée d'Egalité verlesen.]

31. *Adresse au Roi, adresse à la reine, etc. ...*, 1791, p. 22.

32. J.-A. Dulaure, Esquisses Historiques, T. 3, Paris 1824, p. 28.

33. *Hommage aux plus jolies et vertueuses femmes de Paris*, 1792.

34. Bibl. Munic. du 16ᵉ arrond., Paris, Arch. Munic. d'Auteuil, Fonds Parent de Rosan, passeports, 2 registre, T. 28, 307 V.

35. A..-J. Fleury, *Mémoires*, Paris, 1844, p. 91.

36. *Colloque des morts les plus fameux*, Paris, 1885.

37. *Le Philosophe Corrigé*, préface, 1787, p. 18.

38. Karamzine, *Voyages en France*, Paris, 1885.

39. Metra, *Correspondance*, 1787-1790.

40. *Almanach Forain*, pour 1773.

41. L.-S. Mercier, *Tableaux de Paris*, Amsterdam, 1783.

42. Desessarts, *op. cit.*, p. 167.

43. *Départ des M. Necker et de Madame de Gouges*, 1790, p. 27.

44. *L'Esprit Français*, 1792 et *Archives Parlementaires*, T. 40, p. 383.

45. Abbé B. de Bouyon, Folies d'un mois, n° 6, 7ᵉ mois.

46. Fleury, *op. cit.*, p. 92. Charlotte-Jeanne Beraud de La Haye, dite Madame de Montesson (1737-1806): cf. L. Olah, *Une grande dame auteur dramatique ...*, Paris, 1928.

47. Olive-Claire de Lamoignon, ép. d'Armand-Guillaume de Gourgues, marquis de Vayre et d'Aulnay.

48. Fleury, *op. cit.*, p. 92.

49. *Mémoire*, p. 14.

50. Bibl. Hist. de la Ville de Paris, Ms. CP 6363.

51. Desessarts, *op. cit.*, p. 167.

52. *Oeuvres de la Citoyenne de Gouges*, dédiées à Philippe, 1793, p. 16.

53. D'après Huguet, évêque du département de la Creuse, cité par O. de Gouges dans *Mon dernier mot à mes chers amis*, (Compte moral), 1792, p. 23. [Nach Huguet, Bischof des Département de la Creuse, den O. de Gouges in Ein letztes Wort an meine lieben Freunde zitiert (Moralische Abrechnung), 1792, S. 23.]

54. *Almanach de Paris* pour les années 1778, 1779, 1780 et 1781.

55. Desessarts, *op. cit.*, p. 167.

56. *Journal Général de France*, le 30-3-1786.

57. *Mirabeau aux Champs-Elysées*, préface.

58. Fleury, *op. cit.*, pp. 86-87.

59. Abbé de Bouyon, *Folies d'un mois*, Septième mois, n° 4.

60. *Zamore et Mirza*, préface, 1788, p. 98.

61. L.S. Mercier, *Tableaux de Paris*, T. VIII, Amsterdam, 1783, p. 333.

62. Fleury, *op. cit.*, pp. 90 et 91.

63. Négociant et banquier qui s'était occupé de transactions entre Olympe et sa mère en 1780. Sur la franc-maçonnerie, voir: A. Le Bihan, *Francs-maçons parisiens du Grand Orient de France* (Fins du XVIIIᵉ siècle), Paris, 1966. [Händler und Bankier, der sich 1780 mit den Transaktionen zwischen Olympe und ihrer Mutter befaßte. Über die Freimaurerei siehe. A. Le Bihan, *Francs-maçons parisiens du Grand Orient de France* (Ende 18. Jhdt.), Paris 1966.]

64. N. Restif de La Bretonne, *op. cit.*, p. 455.
65. *L'Homme généreux*, préface, 1786, p. VI.
66. *Adresse au Roi, adresse à la reine, etc...*, 1791, p. 22.

KAPITEL III

1. *Le Mariage inattendu de Chérubin*, préface, 1786, p. IV.
2. Cité par J.Boncompain, *Auteurs et Comédiens au XVIIIe siècle*, Paris, 1976.
3. A.N., O^1 844.
4. *Les Comédiens démasqués*, 1790, p. 3.
5. Fleury, *op.cit.*, p. 92.
6. A.C.F., Registre (inédit) des pièces admises à la lecture (ci-après «Registre»).
7. Voir M. Hébert «Les demeures du duc d'Orléans et de Madame de Montes-son à la Chaussée d'Antin», *Gazette des Beaux-Arts*, n° 1148, sept. 1964, pp. 161-176.
8. A.C.F., Registre.
9. *Les Comédiens démasqués*, 1790, p. 4.
10. A.C.F., Registre et *Les Comédiens démasqués*, 1790, p. 8.
11. A.C.F., dossier O. de Gouges (ci-après «Dossier»), lettres des 30 et 31-8-1785 et 1-9-1785.
12. A.N., O^1 845, n° 6, lettre du 5-9-1785.
13. 19, 20. *Les Comédiens démasqués*, 1790, pp. 11-12.
14. Metra, *Correspondance Secrète, Politique et Littéraire* pour l'année 1786.
15. *Mémoires Secrets* du 8-1-1786.
16. *Le Mariage inattendu de Chérubin*, préface, 1786, p. VII.
17. *Réminiscences*, 1787, p. 7.
18. *Le Mariage inattendu*, préface, 1786, p. VII.
19. *Mémoires Secrets* du 8-1-1786.
20. *Le Mariage inattendu*, préface, 1786, p. V et VI.
21. P. Porel et G. Monval, *Histoire de l'Odéon*, Paris, 1876.
22. *Le Philosophe Corrigé*, préface, 1787, p. 14.
23. *Le Mariage inattendu*, préface, 1786, p. I.
24. *Mémoires Secrets* du 19-1-1786, p. 45.
25. *Journal littéraire de Nancy*, T. XVIII, n° 31, pp. 303-326.
26. *Mercure de France*, pour le 4 mars 1786.
27. *Petit Almanach des grandes Femmes*, Paris, 1789.
28. B.N., Réserve, *Oeuvres de Madame de Gouges: Réminiscences*, 1787, p. 7.
29. *Les Comédiens démasqués*, 1790, p. 12.
30. A.C.F., lettres du 14-11-1785.
31. *Le Bon sens Français, ou l'Apologie des vrais Nobles*, 1792.
32. A.C.F., lettre d'octobre? 1789.
33. *Le Bonheur primitif*, 1789, p. 113.
34. *Le Philosophe Corrigé*, préface, 1787, p. 18.
35. A.N., O^3 1616 J.
36. B.N., Réserve, *Oeuvres de Madame de Gouges: Réminiscences*, 1787.
37. *Petites Affiches* du 30-1-1786, *Courrier Lyrique* d'avril 1786, *Almanach des Muses* pour 1786 et *Journal Littéraire de Nancy*, T. 23, p. 381.
38. Abbé Berthe, *Dictionnaire des Correspondance de l'Academie d'Arras*, Arras, 1970.

39. B.N., Mss., lettre du 4-4-1786 et Bibl. Hist. de la Ville de Paris, Mss., lettre du 10-4-1786.

40. *Mémoires Secrets* du 8-1-1786.

41. A.N., O³ 844.

42. A.C.F., Registre: il s'agit des pièces de La Salle (reçue le 20-7-1785) et de Des Faucherets (reçue le 9-9-1785) et lettres des 5-2 et 8-2-1787.

43. *Les Comédiens démasqués*, 1790, p. 5.

44. A.C.F., Registre: la pièce de Mercier fut inscrite au répertoire le 3-10-1787 et jouée le 20 octobre suivant et lettres d'octobre et novembre 1787. [A.C.F., Register: Das Stück von Mercier wurde am 3.10.1787 ins Repertoire aufgenommen und am 20. Oktober aufgeführt.]

45. A.N., Z¹ J 1162.

46. A.C.F., Registre: les pièces en question ont été respectivement reçues et jouées, Segur les 28-2-1787 et 17-11-1787, Pieyre les 22-6-1787 et 19-7-1787 et Parisau les 13-8-1787 et 31-8-1787.

47. *Molière chez Ninon*, préface, 1788, p. 12.

48. Un exemplaire des *Oeuvres*, conservé à la B.N. (Réserve) fut exposé à Copenhague en 1935 à l'occasion de l'expo. «L'Art Français au XVIIIᵉ siècle». La publication de cette édition fut annoncée dans la *Gazette de France* du 19-2-1788 et dans le *Journal Général de France* du 13-3-1788. [Ein Exemplar der *Werke*, das in der B.N. (Réserve) aufbewahrt wird, wurde 1935 in Kopenhagen anläßlich der Ausstellung „Französische Kunst des 18. Jahrhunderts" ausgestellt. Das Erscheinen der *Werke* wurde in der *Gazette de France* vom 19.2.1788 und im *Journal Général de France* vom 13.3.1788 angekündigt.]

49. *Molière chez Ninon*, préface, 1788, p. 193.

50. *Bibliographie Universelle des Contemporains*, Paris, 1827.

51. *Molière chez Ninon*, préface, 1788, p. 195.

52. *Journal Encyclopédieque*, août 1788.

53. *Zamore et Mirza*, préface, 1788, p. 22.

54. A.C.F., Lettres des 4-8, 26-8, 14-9 et 18-10-1788.

55. *Oeuvres de Madame de Gouges, dédiées à Monseigneur le duc d'Oréans*, Approbation (B.N., rés.).

KAPITEL IV

1. Saint-Domingue était une des plus importantes colonies de la France avec 32 650 blancs, 7 055 mulâtres et 249 098 esclaves nègres (d'après le recensement de 1779) et payant 5 millions de livres environ de contribution en 1784. [Saint-Domingue war eine der wichtigsten französischen Kolonien mit 32 650 Weißen, 7 055 Mulatten und 249 089 schwarzen Sklaven (gemäß der Erhebung von 1779). Diese Kolonie zahlte im Jahre 1784 ca. 5 Millionen Livres Steuerbeiträge.]

2. A. Soboul, *La Civilisation et la Révolution française*, Paris, 1970, p. 310.

3. Baron Félix De Wimpffen (1745-1814).

4. S. Mercier, *Tableaux de Paris*, T. VI, p. 170.

5. C. Perroud, «La Société française des amis des Nois», la *Révolution française*, 69, 1961, pp. 122-147 et A.C. Challamel, *Les Clubs contre-révolutionnaires*, Paris, 1895, p. 67.

6. H. Grégoire, *De la Littérature des Nègres, ou recherches sur leurs facultés intellectuelles, leurs qualités morales et leur littérature . . .*, Paris, 1808, p. VI.

7. B.N., ms, fichier Charavay, lettre signée, 1 p. in 4°.

8. A.C.F., lettres du 19-3, 27-3, 12-9 et 24-10-1789.

9. *Chronique de Paris* du 19-12-1789.

10. A. Challamel, *op. cit.*, p. 67.

11. *Journal politique et national*, tome II, (1790), pp. 322-323.

12. S. Lacroix, *Actes de la Commune de Paris*, Paris, 1895, T. III, p. 161.

13. Dont la *Chronique de Paris* du 25-12-1789 et le *Journal de Paris* du 27-12-1789.

14. *Mémoire pour Madame de Gouges*, 1790, p. 45.

15. *Chroniques de Paris* du 29-12-1789.

16. Etienne et Martainville, *Histoire du Théâtre Français*, Tome I (an X – 1802), p. 56.

17. *Chronique de Paris* du 29-12-1789.

18. *Correspondance littéraire, philosophique et critique, adressée à un souverain d'Allemagne* par le baron de Grimm (et par Diderot), IIIe partie, T.V., Paris 1813, pp. 328-329.

19. A.N., O[1] 844.

20. D. Hamiche, *Le Théâtre et la Révolution*, Paris (1973).

21. A.C.F., lettres des 4, 13, 15, 18, 23, et 28-1-1790.

22. *Lettre aus Littérateurs français*, 1790, p. 3.

23. G. d'Avenel, *Histoire économique de la propriété, des salaires, etc...*, Paris, 1913.

24. *Le Courrier de Paris* de Gorsas, du 2 mars 1790.

25. *Le Fouet national*, n° 14, du mardi 2 mars 1790.

26. *Le Courrier de Paris* de Gorsas, du 2 mars 1790.

27. Etienne et Martainville, Histoire du Théâtre français, T. I, pp. 121-124.

28. A.C.F., lettre du 17-10-1790.

29. *Départ de M. Necker et de Madame de Gouges, ou les Adieux de Madame de Gouges aux Français*, 1790, p. 25.

KAPITEL V

1. *Les Comédiens démasqués*, 1790, p. 37.

2. M. de Cubières, *op. cit.*, p. 2.

3. *Lettre au Peuple*, 1788, pp. 9 et 12.

4. Brochure imprimée le 12 décembre, et cf. le *Journal Général de France* du 5-2-1789.

5. Morelly: philosophe français, auteur du *Code de la Nature* (1755), influença Gracchus Babeuf.

6. *Mémoire pour Madame de Gouges*, 1790, p. 37.

7. A.T. & G., Fonds Forestié, Archives Poncet-Delpech: lettre du 21 mai 1789, citée par E. Forestié, in *O. de Gouges, op. cit.*, pp. 94-95.

8. E. Forestié, *op. cit.*, pp. 59-60.

9. *Le Couvent, ou Les Voeux joués*, 1792, préface.

10. *Avis Pressant, ou Résponse à mes calomniateurs*, 1789, pp. 3 et 8.

11. *Départ de M. Necker*, 1790, p. 40.

12. A.N., V[1] 552, lettre du 12-6-1789, Charles Poitevin de Maissemy, maître des

requêtes en 1783 et Directeur général du bureau de la Librairie (17 oct. 1788 – 24 août 1789).

13. Bibliothèque nationale, fichier Charavay, épître du 4-7-1789. Voir N. Hermann-Mascard, *La Censure des livres à Paris à la fin de l'ancien régime (1750-1790)*, Paris, 1968.

14. *Mes Voeux sont remplis*, p. 3.

15. Karamzine, *op. zit.*, p. 289.

16. *Epître dédicatoire à Sa majesté Louis XVI*, 1789.

17. *Départ de M. Necker*, 1790, p. 11 et 12.

18. *Thermomètre du Jour* du 1-3-1792.

19. *Lettre à Monseigneur le duc d'Orléans*, 1789, p. 4.

20. *Discours de l'aveugle aux Français*, 1789.

21. *Observations sur les étrangers*, 1791: le seul et unique exemplaire subsistant figure dans les *Oeuvres de Madame de Gouges* conservées à la Bibliothèque du Sénat à Paris. [Betrachtung über die Fremden, 1791: Das einzige noch existierende Exemplar ist in den *Werken von Madame de Gouges* in der Bibliothèque du Sénat in Paris enthalten.]

22. *Lettre aux Représentants*, 1790, p. 4.

23. *Action héroïque d'une Française, ou la France sauvée par les Femmes*, 1789, p. 5.

24. Bibliothèque nationale, fichier Charavay, lettre du 11-9-1789, au Président de l'Assemblée Nationale.

25. *Le Bon sens Français, ou l'Apologie des vrais Nobles*, p. 42.

26. *Oeuvres de la citoyenne de Gouges, dédiées à Philippe*, 1793, p. 2.

27. *Départ de M. Necker*, 1790, p. 11.

28. *Pour l'année* 1790, p. 30.

29. *Réponse au Champion américain*, 18-1-1790, p. 4.

30. *Compte moral*, 1792, p. 4.

31. *Adresse aux représentants de la Nation*, 1790.

32. 24 avril 1790.

33. *Annonces de Bibliographie moderne*, T. II, 1790, p. 82.

34. *Les Fantômes de l'Opinion publique*, 1792, p. 4.

35. G. Duval, *Histoire de la Littérature révolutionnaire*, 1879, p. 220.

36. J.F. Roussel, *Le Château des Tuileries*, Paris, 1802, T. 2, pp. 42-44.

37. Ch. Nodier, *Souvenir de la Révolution et de l'Empire*, Paris, 1831.

38. Prudhomme, *Biographie des Femmes célèbres*, 1830, p. 475.

39. Son projet lui fut peut-être inspiré par le décret de l'Assemblée Nationale du 5 mai 1790 stipulant que, désormais, les juges seraient élus par le peuple. [Ihr Projekt war vielleicht von einem Dekret der Nationalversammlung vom 5. Mai 1790 inspiriert, mit dem festgelegt wurde, daß die Richter von nun an vom Volk gewählt werden sollten.

40. *Compte moral*, 1792, p. 5.

41. *Départ de M. Necker*, 1790, pp. 6 et 35.

42. Ces adresses figurent dans la correspondances d'Olympe de Gouges, en particulier avec les Comédiens Français, et surtout dans les actes notaries. [Diese Adressen scheinen in der Korrespondenz von Olympe auf, besonders in der mit der Comédie Française, aber vor allem auch in den Notariatsakten.]

43. *Folies d'un mois*, 8^3 mois, n° 3, 1792.

44. *Les Actes des Apôtres*. T. II, 1790, p. 289 et suivantes.
45. *Mirabeau aux Champs-Elysées*, préface, 1790, p. XI.

KAPITEL VI

1. *Gazette de France* du 20-5-1788.
2. *Almanach des Françaises célèbres par leurs vertus, leurs talents ou leur beauté*, Paris, 1790.
3. *Le Bonheur primitif de l'Homme*, 1789, p. 107.
4. Le Bas, *Dictionnaire biographieque*, Paris, 1860.
5. *Tableaux de Paris*, 1783, Tome X, p. 204.
6. *Oeuvres de Madame de Gouges (Préface pour les Dames)*, 1788, p. 7.
7. *Le Bonheur primitif*, 1789, pp. 1, 78 et 79.
8. S. Chevalley, «Les Femmes auteurs dramatiques et la Comédie Française», *Europe*, nov.-dec. 1964, pp. 41-47.
9. A.C.F., lettre du 6-12-1790 et registre.
10. *Le Couvent, ou les Voeux forcés*, page de garde, 1792.
11. *Almanach général de tours les Spectacles de Paris et des Provinces pour l'année 1791*, à Paris, chez Froullé, 1792.
12. [fehlt im Original]
13. *Mirabeau aux Champs-Elysées*, préface, p. 10.
14. A.N. Catalogue d'autographes, AB XXXVIII, nouvelles acquisitions, carton 52 (6-7 mai 1958).
15. *Spectacles de Paris*, Paris, 1792, p. 245 et *Almanach des Muses*, 1792, p. 263.
16. Cette anecdote qui figure dans les *Memoires* de Brissot, T. II, p. 170 (1830), fut «empruntée» aux *Souvenirs* de Stanislas de Girardin, T. III, p. 113-114 (1828).
17. Archives municipales de Bordeaux, D 91 et D 139.
18. Bibliothèque nationale, fichier Charavay, lettre du 23-6-1791, qui fut acquise pour la famille Forestié et dont le texte figure dans le catalogue de l'exposition «Sept siècles d'histoire à Montauban», 1954 (B.N.: 4^0 V 19736, n^0 194). [B.N. Verzeichnis Charavay, Brief vom 23.6.1791, der von der Familie Forestié erworben wurde und dessen Text im Ausstellungskatalog „Sieben Jahrhunderte Geschichte in Montauban", 1954, aufscheint. (B.N.: 4^0 V 19736, Nr. 194).]
19. *Sera-t-il Roi, ne le sera-t-il pas?* 1791, pp. 4 et 6.
20. *Mirabeau aux Champs-Elysées*, préface.
21. *Adresse au roi, adresse à la reine, etc...*, pp. 4, 16, 17 et 22.
22. Au sujet de Gouvion, voir à la B.N. *le Contre-poison* (1789) et le article du *Moniteur* du 15-7-1792 et A.N., W 293, n^0 210, lettre du 4-8-1791. [Zum Thema Gouvion siehe in der B.N. *Le Contre-poison* (1789) und den Artikel im *Moniteur* vom 15.7.1792 und A.N., W 293, Nr. 210, Brief vom 4.8.1791.]
23. *Compte moral*, 1792, p. 7.
24. *Les Droits de la Femme*, 1791, p. 24.
25. A.N. AD XVIII, p. 197 et *Correspondance patriotique*, T. IV, p. 388.
26. *Thermomètre du Jour* du 24-3-1792.
27. *L'Esprit Français*, 1792, pp. 1 et 12.
28. L. Lacour, *op. cit.*, p. 126.

29. *Le Bon sens Français, ou l'Apologie des vrais Nobles*, 1792, pp. 7, 8 et 17.

30. A.N., C 147, nº 220, lettre du 16-4-1792, et Archives Parlamentaires pour le 16-4-1792.

31. *Les Sabbats Jacobites*, nº 44, 1792, p. 296.

32. *Grande éclipse du Soleil Jacobiniste et de la Lune Feuillantine, dédié à la Terre*, 1792, pp. 3, 5 et 6.

33. Archives parlementaires, Tome XLIII, pp. 593-594.

34. *Journal de Paris* du 22-5-1792; cf. également à la date du 20-5-1792 le *Courrier des 83 départements* (où il es indiqué qué c'est O. de Gouges qui ouvrit elle-même la souscription pour la fête en l'honneur de Simonneau en versant 50 livres), le *Journal de la seconde Législature de Politique et de Littérature* et le *Thermomètre du Jour*. [*Journal de Paris* vom 22.5.1792, sowie am 20.5.1792 im *Courrier des 83 départements* (wo erwähnt wird, daß Olympe de Gouges selbst die Spendenaktion für das Fest zu Ehren Simonneaus begann, indem sie 50 Livres einzahlte), und im *Journal de la seconde Législature de Politique et de Littérature* sowie im *Thermomètre du Jour*.]

35. *Révolution de Paris* du 22-5-1792.

36. A.C.F, lettre du 23-5-1792.

37. *Lettres de la Reine, aux Généraux de l'armée, aux Amis de la Constitution et aux Françaises citoyennes. Description de la fête du 3 juin, par Madame Degouges* (1792), p. 4.

38. *Correspondance de la Cour, Compte moral*, 1792, p. 20: Marie-Thérèse de Savoie-Carignan, princesse de Lamballe (1749-1792) devait être massacrée quatre mois plus tard à la prison de la Force. [*Correspondance de la Cour, Compte moral*, 1792, S. 20: Marie-Thérèse de Savoie-Carignan, Prinzessin von Lamballe (1749-1792) sollte vier Monate später in La Force blutig hingerichtet werden.]

39. *Ibid.*, p. 21.

40. A.N., W 293.

41. *Lettre aux Généraux de l'armée*, p. 7.

42. *Lettre aux Français citoyennes*, p. 9.

43. Abbé de Bouyon, *Folies d'un mois*, 7ᵉ mois, nº 4, 1792.

44. *Révolution de Paris* et *Chronique de Paris* du 3-6-1792, et *Courrier des 83 départements* du 4-6-1792.

KAPITEL VII

1. 253 rue du Saint-Honoré, «hôtel des Vivres», maison du Fourbisseur, paroisse Saint-Roch. Elle l'abandonne en 1793 pour un appartement à Paris que lui louera son propriétaire d'Auteuil, un ancien orfèvre, Pierre Bourg. [Rue Saint-Honoré 253, „Hôtel des Vivres", Haus Fourbisseur, Sprengel Saint-Roch. Sie tauscht es 1793 gegen ein Appartement in Paris ein, das ihr ihr Hausherr aus Auteuil, ein ehemaliger Goldschmied, Pierre Bourg vermietet.]

2. A.N., W 293, lettre du 18-6-1792.

3. *La Fierté de l'innocence*, 1792, pp. 2 et 14.

4. *Lettre au Don Quichotte du Nord*, 1792, p. 8.

5. M. de Cubières, *Les Abeilles, ou l'Heureux government, poème précédé d'une épître à Marie-Olimpe de Gouges*, Paris, 1793, p. 11, et aussi A.N., DXL 14 (nº 60).

6. *Thermomètre du Jour* du 9-7-1792.

7. J.F. Roussel, *Le Château des Tuileries*, Paris, 1802, T. 2, pp. 42-44.

8. *Révolutions de Paris* du 15-7-1792.

9. *Sera-t-il Roi, ne le sera-t-il pas?* 1791, p. 14.

10. Anne-Josèphe Terwagne dite Théroigne de Méricourt (1762-1817), voir L. Lacour, *Trois Femmes de la Révolution*, Paris, 1903.

11. *Journal de la Cour et de la Ville* du 18-7-1792.

12. *Journal Historique et Politique* du 20-12-1792.

13. *Colloque des morts*, an II, p. 107.

14. *Journal de la Cour et de la Ville* du 26-7-1792.

15. *La Feuille Villageoise*, n° 46, le 16-8-1792.

16. *Procès Verbaux de l'Assemblée Législative*, le 5-8-1792 (index: «Olimpie Desgranges»).

17. Bibliothèque du XVIe arrondissement, *Fonds Parent de Rosan*, 34, 186 v.

18. *Compte moral*, 1792, p. 2.

19. J. Michelet, *Les Femmes de la Révolution*, Paris, 1861.

20. *La Fierté de l'innocence*, 1792, p. 20.

21. Archives parlementaires, Tome XLIX, p. 608.

22. *Compte moral*, 1792, p. 8.

23. A.N., W 293.

24. Fleury, *op. cit.*, p. 105 et *Olympe de Gouges à Dumouriez* (sic), 1793, p. 8.

25. A.N., W 293, *Les Trois Urnes*, 1793.

26. *Avis Pressant à la Convention*, 1793.

27. *Colloque des morts*, an II, p. 107.

28. A.N., W 293, *Les Trois Urnes*, 1793.

29. J.A. Dulaure, *op. cit*, p. 315.

30. *Les Fantômes de l'Opinion publique*, 1792, p. 5.

31. *Pronostic sur Maximilien Robespierre, par un animal amphibie*, 1792, p. 11.

32. *Réponse à la justification de Maximilien Robespierre*, 1792, p. 6.

33. *Journal des Jacobins* du 28-10-1792.

34. *Compte moral*, 1792. (Voir A.N., C 243, n° 304), pp. 1, 2, 5 et 6.

35. A.N., C 243, n° 304.

36. *Révolutions de Paris* du 16-12-1792.

37. *Correspondance Littéraire secrète* du 18-12-1792.

38. *Courrier des 83 départements* du 16-12-1792.

39. *Journal Historique et Politique* du 20-12-1792. Les deux seuls exemplaires connus de cette affiche sont conservés à la bibliothèque Marguerite Durand à Paris et à la bibliothèque Paul Eluard à Nantes. [*Journal Historique et Politique* vom 20-12-1792. Die zwei einzigen Exemplare dieses Plakates sind in der Bibliothek Marguerite Durand in Paris und in der Bibliothek Paul Eluard in Nantes aufbewahrt.]

40. Fleury, *op. cit.*, p. 88.

41. *Arrêt de mort que présente Olympe de Gouges contre Louis Capet*, 18-1-1793, pp. 3 et 4.

KAPITEL VIII

1. *Les Petites Affiches* de Ducray-Duminil, du 21-1-1793. Cf. aussi *Le Journal Français* de Guénégaud.

2. Cubières, *Epître à Marie-Olimpe de Gouges, Paris*, 1793 et *L'Entrée de Dumouriez à Bruxelles*, préface, 1793. Peu avant la représentation, O. de Gouges avait composé deux autres affiches intitulées *Olympe de Gouges à Dumouriez* (sic) et *Avis au public sur une comédie de l'entrée de Dumouriez* (sic) *à Bruxelles*. [Cubières, Brief an *Marie Olympe de Gouges, Paris*, 1793 und der *Einmarsch von Dumouriez in Brüssel*, Vorwort, 1793. Kurz vor der Aufführung hatte O. de Gouges zwei andere Plakate mit den Titeln *Olympe de Gouges an Dumouriez* (sic) und *Mitteilung ans Publikum betreffs eine Komödie über den Einmarsch Dumouriez* (sic) *in Brüssel.*]

3. *Complots dévoilés*, 1793.

4. Archives du Palais Bourbon, ms 1371, EL 672, n° 20, et A.N., F 17A 1004A 388, lettre du 30-1-1793.

5. *Journal de Paris* du 17-2-1793. (L'article, non signé, pourrait être de Mercier.)

6. A.N., DXL 23, lettre du 20-3-1792.

7. *Oeuvres de la citoyenne de Gouges, dédiées à Philippe*, 1793, p. 9.

8. *Avis pressant à la Convention*, 1793.

9. *Oeuvres de la citoyenne de Gouges, dédiées à Philippe*, 1793, p. 4.

10. Edition de 1788.

11. Bibliothèque hist. de la ville de Paris, ms, CP 6363.

12. *Journal du Soir* du 9 juin 1793 et Archives Parlementaires, n° 66, p. 204: la lettre en question a été égarée ou détruite.

13. *Testament politique*, 1793, p. 5.

14. Le manuscrit est conservé aux Archives Nationales, W 293, n° 210, pièce 19.

15. *Testament politique*, 1793, pp. 5 et 12.

16. *Thermomètre du Jour* du 14-6-1793.

17. Archives des Armées, dossier Aubry de Gouges.

18. Archives d'Indre et Loire, vente de biens nationaux provenant de déportés ou de condamnés, 29 prairial an II.

19. Archives d'Indre et Loire, minutes de Juge, le 1er-7-1793.

20. Bibliothèque de l'Arsenal, ms 7054 (recueil d'autographes), lettre à Me Juge notaire à Tours, en date du 13-7-1793.

21. Archives de la Préfecture de police, Yb n° 163 bis, déposition de Françoise-Modeste, demeurant rue de la Huchette, n° 4.

22. A.N., W 293, le 20-7-1793, déposition de Frédéric-Charles Trottier, colporteur, demeurant place Maubert, n° 22.

23. Nougaret, *Histoire des prisons*, Paris, an V (1797).

24. A.N., W 293, le 20-7-1793.

25. Archives de la Préfecture de police, Yb n° 164.

26. A.N., W 293, lettre à Marino du 20-7-1793.

27. A.N., W 293, *Olympe de Gouges au Tribunal Révolutionnaire*, 1793.

28. A.N., W 293.

29. A.N., W 293, *Olympe de Gouges au Tribunal Révolutionnaire*, 1793.

30. A.N., W 293, n° 210: lettre du 20-7-1793.

31. Archives de la Préfecture de police, A A, le 22-7-1793 et A.N., W 293, n° 210, procès-verbal de Lettelier.

32. A.N., W 293: *Olympe de Gouges au Tribunal Révolutionnaire*, 1793.

33. Nougaret, *op. cit.*

34. A.N., W 293: *Olympe de Gouges au Tribunal Révolutionnaire*, 1793.

35. Archive Parlementaires, T. LXX, p. 82.
36. *Thermomètre du Jour* du 6-8-1793.
37. A.N., W 151 et W 293 du 6-8-1973.
38. A.N., W 293, *Les Trois Urnes*, 1793.

KAPITEL IX

1. A.N., W 293.
2. Restif de La Bretonne, *op. cit.*, p. 455.
3. *Thermomètre du Jour* du 17-8-1793.
4. A.N., W 293, rapport du 17-8-1793.
5. A.N., W 293, requête du 21-8-1793.
6. A.N., W 293, rapport du Fouquier du 13 Brumaire an II. Françoise-Joséphine de Rabec, fille d'un directeur de la Compagnie des Indes, épouse de Pierre-Paul de Kolly, fermier général. [A.N., W 293, Bericht von Fouquier vom 13 Brumaire des Jahres II. Françoise-Joséphine de Rabec, Tochter eines Vorstehers der indischen Kolonie, Gattin von Pierre-Paul de Kolly, Generalsteuerpächter.]
7. M. Billard, Les Femmes enceintes devant le tribunal révolutionnaires, Paris, 1910.
8. A.N., W 293, requête du 30-8-1793.
9. Bibl. Nat., fichier Charavay: Attestation de Waveleux, greffier de la prison de la Petite Force, le 26-8-1801.
10. A.N., W 293, requête du 9-9-1793.
11. A.N., W 293, requête du 21-9-1793.
12. A.N., F^7 3688^3, rapport de Latour-Lamontagne.
13. Cité par E. Lairtullier, dans *Les Femmes célèbres de 1789 à 1795*, Paris, 1840 (ce document fut communiqué à l'auteur par un collectionneur, le colonel Maurin). [Zitiert von E. Lairtullier in *Die berühmten Frauen von 1789 bis 1795*, Paris, 1840 (dieses Dokument wurde dem Autor von einem Sammler übermittelt, dem Oberst Maurin).]
14. Rochegude, *Promenades dans toutes les rues de Paris*, Paris, 1910, pp. 24-25.
15. A.N., W 131, lettre du 2-11-1793.
16. Archives de la Préfecture de police, A A, n° 91.
17. A.N., W 293, n° 210, lettre du 3-11-1793.
18. J.C. Beugnot, Mémoires, Paris, 1866, p. 123.
19. A.N., W 193, lettre du 3-11-1793.
20. F.B. Tisset, *Compte rendu aux sans-culottes... par Dame Guillotine*, 1794, p. 323.
21. P. Caron, Paris pendant la Terreur. Rapport des agents secrets du ministre de l'intérieur, tome VII, Prévost, le 2-11-1793.
22. A.N., W 131, lettre du 3-11-1793.
23. A.N., W 534 (II).
24. Bibl. Mun. du 16ᵉ arrondissement, Fonds Parent de Rosan, T. XXVIII, fol. 307 V et T. XXXIV, fol. 186 V.
25. *Jugement rendu par le Tribunal criminel-révolutionnaire*, brumaire an II.
26. A.N., W 293, lettre du 3-11-1793.
27. Desessarts, *op.cit.*, p. 169.

28. Fleury, *op.cit.*, p. 104.
29. Tisset, *op.cit.*, p. 324.
30. Sanson, *Mémoires*, Tome II, p. 287.
31. Labouisse-Rochefort, *Souvenirs et mélanges littéraires, politiques et biographiques*, Tome II, Paris 1826, p. 302.
32. [fehlt im Original]
33. A.N., W 134, lettre du 12 brumaire an II.
34. M. Billard, *op.cit.*
35. A.N., W 293, Procès-verbal de Naury et Thèry, médecins, et de la femme Paquin, sage-femme, le 12 brumaire an II.
36. A.N., W 293, 13 brumaire an II, réquisitore de Fouquier-Tinville.
37. Mary-Lafon, *op.cit.*, (Fonds Forestié).
38. Sanson, *op.cit.*, p. 287.
39. A.V. Arnault, *Souvenirs d'un sexagénaire*, Paris.
40. *Colloque des morts*, p. 101.
41. Sanson, *op.cit.*, p. 287.
42. Archives des armées, lettre du 4 août 1793, de Roussillon à Bouchotte.
43. Sanson, *op.cit.*, p. 288.
44. Tisset, *op.cit.*, p. 326.
45. *Journal de Perlet* du 15 brumaire an II.
46. P. Caron, *op.cit.*, rapport de Prévost, le 4-11-1793.

KAPITEL X

1. *L'Homme généreux*, 1786, préface.
2. Poullain de La Barre, voir P. Hoffmann, *La Femme dans la pensée des lumières*, Paris, Ophrys, 1977.
3. J.P. Marchant, *Etrennes au beau sexe ou la Constitution Française mise en chanson*, ‹Les Droits de la Femme›, Paris, 1792, p. 37. Voir aussi: Gandilmon, ‹Les Droits de la Femme›, R., A.R.F., Paris, 1938, pp. 370-371.
4. Labenette, rédacteur au *Journal du Diable*, à l'*Orateur du Peuple*, à la *Savonette Républicaine*. Publie en l'an IV *Les hommes démasqués aux femmes*, 2 volumes devant servir à l'education des femmes et leur apprendre à se méfier et à se défendre. [Labenette, Redakteur beim *Journal du Diable*, beim *Orateur du Peuple* und bei der *Savonette Républicaine*. Er veröffentlichte im Jahre IV *Die entlarvten Männer*, 2 Bände zur Erziehung der Frauen, um ihnen beizubringen, den Männern zu mißtrauen und sich zu verteidigen.]
5. *Avis pressant, ou Résponse à mes calomniateurs*, 1789.
6. *Les Droits de la Femme*, 1791, p. 14.
7. *Le Cri du sage par une Femme*, 1789, p.4.
8. *Lettre au Roi, lettre à la Reine, etc...*, 1792, p. 9.
9. *Mirabeau aux Champs-Elysées*, 1791, p. 38.
10. *Projets utiles et salutaires*, 1789, p. 26 et *Préface pour les Dames, ou le Portrait des femmes* in *Oeuvres de Madame de Gouges*, 1788, p. 1.
11. *Le Prince philosophe*, 1792.
12. *Le Couvent, ou les Voeux forcés*, préface, 1792.
13. S. Maréchal, *Révolution de Paris* (n° 109) et *Préface d'une loi portant défense d'apprendre à lire aux femme*, par S... M..., Paris, 1801.
14. J.P. Brissot, *Le patriote Français*, le 27-9-1791.

15. Bernardin de Saint-Pierre, *Oeuvres*, Tome XI, pp. 368-374.

15a. G. de Staël, *De l'Allemagne*, IIIe partie, Ch. XIX, «De l'amour dans le mariage».

16. *Les Droits de la Femme*, 1791, p. 5.

17. *Projets utiles et salutaires*, 1789, p. 28.

18. J.P. Marat, *Plan de législation criminelle*, Paris, 1790. Pour Saint-Just voir A. Dessens, *Les Revendications des Droits de la Femme au point de vue politique, civil et économique pendant la Révolution Française*. Thèse de Droit, Toulouse, 1905.

19. *L'Ordre national*, 1789.

20. *Les Droits de la Femme*, 1791, p. 19.

21. *Ibid.*, p. 17.

22. *L'Ordre national*, 1789.

23. *Sera-t-il Roi*, 1791.

24. Guillois, *op. cit.*, p. 68.

25. Le Bas, *op. cit.*, article «Gouges (O. de)».

26. Restif de La Bretonne, *op. cit.*, p. 455.

27. Abbé de Bouyon, *Folies d'un mois*, numéros 4 et 6, septième mois, et numéro 3, huitième mois.

28. Dulaure, *op. cit.*, p. 315.

29. Bibl. Nat., manuscrits, fichier Charavay, une page pl. in 4°, le 1-4-1786.

30. Dubroca, *Les Femmes célèbres de la Révolution*, Paris, 1802, et C.B. Noisy, *Les Femmes célèbres de la Révolution*, Rouen, 1875.

31. *La Feuille du Salut Public*, du 17-11-1793.

32. *Courrier républicain*, du 19-11-1793 et *Courrier Universel* (version un peu différente) du même jour.

33. *Sera-t-il Roi*, 1791, p. 12.

34. Voir P.M. Duhet, *Les Femmes et la Révolution*, Paris, 1971. M. Ceratti, *Le Club des Citoyennes Républicaines*, Paris 1973; *Révolutionnaires*, Paris 1966; M. de Villers, *Histoire des Clubs des Femmes et des Légion d'Amazones*, Paris, 1910; I. Bourdin, *Les Sociétes Populaires à Paris...*, Paris, 1938.

35. A.N., A 141.

KAPITEL XI

1. F.A. Aulard, *Recueil des actes du Comité de Salut Public*, T. IX, Paris, 1895, p. 695.

2. *Moniteur* du 24 brumaire an II et Bibliothèque du Sénat, *Oeuvres de Madame de Gouges*, manuscrit de la profession de foi civique de Pierre Aubry.

3. Cf. aussi *Rougyff, ou le Franc en vedette*, n° 46 (29 brumaire).

4. *Observateur de l'Europe, ou Echo de la liberté* du 3 août 1793 (lettre en date du 28 juillet de Brule à Arbelletier).

5. A.N., W 293, *Olympe de Gouges au Tribunal Révolutionnaire* (1793).

6. E. Forestié, *op. cit.*, (appendice), et A.N., AF II, 304: lettre de Carnot demandant au ministre de la Guerre de communiquer au Comité de Salut public sous les deux jours, les raisons qui ont déterminé la destitution ou suspension de l'adjudant général Aubry-Gouges, et Arch. parlementaires. [Forestié, a.a.O., (Anhang), und A.N., AF II, 304: Brief von Carnot an den Kriegsminister, in welchem er ihn auffordert, dem Wohlfahrtsausschuß binnen zwei

Tagen die Gründe mitzuteilen, aus welchen beschlossen worden sei, den Generaladjutanten Aubry-Gouges abzusetzten bzw. vom Dienst zu suspendieren. Parlamentsarchiv.]

7. L. Grasilier, *N.R.F.*, «Pierre Aubry», 1922-23.

8. A.N., AF II, 317, 2611, pièce 91.

9. Aulard, *op. cit.*, p. 695.

10. Archives des Armées, dos. Aubry de Gouges.

11. B.N., fichier Charavay, lettre du 24 août 1792 à Sevan par laquelle Olympe lui dit toute la satisfaction qu'elle ressent en le voyant revenir au ministère de la guerre; elle lui recommande son fils qui était lieutenant au 8ᵉ régiment, et demande pour lui une place de capitaine. [B.N., Verzeichnis Charavay, Brief vom 24. August 1792 an Servan, in welchem Olympe ihm ihre Zufriedenheit mitteilt, ihn wieder auf seinem Posten im Kriegsministerium zu sehen. Sie empfiehlt ihm ihren Sohn, der Leutnant des 8. Regimentes war und bittet für ihn um einen Posten als Hauptmann.]

12. Minutier central: Delamotte (8 Pluviose an II), Raffeneau de Lille (1ᵉʳ Nivose an V), Cabal (21 Ventôse an VIII), Brelut de la Grange (6 Floréal an VIII).

13. Arch. de la Marine, dossier André Biétrix.

14. A.N., AB XIX 3470 (4) et C 337, nº 1578.

15. L.-H. Le Comte, *Histoire des Théâtres de Paris*, «le Théâtre de la Cité», 1792-1807, Paris, 1910.

16. A.N., T. 1684 (1118).

17. A.N., T. 1679 (1463).

18. Archives d'Indre et Loire, Vente de biens nationaux, 29 Prairial an II; cf. R. Caisso, *la Vente des Biens Nationaux dans le district de Tours*, Paris, 1967.

19. A.N., T. 1620.

20. Arch. des Armées, dossier Aubry de Gouges.

21. *Ibid.*

22. Bibl. Hist. de la ville de Paris, ms. 783, Fº 193.

23. A.N., C¹⁴ 84 (Fº 52); voir aussi C¹⁴ 80 (Fº 225) et C¹⁴ 82 (Fº 10).

24. E. Forestié, *op. cit.*, appendice.

25. A.N., section outremer, Etat-civil, Mariage, Cayenne, le 19 Prairial an XI.

26. A.N., section outremer, étude Audibert, le 26 Ventôse an XI.

27. L. Grasilier, *op. cit.*

WERKE VON OLYMPE DE GOUGES (MARIE GOUZE)

Zwischen 1788 und 1793 gibt es vier verschiedene Ausgaben der *Werke* von Olympe de Gouges. Jede Ausgabe besteht aus zwei oder drei Bänden, die jeweils ganz verschiedenartige Texte aus ihren literarischen und politischen Schriften beinhalten. Sogar für dasselbe Editionsjahr haben diese Bände nicht immer denselben Inhalt. Was zum Beispiel das Jahr 1788 betrifft, so unterscheidet sich der Inhalt des ersten Bandes, der dem Herzog von Orléans gewidmet ist, in den Ausgaben, die die Universität von Columbia in New York besitzt und in jener, die die British Library in London besitzt.

Die vier Ausgaben (A, B, C, D) der „Werke" sind wie folgt:

(A) Zwei dem Herzog von Orléans gewidmete Bände[1], die am 8. Januar 1788 veröffentlicht wurden, und ein dritter[2], dem Prinzen von Condé gewidmeter Band, der drei Monate später erschien.

(B) Ein Band mit den ersten patriotischen Schriften, der Anfang 1790 veröffentlicht wurde.[3]

(C) Zwei im April 1792[4] veröffentlichte Bände (Auflage: 50 Stück[5]).

(D) Zwei Bände (oder einer in 2 Teilen), die Philippe (Egalité) gewidmet sind; Olympe schickt ein Exemplar davon am 9. Juni 1793 an den Konvent.

Es wird auf folgende Bibliotheken in Frankreich und im Ausland verwiesen, die Exemplare der Werke von Olympe de Gouges besitzen. Der Buchstabe bezieht sich auf das Erscheinungsjahr (siehe oben), die Ziffer auf den jeweiligen Band.

FRANKREICH

PARIS
Bibliothèque Nationale: A1 und A3 + Réserve: A1, A2 und A3.
Bibliothèque Sainte-Geneviève: A1, A2 und A3.
Bibliothèque de l'Arsenal: A1, A2 und A3.
Bibliothèque Historique de la Ville de Paris: A1, A2 und A3 + B (verlegt).
Bibliothèque du Senat: B
Archives de la Comédie Française: A1, A2 und A3.
Bibliothèque Marguerite Durand: A1, A2 und A3.
Bibliothèque de la Société des Auteurs dramatiques: A1, A2 und A3.
CHANTILLY
Musée Condé: A1, A2 und A3.
MONTAUBAN
Bibliothèque Municipale: A1, A2.
LYON
Bibliothèque Municipale (fonds Lacassagne): D.
NANTES
Bibliothèque Municipale: A1, A2 und A3 + D1 und D2.
DIJON
Bibliothèque Municipale: A1, A2 und A3.

ANDERE LÄNDER

LONDON
British Library: A1 und A2 + A1, A2 und A3 + C.
NEW YORK
Colombia University: A1 und A3.
CHICAGO
Newberry Library: A3.
LEIPZIG (DDR)
Bibliothek der Universität: A1, A2 und A3.

Die Auflistung der *Werke* (Romane, Theaterstücke, politische Broschüren) von
Olympe de Gouges erfolgt in alphabetischer Reihenfolge und mit den folgenden
Zusätzen:
– Die Buchstaben (A), (B), (C) und (D) geben an, in welcher Ausgabe der *Werke*
(siehe oben) der erwähnte Text enthalten ist. Das Fehlen eines Buchstaben be-
deutet, daß es sich um einen isolierten Text handelt.
– Jene Manuskripte oder gedruckten Texte, die in der Wohnung von Olympe de
Gouges aufgefunden wurden und von denen jede weitere Spur fehlt, sind mit
einem „(?)" gekennzeichnet.
– Der Buchstabe „P" zeigt an, daß das Werk zunächst als Wandanschlag veröf-
fentlicht wurde.
– Die Anmerkung „in" gefolgt von einer Ziffer verweist auf den Titel des Werkes,
in welchem die Schrift enthalten ist.
– Manche Manuskripte der hier angeführten Theaterstücke sind mit ihrem Titel
auch im Catalogue de la Bibliothèque dramatique de m. de Soleinne (anonymes,
Paris, 1843) zu finden. Die Signatur ist angegeben.
Es sind nur die deutschen Übersetzungen jener Titel angeführt, die auch im Text
der Biographie vorkommen.

ROMANE UND VEREINZELTE TEXTE

1. *Abrégé «ou Précis» de la vie de l'auteur.* 1792 (C); signalé dans 103 (?).
2. *Avis au public sur une comédie de «L'Entrée de Dumouriez* (sic) *à Bruxelles»*,
   1793; P, in 39. [*Mitteilung an das Publikum über eine Komödie „Der Einmarsch von Dumouriez* (sic) *in Brüssel"*, 1793; P, in 39.]
3. *Le bonheur primitif de l'Homme, ou les Rêveries patriotiques.* 1789 (B); voir
   le *Mercur de France* du 11-4-1789. [*Das einfache Glück des Menschen oder
   patriotische Träume.* 1789 (B); siehe *Mercure de France* vom 11.4.1789.]
4. *La Bienfaisance récompensée, ou la Vertu couronnée.* 1788 (A); voir la
   Gazette de France du 20-5-1788. [*Die belohnte Wohltat oder die gekrönte
   Tugend.* 1788 (A); siehe die *Gazette de France* vom 20.5.1788.]
5. *Les Comédiens à la Bastille.* Signalé par E. Forestié (Fonds Forestié; Arch.
   Départ. du Tarn et Garonne) et par Tourneux.
6. *Les Comédiens démasqués, ou Madame de Gouges ruinée par la Comédie
   Française pour se faire jouer.* 1789 (B); in 17. [*Entlarvung der Schauspieler
   oder wie sich Madame de Gouges von der Comédie Française zugrunde
   richten lassen muß, um gespielt zu werden.* 1789 (B); in 17.]
7. *Complots dévoilés des sociétaires du prétendu Théâtre de la République.*

1793; P, in 39. [*Enthüllte Komplotts der Gesellschafter des angeblichen „Theaters der Republik"*. 1793; P, in 39.]

8. *Dialogue entre mon esprit, le bon sens et la raison, ou critique des mes oeuvres*. 1788 (A).

9. *Les Droits de la Femme et de la Citoyenne, dédié à la Reine*. 14-10-1791. (C) et (D). [*Die Rechte der Frau und Bürgerin, gewidmet der Königin*. 14.10.1791. (C) und (D).]

10. *Lettre de Madame de Gouges auteur de l'Esclavage des Nègres au public*, déc. 1789 (B); parue dans la *Chronique de Paris* le 19-12-1789.

11. *Lettre aux Littérateurs Français*, fév. 1790 (B). [*Brief an die französischen Literaten*, Februar 1790 (B).]

12. *Maximes d'Olympe de Gouges*, 1792 (C); signalé dans 103. (?).

13. *Mémoire aux avocats*; (?).

14. *Mémoire aux journalistes (ou O. de Gouges à tous les journalistes)*. [*Aufruf an die Journalisten (oder O. de Gouges an alle Journalisten)*.]

15. *Mémoire à Monsieur le garde des Sceaux*, (?) Probablement adressé à Duport-Dutertre.

16. *Mémoire de Marie de Gouges à l'auteur Cailhava*. (?).

17. *Mémoire pour Madame de Gouges contre les Comédiens Français*. (B); se compose de 74 et de 6. [*Denkschrift für Madame de Gouges und gegen die Schauspieler der Comédie Française*. (B); besteht aus 74 und 6.]

18. *Mémoire de Madame de Valmont sur l'ingratitude et la cruauté de la famille des Flaucourt avec la sienne dont les sieurs de Flaucourt ont reçu tant de services*, 1788 (A); écrit vers 1784 sous le titre de «Roman de Madame de Valmont». [*Denkschrift von Madame de Valmont über die Undankbarkeit und Grausamkeit der Familie Flaucourt gegen ihre eigene Familie, die den Herren Flaucourt so viele Dienste erwiesen hatte*. 1788 (A); um 1784 geschrieben unter dem Titel „Roman der Madame de Valmont".]

19. *Préface pour les dames, ou le Portrait des Femmes*, 1788 (A).

20. *Le Prince philosophe, par l'auteur de la pièce intitulée «l'Esclavages des Nègres»*. 1792; écrit en 1789. [*Der philosophische Prinz, vom Autor des „Die Sklaverei der Schwarzen" genannten Stückes*. 1792; geschrieben 1789.

21. *Projet de formation d'un second théâtre Français*. 1789 (B); in 3.

22. *Projets utiles et salutaires*. 1789 (B); in 96. [*Nützliche und wohltätige Projekte*. 1789 (B); in 96.

23. *Prologue du «Marché des Noirs»*, inedit; in 51.

24. *Réflexions sur les Hommes Nègres*. 1788 (A); in 71.

25. *Réflexion sur une pièce*. (?).

26. *Réminiscences*. 1788 (A).

27. *Résponse au champion Américain ou Colon très aisé à connaître*. 18 janv. 1790; adressé à la Commune de paris le 1-2-1790. [*Antwort an den amerikanischen Streiter oder den leicht erkennbaren Kolonisten*. 18. Januar 1790; adressiert an die Pariser Kommune am 1.2.1790.

28. *Le Roman de la femme auteur*. (?).

29. *Les Vengeances utiles et humaines*. 1788 (B) (D); in 3.

THEATERSTÜCKE

30. *L'Ami joué*. (?).

31. *Les Aristocrates et les Démocrates, ou le Curieux du champ de mars* (1 acte). 1789 (C); suivi de 83. [*Die Aristokraten und die Demokraten, oder der Neugierige am Marsfeld* (1 Akt). 1789 (C); gefolgt von 83.

32. *Au Peuple.* (?).

33. *Le Bénitier renversé.* (?).

34. *Bienfaisante ou la Bonne mère* (1 acte). 1788 (A); voir la *Gazette de France* du 20-5-1788.

35. *Le Couvent, ou les Voeux forcés* (3 actes). 1791 (C); oct. 1790. [*Das Kloster oder die erzwungenen Gelübde.* (3 Akte). 1788 (A); siehe die *Gazette de France* vom 20.5.1788.

36. *Le Danger des préjuges, ou l'Ecole des jeunes gens* (5 actes). Titre de départ de 62. [*Die Gefahr von Vorurteilen oder die Schule der Jungen Leute* (5 Akte). Ursprünglicher Titel von 62.

37. *Encore Figaro.* (?).

38. *L'Enfant de l'amour.* (?).

39. *L'Entrée de Dumouriez* (sic) *à Bruxelles, ou les Vivandiers* (5 actes). Janv. 1793; 23-1-1793; adressé à la Convention le 31-1-1793. [*Der Einmarsch Dumouriez* (sic) *in Brüssel oder die Marketender* (5 Akte). Januar 1793; 23.1.1793; am 31.1.1793 an den Konvent geschickt.]

40. *L'Esclavage des Nègres* (3 actes). 1789 (C); 28-12-1789; adressé à la Constituante le 12-9-1789 – ms. conservé aux archives de la Comedié Française. [*Die Sklaverei der Schwarzen.* (3 Akte). 1789 (C); 28.12.1789; am 12.9.1789 an die Konstituante geschickt, aufbewahrt in den Archiven der Comédie Française.]

41. *La Femme misanthrope (ou la Femme persécutée?).* (?)

42. *Le Français à Rosette.* (?).

43. *La France sauvée, ou le Tyran détrôné.* Inédit; ms. inachevé (1792) conservé aux Archives Nat. (W 293). [*Die Rettung Frankreichs oder der entthronte Tyrann.* Unveröffentlicht, nicht vollständiges Manuskript (1792), aufbewahrt im Nationalarchiv (W 293).]

44. *Le Génie de Brutus.* (?)

45. *Les Héritiers, ou le Mort ressuscité.* (?)

46. *L'Homme généreux* (5 actes). Janv. 1786 (A). [*Der Freigebige.* (5 Akte). Januar 1786 (A).]

47. *L'Homme incorrigible.* Cf. ms. Soleinne 3072. [*Der Unbelehrbare.* Cf. Manuskript Soleinne 3072.

48. *La Leçon du bal.* (?).

49. *Lucinde et Cardenio, ou le Fou par amour* (1 acte). Inédit; inscrit en lecture par la Comédie Française et refuse le 28-8-1785. [*Lucinde und Cardenio oder der Liebestolle.* (1 Akt). Unveröffentlicht; zur Lektüre bei der Comédie Française eingereicht und am 28.8.1785 abgelehnt.

50. *Les Manies du temps.* (?)

51. *Le Marché des Noirs* (3 actes). Inédit; proposé en lecture en déc. 1790 à la Comédie Française. [*Der Sklavenmarkt.* (3 Akte). Unveröffentlicht; im Dezember 1790 zur Lektüre in der Comédie Française vorgeschlagen.]

52. *Matanda et Juma.* (?)

53. *Le Mauvais Fils,* cf. ms. Soleinne 3661.

54. *Le Mariage inattendu de Chérubin* (3 actes). (A); janv. 1786; sous le titre «Les Amours de Chérubin», la pièce fut reçue le 4-11-1784 à la Comédie Italien-

ne mais ne fut pas représentée. [*Die unerwartete Hochzeit des Chérubin* (3 Akte). (A); Januar 1786; unter dem Titel „Die Lieben des Chérubin" wurde das Stück am 4.11.1784 an der Comédie-Italienne angenommen, jedoch nicht aufgeführt.

55. *La Mère imprudente.* (?).

56. *Mirabeaux aux Champs.* 1791; 14-4-1791; représenté à la Comédie Italienne. [*Mirabeau auf den Champ (Elysées).* 1791; 14.4.1791; aufgeführt an der Comédie Italienne.]

57. *Molière chez Ninon, ou le Siècle des grands hommes* (5 actes). 1788 (A); inscrit en lecture à la Comédie Française et refusé le 17-2-1788. [*Molière bei Ninon oder das Jahrhundert der großen Männer.* (5 Akte). 1788 (A); zur Lektüre bei der Comédie Française eingereicht und am 17.2.1788 abgelehnt.]

58. *Monsieur le comté. Volonterette et Colombette.* (?).

59. *Nécessité du divorce, ou le Divorce* (5 actes). 1791; cf. ms. Soleinne 3072; signalé dans 75. Inscrit en lecture à la Comédie Italienne en mars 1794.

60. *Les Noces de Gamache.* Cf. ms. Soleinne 2606.

61. *Le Nouveaux Preux.* (?)

62. *Le Nouveau Tartuffe, ou l'Ecole de jeunes gens* (5 actes). Signalé dans 95. Proposé en lecture en déc. 1790 à la Comédie Française. [*Der neue Tartuffe oder die Schule der Jungen Leute.* (5 Akte). Erwähnt in 95. Im Dezember 1790 zur Lektüre bei der Comédie Française vorgeschlagen.

63. *L'Orpheline et son seigneur.* (?). Cf. L. Grasilier, *Le Fils d'Olympe de Gouges,* NRF, (1923), p. 147.

64. *Le Patriotisme puni.* (?).

65. *Le Philosophe corrigé, ou le Cocu supposé* (5 actes). 1787 (A).

66. *Le Prélat d'autrefois, ou Sophie de Saint-Elme* (3 actes). 1794; 1795; par Pompigny et Degouges (s'agit-il du fils d'Olympe de Gouges?).

67. *Les Rêveries de Jean-Jacques, la Mort de Jean-Jacques à Ermenonville* (3 actes). Signalé dans 95. Lu le 11-1-1791 à la Comédie Française et refusé.

68. *La Révolution des Couvens* (sic). Titre de départ de 35.

69. *La Servante de Molière.* Titre de départ de 57.

70. *Les Voeux volontaires, ou l'Ecole du fanatisme* (3 actes). Titre de départ de 35. [*Die freiwilligen Gelübde oder die Schule des Fanatismus.* (3 Akte). Ursprünglicher Titel von 35.

71. *Zamore et Mirza, ou l'Heureux naufrage* (3 actes). 1788 (A); écrit en 1784; lu à la Comédie Française le 8-6-1785, reçu le 8-7-1785; titre de départ de 40. [*Zamore und Mirza oder der glückliche Untergang.* (3 Akte). 1788 (A); geschrieben 1784; am 8.6.1785 in der Comédie Française gelesen und am 8.7.1785 angenommen; ursprünglicher Titel von 40.]

REVOLUTIONÄRE PAMPHLETE

72. *Action héroïque d'une Française, ou la France sauvée par les Femmes.* Sept. 1789 (B); adressé à la Constituante le 11-9-1789. [*Heldentat einer Französin oder die Rettung Frankreichs durch die Frauen.* September 1789 (B); am 11.9.1789 an die Konstituante geschickt.]

73. *Adresse au Don Quichotte du Nord.* Oct. 1792 (B); suivie de 102. [*Mitteilung an den Don Quichotte des Nordens.* Oktober 1792 (B); gefolgt von 102.]

74. *Adresse aux Représentants de la Nation.* Fév. 1790 (B); in 17.

75. *Adresses au Roi et à la Reine, au Prince de Condé et Observations à M. Duveyrier sur sa fameuse ambassade.* Août 1791 (C) et (D). [*Mitteilung/Offener Brief an den König, die Königin, den Prinzen De Condé und Betrachtungen über die berühmte Botschaft von M. Duveyrier.* August 1791 (C) und (D).]

76. *Allégorie de l'emprunt.* 1788 (B); in 124.

77. *Arrêt de mort que présente Olympe de Gouges contre Louis Capet.* 18 janv. 1793 (D). [*Todesurteil über Louis Capet, verhängt von Olympe de Gouges.* 18. Januar 1793 (D).]

78. *Avis aux Fédérés.* P.

79. *Avis aux habitants de Paris ou la Tête, le corps, les quatre pattes et la queue.* 1789; douteux (par Olympe de Gouges selon Tourneux).

80. *Avis pressant à la Convention, par une vraie Républicaine.* Avril 1793 (D); lettre adressée à la Convention le 20-3-1793. P. (coll. privée). Suivi de 134. [*Dringende Mitteilung an den Konvent, von einer aufrechten Republikanerin.* April 1793 (D); Brief an den Konvent 20.3.1793. P. (Privatsammlung). Zusammen mit 134.]

81. *Avis pressant, ou Résponse à mes Calomniateurs.* Mai 1789 (B). [*Dringende Mitteilung oder Antwort an meine Verleumder.* Mai 1789 (B).]

82. *Le Bon sens Français, ou l'Apologie des vrais Nobles, dédié aux Jacobins.* Avril 1792 (C) et (D); Adressé à la Législative le 15-4-1792. [*Der gesunde Menschenverstand der Franzosen oder die Verteidigung des wahren Adels, gewidmet den Jakobinern.* April 1792 (C) und (D); am 15.4.1792 an die Legislative.

83. *Bouquet national (en vers et prose).* 1790 (?); rare, in 31.

84. *La Confédération Nationale.* (?)

85. *Confession générale de Madame de Gouges.* (?)

86. *Le Contre-poison, Avis aux citoyens de Versailles.* 1789; rare.

87. *Correspondance de la cour, Compte moral rendu par Olympe de Gouges sur une dénonciation faite contre son civisme aux Jacobins par le sieur Bourdon.* Nov. 1792 (D); Adressé à la Convention en déc. 1792.

88. *Le Couronnement de Mirabeau.* Titre de départ de 132 (?).

89. *Le Cri de la Patrie.* (?)

90. *Le Cri de l'Innocence.* P (?).

91. *Les Cri du sage, par une Femme.* Mai 1789 (B). [*Aufschrei eines Weisen, von einer Frau.* Mai 1789 (B).]

92. *Les Curieux de Versailles.* Cf. 31 (?).

93. *Les Dangers de l'opinion publique.* Titre de départ de 100 (?).

94. *Dédicace à la providence.* 1792 ? (C); signalé dans 103.

95. *Départ de Monsieur Necker et de Madame de Gouges,* suivi de *les Adieux de Madame de Gouges aux Français et à M. Necker.* 24-4-1790. [*Abreise von Monsieur Necker und Madame de Gouges,* gefolgt von *Die Verabschiedung von Madame de Gouges von den Franzosen und Monsieur Necker.* 24.4.1790.]

96. *Dialogue allégorique entre la France et la Vérité.* Avril (?) 1789 (B); adressé aux Etats Généraux.

97. *Discours de l'aveugle aux Français.* 24 juin 1789 (B); cf. exempl. de la Bibl. Thiers.

98. *Epître à Louis XVI.* Juin ? 1789 (B).

99. *L'Esprit Français, ou Problème à résoudre sur le labyrinthe de divers complots, par Madame de Gouges.* Mars 1792 (C) (D); adressé à la Législative le 22-3-1792. [*Das französische Gemüt oder das Problem, das wegen dem Labyrinth der diversen Verschwörungen noch zu lösen wäre.* März 1792 (C) (D); am 22.3.1792 an die Legislative geschickt.]

100. *Les Fantômes de l'Opinion Publique.* Oct. 1792 (D). [*Phantome der Öffentlichen Meinung.* Oktober 1792 (D).]

101. *Femme naturelle avec son portrait.* (?).

102. *La Fierté de l'Innocence, ou le Silence du véritable Patriotisme.* Sept. 1792; P. [*Der Stolz der Unwissenheit oder das Schweigen des wirklichen Patrioten.* Sept. 1792; P.]

103. *La France en (et la?) Liberté.* (?)

104. *Grande éclipse du soleil Jacobiniste et de la lune Feuillantine.* Avril 1792 (C) (D); suivi de 110. [*Die Finsternis der jakobinischen Sonne und des feuillantinischen Mondes.* April 1792 (C) (D); gefolgt von 110.]

105. *Invocation à la providence.* P. (?)

106. *Invocation au sens commun, ou Dernier mot sur la fête de la liberté qui aura lieu dimanche 15 avril.* Avril 1792; P., égaré à la Bibl. Nationale. [*Appell an den gesunden Menschenverstand oder das letzte Wort zum Fest der Freiheit, das am Sonntag den 15. April stattfinden soll.* April 1792; P., Bibliothèque Nationale (verlegt).]

107. *Lettres à la Reine, aux Généraux de l'Armée, aux Amis de la Constitution et aux Françaises citoyennes.* Mai 1792 (D).

108. *Lettre à Monseigneur le duc d'Orléans.* Julliet 1789 (B).

109. *Lettre au peuple, ou Projet d'une caisse patriotique, par une Citoyenne.* Nov. 1788 (B). [*Brief einer Bürgerin an das Volk oder Projekt einer Vaterlandskasse,* Nov. 1788 (B).]

110. *Lettre aux Français.* Avril 1792; P. – publié à la suite de 104.

111. *Lettre aux Représentants.* août 1789 (B) (D); adressé à la Constituante en sept. 1789. [*Brief an die Repräsentanten.* August 1789 (B) (D); im September 1789 an die Konstituante geschickt.]

112. *Mes Voeux sont remplis, ou le Don patriotique.* Mai-juin 1789 (B); adressée aux Etats Généraux. [*Meine Wünsche haben sich erfüllt oder die patriotische Steuer.* Mai-Juni 1789 (B); geschickt an die Generalstände.]

113. *Le Monarque accompli.* (?).

114. *Mon dernier mot à mes chers ami.* Déc. 1792; in 87, P. [*Ein letztes Wort an meine lieben Freunde.* Dez. 1792; in 87, P.]

115. *Motion de Monseigneur le duc d'Orléans, ou les Songes patriotiques.* Julliet 1789 (B); publié à la suite de 129.

116. *Observations sur les étrangers.* Juillet 1791 (B); rare (Paris, Bibl. du Sénat).

117. *Olimpe de Gouges à Dumouriez (sic).* 1793; P; in 39.

118. *Olympe de Gouges au Tribunal Révolutionnaire.* Août 1793; P. [*Olympe de Gouges vor dem Revolutionstribunal.* August 1793; P.]

119. *Olympe de Gouges défenseur officieux de Louis Capet.* Déc. 1792; P; adressé à la Convention le 16-12-1792. [*Olympe de Gouges offizieller Verteidiger von Louis Capet.* Dezember 1792; P; am 16.12.1792 an den Konvent geschickt.]

120. *L'Ordre national, ou le Comte d'Artois inspiré par Mentor.* 1789 (B); adressé aux Etats Généraux. [*Die nationale Ordnung oder der von Mentor inspirierte Graf d'Atrois.* 1789 (B); an die Generalstände.

121. *Pacte national, par Madame de Gouges.* Juill. 1792; P; adressé à la Législative le 5-7-1792. [*Nationalpakt, von Madame de Gouges.* Juli 1792; P; am
5.7.1792 an die gesetzgebende Versammlung.]

122. *Pour sauver la Patrie, il faut respecter les trois Ordres.* Juin 1789 (B). [*Um
das Vaterland zu retten, müssen die drei Stände erhalten bleiben.* Juni 1789
(B).]

123. *Projet d'impôt étranger au peuple et propre à détruire l'excès du luxe.* Déc.
1788 (B); in 126.

124. *Projet d'une garde nationale de Femmes.* Juin 1791; adressé à la Constituante le 24 Juin 1791. [*Projekt einer Nationalgarde von Frauen.* Juni 1791;
am 24. Juni 1791 an die Konstituante geschickt.]

125. *Projet sur la formation d'un Tribunal populaire et suprême en matière criminelle.* Mai 1790 (B); adressé à la Constituante le 26-5-1790. [*Projekt zur
Schaffung eines höchsten Volksgerichtshofes für Kriminalfälle.* Mai 1790 (B);
am 26.5.1790 an die Konstituante geschickt.]

126. *Pronostic sur Maximilien Robespierre, par un animal amphibie.* 5 nov. 1792
(D); P. [*Vermutungen über Maximilien Robespierre, angestellt von einer Amphibie.* 5. Nov. 1792 (D); P.]

127. *Remarques patriotiques, par la citoyenne auteur de la ‹Lettre au Peuple›.*
Déc. 1788 (B). [*Patriotische Bemerkungen von den Autoren des „Briefes an
das Volk".* Dez. 1788 (B).]

128. *Repentir de Madame de Gouges.* 5 sept. 1791. [*Reue von Madame de
Gouges.* 5. Sept. 1791.]

129. *Résponse à la justification de Maximilien Robespierre.* Nov. 1792 (D); P.
[*Antwort auf die Rechtfertigung von Maximilen Robespierre.* Nov. 1792 (D);
P.]

130. *Séance royale.* 11 juil. 1789 (B); P. – suivi de 105. [*Königliche Sitzung.* 11
Juli 1789 (B); P. – gefolgt von 105.]

131. *Sera-t-il roi ou ne le sera-t-il pas?* Juill. 1791 (D); adressé à la Constituante le 23-6-1791. [*Wird er König oder wird er es nicht?* Juli 1791 (D); am
23.6.1791 an die Konstituante geschickt.]

132. *Testament politique d'Olympe de Gouges* 4 juin 1793 (D); adressé à la Convention le 15-6-1793. [*Politisches Testament von Olympe de Gouges.* 4. Juni
1793 (D); am 15.6.1793 an den Konvent geschickt.]

133. *Le Tombeau de Mirabeau.* Avril 1791; ms. conservé aux Archives Nationales. [*Das Grab Mirabeaus.* April 1791; Manuskript im Nationalarchiv.]

134. *Les Trois Urnes, ou le Salut de la Patrie.* Juillet 1793; P. – conserve aux Archives Nationales. [*Die drei Urnen oder das Heil des Vaterlandes.* Juli 1793;
P. – im Nationalarchiv.]

135. *Union, courage, surveillance, et la Répulbique est sauvée.* Mars 1793; P –
publié à la suite de 80. [*Einigkeit, Mut, Wachsamkeit und die Republik ist
gerettet.* März 1793; P – veröffentlicht nach 80.]

ZEITUNGSARTIKEL VON OLYMPE
DE GOUGES

Chronique de Paris du 20-12-1789, relatif aux ‹Amis des Noirs›. [*Chronique de
Paris* vom 20.12.1789 über die „Freunde der Schwarzen".]

Journal de Paris du 28-12-1789, relatif à *l'Esclavage des Noirs*. [*Journal de Paris* vom 28.12.1789 über die *Sklaverei der Schwarzen*.]

Chronique de Paris du 28-12-1789, *id.* [*Chronique de Paris* vom 28.12.1789,*id.*]

Le Fouet National du 2-3-1790, relatif à Bailly et aux Comédiens Français. [*Le Fouet National* vom 2.3.1790, über Bailly und die Schauspieler der Comédie Française.]

Le Courrier de Paris du 2-3-1790, relatif à *l'Esclavage des Noirs*. [*Le Courrier de Paris* vom 2.3.1790 über die *Sklaverei der Schwarzen*.]

Le Thermomètre du Jour du 1-3-1792, relatif à *l'Esprit Français*. [*Le Thermomètre du Jour* vom 1.3.1792 über das *Französische Gemüt*.]

Le Moniteur du 15-7-1972, relatif au général Gouvion. [*Le Moniteur* vom 15.7.1972 über den General Gouvion.]

Sekundärliteratur über Olympe de Gouges

Einige Hinweise finden sich bereits bei Proussinalle (A. Roussel), in der *Histoire secrète du Tribunal Révolutionnaire* (1815), die sich auf Tisset und Desessartes bezieht und eine bio-bibliographische Angabe von A. Beuchot in der *Biographie universelle* von L.G. Michaud, T 18 (1819): doch erschöpfen sich die biographischen Informationen bei Restif de La Bretonne. Die erste wirkliche Studie über Olympe de Gouges ist im Werk von E. Lairtullier enthalten: *Les Femmes célèbres de 1789 à 1795 et leur influence dans la Révolution, pour servir de suite et de complément à toutes les histoires de la Révolution Française* (1840). Dieser Autor verfügt über eine profunde Kenntnis ihrer Schriften und steht ihrer Persönlichkeit mit Sympathie gegenüber. Lairtullier folgte dann J. Michelet mit *Les Femmes de la Révolution* (1854), der auch die *Mémoires de Fleury* verwendet, sowie Ch. Monselet mit *Les Oubliés et les Dédaignés* (1857). Hier scheint die Studie über Olympe de Gouges neben denen ihrer Freunde Cubières und Mercier auf. Aus derselben Zeit stammt ein Artikel des romantischen Montalbanesen Mary-Lafon, der in der Zeitschrift *L'Athénée du Midi* (Fonds Forestié, Montauban) erschienen war. Mary-Lafon gibt an, in seiner eigenen Familie Erinnerungsstücke seiner gefeierten Kompatriotin gesammelt zu haben.

Danach gestalten sich die Studien über Olympe de Gouges durch den Zugang zu ihren Manuskripten (erst in Paris, dann in Montauban) neu. Die Erstellung einer vollständigeren Bibliographie der montalbanesischen Literatin trug ebenfalls dazu bei. Für die Dokumentation ihrer Zeit in Paris muß auf die Werke von E. Compardon *Le Tribunal révolutionnaire de Paris* (1866) und das von H.A. Wallon, *Histoire du Tribunal révolutionnaire de Paris* (1880 – 1882) und vor allem auf das von A. Tuetey verwiesen werden, *Répertoire général des sources manuscrites de l'histoire de Paris pendant la Révolution Française* (1890 – 1914), dessen für den Lebenslauf von Olympe de Gouges wichtigster Band der zehnte ist, der 1912 erschien. Was ihre montalbanesische Periode betrifft, so wurde eine umfangreiche Dokumentation von dem dort ansässigen Gelehrten E. Forestié in zwei Artikel zusammengetragen, die zunächst im *Recueil de l'Académie de Tarn et Garonne* 1900 und 1901 veröffentlicht, und später in einem Band mit einer bedeutenden Sammlung ihrer Texte zusammengefaßt wurden (1901). Etwa zur selben Zeit ließ der Pariser L. Lacour, der mit Forestié in Verbindung stand, in *La Revue de Paris* (1898) einen Artikel über Olympe de Gouges erscheinen, der später auch in sein Werk *Trois femmes de la Révolution* (1900) Eingang fand.

Diese Autoren beeinflußten die Publikationen der folgenden Jahre massiv: L. Sonolet, „Une Amazone des lettres sous la Révolution, Olympe de Gouges", *Revue hebdomadaire* (1903); M. Dreyfous, *Les Femmes de la Révolution Française* (1903); A. Guillois, *Etude médico-psychologique sur Olympe de Gouges* (1904). Doch sind auch einige neue Informationen bei M. Billard, *Les Femmes enceintes devant le Tribunal Révolutionnaire* (1910); H. Fleischmann, *Les Femmes de la Terreur* (1910) und L. Grasilier, *Le Fils d'Olympe de Gouges, le général Pierre Aubry* (1926) zu finden.

Für den deutschsprachigen Raum erschien 1979 erstmals eine kommentierte Auswahl ihrer politischen Schriften in Hamburg: *Marie Olympe de Gouges (1784 – 1793). Politische Schriften in Auswahl.* Hamburger Historische Studien (Helmut Bruske Verlag) 1979. 1980 erschien auch eine Auswahl ihrer Schriften im Verlag Stroemfeld/Roter Stern: *Olympe de Gouges. Schriften.* Basel/Frankfurt am Main. (Neuauflage 1989).

Von der oben erwähnten französischsprachigen Literatur über Olympe de Gouges wurde nur ein Werk ins Deutsche übersetzt: J. Michelet: *Die Frauen der Revolution.* Herausgegeben und übersetzt von Gisela Etzel. München (Insel Taschenbuch) 1984.

Ida Pfeiffer

Eine Frau fährt um die Welt

Die Reise 1846 nach Südamerika, China, Ostindien, Persien und Kleinasien
ISBN 3-900 478-29-5, 256 Seiten, DM/sFr. 28.-, öS 190.-

Ida Pfeiffer, bedeutende Weltreisende des
19. Jahrhunderts, begann ihre Sehnsucht nach
fernen Ländern erst im Alter von 44 Jahren zu erfüllen. Ihre Söhne waren bereits erwachsen, als
sie 1846, ohne größeren finanziellen Rückhalt,
von Wien aus ihre erste große Weltreise antrat.
Ohne körperliche Strapazen und Gefahren zu
scheuen, steuerte sie mit ungebrochener Aus-
dauer Reiseziele in entlegendsten Gegenden an.
Die Tagebücher dieses Unternehmens erschienen 1850 unter dem Titel: »Eine Frauenfahrt um
die Welt« und brachten ihre Erlebnisse in einfachen Schilderungen einem großen Leserpubli-
kum näher. Das vorliegende Buch ist eine
gekürzte Fassung der Originalausgabe, wobei
die Sichtweise der Autorin vor geographischen
Beschreibungen im Vordergrund steht.

Promedia Verlag
A – 1080 Wien, Wickenburggasse 5/12